Massimo Pigliucci
Gregory Lopez
Meredith Alexander Kunz

La filosofía práctica de los pensadores clásicos

Aristipo, Epicuro, Aristóteles, Epícteto, Hiparquía, Platón, Sócrates, Protágoras, Carnéades, Pirrón, Pitágoras, Estilpón e Hipatia

Traducción del inglés de Elsa Gómez

editorial Kairós

Título original: Beyond Stoicism: *A Guide to the Good Life with Stoics, Sceptics, Epicureans, and Other Ancient Philosophers*

Revisión: Alicia Conde
Diseño cubierta: Katrien van Steen

Fotocomposición: Florence Carreté
Impresión y encuadernación: Romanyà-Valls. 08786 Capellades

Primera edición: Noviembre 2025
ISBN: 978-84-1121-398-1
Depósito legal: B 18.326-2025

Este libro ha sido impreso con papel que proviene de fuentes respetuosas con la sociedad y el medio ambiente y cuenta con los requisitos necesarios para ser considerado un «libro amigo de los bosques».

A Caley y Jennifer. Espero que todo mi filosofar
me esté haciendo más soportable
MASSIMO PIGLIUCCI

A Taya, mi familia y mis amigos:
puertos y estrellas guía en este viaje
GREGORY LOPEZ

A Elizabeth y Shannon: me inspirasteis.
A Bob y Susan: creísteis en mí
MEREDITH ALEXANDER KUNZ

Sumario

Cronología de filósofos y acontecimientos 13
Prólogo 19
Los filósofos grecorromanos en su contexto histórico 22
La búsqueda de la *eudaimonía* 26
Cómo utilizar este libro 28

I. EL PUERTO DEL PLACER
1. Busca el placer con Aristipo **35**
Los hedonistas originales 39
El placer es el bien 41
Todo proviene de los sentidos 46
Cirenaicos frente a sofistas y pirrónicos 50
Vive como un cirenaico 52
2. Evita el dolor y el estrés con Epicuro **71**
Hedonismo sofisticado 75
Confía en tus sentidos 78
El tetrafármaco 80
Vive como un epicúreo 82

II. EL PUERTO DEL CARÁCTER
3. Encuentra el equilibrio con Aristóteles **99**
La naturaleza de la virtud 106
Cómo ser (más) virtuosos 111
La virtud es bella 113
Vive como Aristóteles 116

4. Céntrate en lo que depende de ti con Epícteto **135**
Vive de acuerdo con la naturaleza 139
La regla fundamental de la vida 144
Vive como un estoico 148
5. Sé rebelde como Hiparquía **161**
La vida de perro es una buena vida 165
naturaleza, no educación 167
Tres clases de libertad 169
Vive como un cínico 172
6. Trabaja por una sociedad justa con Platón **181**
El filósofo intrépido 188
La naturaleza de la filosofía política 190
La centralidad de la naturaleza humana 193
Vive como Platón 197

III. EL PUERTO DE LA DUDA
7. Cuestiónalo todo con Sócrates **217**
Filosofía por refutación 222
El método socrático 227
La naturaleza del conocimiento 230
Vive como Sócrates 233
8. Practica el relativismo con Protágoras **251**
La antipatía de Platón 255
Entendimiento entre humanos 256
¿Relativismo moral? 258
Dioses y religión 261
Los demás sofistas 262
Vive como Protágoras 264

9. Abraza la incertidumbre con Carnéades **279**
Breve historia de la Academia 285
El debate con los estoicos 287
El criterio de la probabilidad 290
Una ecuación muy útil 293
Pero ¿es una filosofía o una actitud? 296
Vive como Carnéades 297
10. Suspende el juicio con Pirrón **317**
El misterioso Pirrón 322
Sé razonable 325
Los diez modos 327
Cinco modos más 328
Los criterios de acción 331
Vive como Pirrón 332

IV. AQUÍ HAY DRAGONES
11. Pitágoras, el místico **351**
No sabemos mucho sobre Pitágoras… 354
El cuidado del alma 356
El hacedor de milagros 358
El modo de vida pitagórico 359
¿Podemos vivir hoy como pitagóricos? 362
12. Estilpón de Mégara **369**
¿Una, dos, tres escuelas? 371
Lo único real es el Bien 373
¡Paradojas, paradojas! 375
El argumento maestro 376
¿Podemos vivir hoy como megáricos? 378

13. Hipatia la neoplatónica **383**
La última forma de platonismo 388
El neoplatonismo después de Plotino 390
¿Podemos vivir hoy como neoplatónicos? 392

Epílogo **397**
Notas **419**
Agradecimientos **443**

El filósofo es el único que vive con la mirada puesta en la naturaleza y en lo divino y, como un buen piloto, amarra los principios de su vida a las cosas eternas y permanentes, echa ahí el ancla y vive según su propio criterio.

ARISTÓTELES, *Protréptico*, 50

Cronología de filósofos y acontecimientos

Los filósofos que se estudian en el libro aparecen resaltados en negrita.

776 a.C.	Los primeros Juegos Olímpicos
753 a.C.	Fundación de Roma
590 a.C.	La poeta Safo florece en la isla de Lesbos
585 a.C.	Tales de Mileto, el primer filósofo, predice un eclipse de sol
570 a.C.	Nace **Pitágoras**
509 a.C.	Los romanos derrocan la monarquía, comienza el periodo republicano
508 a.C.	Se obliga al tirano Hipias a abandonar Atenas, comienza el periodo democrático
499 a.C.	Comienzo de las guerras greco-persas
495 a.C.	Muere **Pitágoras**
492 a.C.	Primera invasión de Grecia por los persas
490 a.C.	Nace **Protágoras** (sofista); los griegos derrotan a los persas en la batalla de Maratón
484 a.C.	Esquilo triunfa en el festival de las Dionisias

480 a.C.	Los griegos, liderados por el rey espartano Leónidas I, derrotan a los persas en las Termópilas; los persas sufren también una derrota naval en la crucial batalla de Salamina
469 a.C.	Nace **Sócrates**
468 a.C.	Sófocles gana a Esquilo y se lleva el primer premio en el concurso dramático de Atenas
460 a.C.	Comienza la primera guerra del Peloponeso
449 a.C.	La Paz de Calias pone fin a las guerras greco-persas; Heródoto escribe la Historia de la guerra entre griegos y persas desde el 490 hasta el 479
445 a.C.	Finaliza la primera guerra del Peloponeso
441 a.C.	Eurípides gana el primer premio en el concurso dramático
435 a.C.	Nace **Aristipo** (cirenaico); nace **Euclides** de Mégara (megárico).
431 a.C.	Comienza la segunda guerra del Peloponeso
429 a.C.	Pericles muere durante la peste de Atenas
428 a.C. (o hasta 424 a.C.)	Nace **Platón**
425 a.C.	Aristófanes gana el primer premio en el concurso dramático
421 a.C.	La Paz de Nicias pone fin a la segunda guerra del Peloponeso, pero Alcibíades se encargará de que sea solo temporalmente
420 a.C.	Muere **Protágoras** (sofista)
415 a.C.	Atenas pone sitio a Siracusa
413 a.C.	Los atenienses son derrotados por los siracusanos
411 a.C.	Los Cuatrocientos derrocan el gobierno democrático de Atenas; serán expulsados un año después

404 a.C.	Atenas capitula; fin de la Segunda Guerra del Peloponeso, y reinado de los Treinta Tiranos, que durará un año
399 a.C.	Muere **Sócrates**
387 a.C.	**Platón** funda la Academia (aunque pudo ser hasta en el 383 a.C.)
384 a.C.	Nace **Aristóteles**
365 a.C.	Nace **Pirrón** (o hasta en el 360 a.C.); muere **Euclides** de Mégara (megárico).
360 a.C.	Nace **Estilpón** (megárico).
356 a.C.	Muere **Aristipo** (cirenaico)
350 a.C.	Nace **Hiparquía** (cínica)
347 a.C.	Muere **Platón**
342 a.C.	**Aristóteles** comienza a instruir a Alejandro Magno
341 a.C.	Nace **Epicuro**
338 a.C.	Filipo II de Macedonia derrota a Atenas y Tebas
336 a.C.	Alejandro Magno sucede a Filipo II (que es asesinado)
334 a.C.	Nace **Zenón** de Citio (estoico)
332 a.C.	Alejandro Magno funda Alejandría en Egipto
323 a.C.	Muere Alejandro Magno, comienza el periodo helenístico
322 a.C.	Muere **Aristóteles**
300 a.C.	Euclides publica los *Elementos*
284 a.C.	Muere **Diodoro Crono** (megárico); se desconoce su fecha de nacimiento
280 a.C.	Muere **Hiparquía** (cínica); muere **Estilpón** (megárico)
275 a.C. (o hasta 270 a.C.)	Muere **Pirrón**
270 a.C.	Muere **Epicuro**

265 a.C.	Arquímedes descubre el peso específico; es precursor del cálculo integral moderno
262 a.C.	Muere **Zenón** de Citio (estoico)
241 a.C.	Termina la primera guerra púnica entre Roma y Cartago
218 a.C.	Comienza la segunda guerra púnica entre Roma y Cartago
214 a.C.	Nace **Carnéades** (escéptico académico)
149 a.C.	Comienza la tercera guerra púnica entre Roma y Cartago
146 a.C.	Derrota final de Cartago y victoria de Roma
129 a.C.	Muere **Carnéades** (escéptico académico)
106 a.C.	Nace Marco Tulio **Cicerón** (escéptico académico)
100 a.C.	Nace Julio César
86 a.C.	Saqueo de Atenas por el general romano Lucio Cornelio Sila Félix; diáspora de los filósofos por todo el Mediterráneo
60 a.C.	El primer triunvirato (César, Pompeyo y Craso) controla informalmente Roma
49 a.C.	Julio César cruza el Rubicón, con lo cual le declara la guerra al Senado romano
4 4 a.C.	Asesinato de Julio César
43 a.C.	Segundo triunvirato (Octavio, Marco Antonio y Lépido); Marco Tulio **Cicerón** muere asesinado
31 a.C.	Octavio derrota a Marco Antonio y Cleopatra en la batalla de Actium (o Accio); finaliza el periodo helenístico, comienza el Imperio romano
27 a.C.	El Senado romano concede a Octavio el título de Augusto
4 a.C.	Nace **Séneca** el Joven (estoico)

14 d.C.	Muere Octavio Augusto
50 d.C.	Nace **Epícteto** (estoico)
65 d.C.	Muere **Séneca** el Joven (estoico)
68 d.C.	Nerón ordena matar a su secretario, Epafrodito; fin de la dinastía Julio-Claudia.
69 d.C.	Vespasiano es proclamado emperador; comienza el gobierno de la dinastía Flavia
96 d.C.	Domiciano muere asesinado; fin de la dinastía Flavia
97 d.C.	Nerva es nombrado emperador; comienza el periodo de «los cinco buenos emperadores»
121 d.C.	Nace **Marco Aurelio** (estoico)
135 d.C.	Muere **Epícteto** (estoico)
165 d.C.	La peste antonina mata a cinco millones de personas por todo el Imperio romano
180 d.C.	Muere **Marco Aurelio** (estoico); finaliza el periodo de «los cinco buenos emperadores».
204 d.C.	Nace **Plotino** (neoplatónico).
212 d.C.	El emperador Caracalla extiende los derechos de ciudadanía romana a todos los habitantes del Imperio
234 a.C.	Nace **Porfirio** (neoplatónico)
245 d.C.	Nace **Jámblico** (neoplatónico)
270 d.C.	Muere **Plotino** (neoplatónico)
305 d.C.	Muere **Porfirio** (neoplatónico)
313 d.C.	Constantino el Grande declara el cristianismo religión oficial del Imperio romano
325 d.C.	Muere **Jámblico** (neoplatónico)
350 d.C. (o hasta 370 d.C.)	Nace **Hipatia** (neoplatónica)

363 d.C.	Muere Juliano el Apóstata, último emperador romano pagano
412 d.C.	Nace **Proclo** (neoplatónico)
415 d.C.	Muere **Hipatia** (neoplatónica)
476 d.C.	Fin del Imperio romano de Occidente
485 d.C.	Muere **Proclo** (neoplatónico)
529 d.C.	El emperador Justiniano I cierra la Academia
1453 d.C.	Fin del Imperio romano de Oriente
1462 d.C.	Cosme de Médicis restablece la Academia en Florencia

Prólogo

¿Qué es una buena vida? ¿Y cómo podemos hacer que la nuestra lo sea?

El propósito de este libro es ayudarte a reflexionar sobre estas trascendentales cuestiones inspirándote en las ideas y prácticas de trece de las filosofías más destacadas de la Antigüedad grecorromana y en las biografías de sus principales exponentes.

Por favor, no te dejes intimidar por la palabra «filosofías». No habrá examen final, ni preguntas tipo test en las que se te pida que nombres a un determinado filósofo o la fecha en que nació y murió. Sencillamente, vamos a utilizar las ideas más excelentes de la Antigüedad clásica como brújula para encontrar hoy un nuevo camino por el que avanzar con propósito e intencionalidad. Con esto, nuestro deseo es que este libro te ayude a crear una filosofía de vida –la tuya propia– que te dé seguridad en un mundo lleno de incertidumbre.

Vamos a hacer un viaje por las principales escuelas de pensamiento griegas y romanas de la Antigüedad. En él, arribaremos a distintos puertos, y, dentro de ellos, cada capítulo será una exploración de la vida de un filósofo o filósofa, así como de su filosofía, y concluirá con una serie de ejercicios cuya finalidad es que puedas poner en práctica sus enseñanzas.

¿Por qué hemos elegido centrarnos en la filosofía griega y romana para tratar de responder a las cuestiones fundamentales de la vida?

En primer lugar, está claro que los pensadores grecorromanos de la Antigüedad nos allanaron notablemente el camino en lo que se refiere a idear una filosofía de vida. Todos –desde los presocráticos hasta los neoplatónicos– dedicaron mucho tiempo a reflexionar sobre cuál era el bien supremo en la vida y a averiguar cómo avanzar hacia él. Por eso, lo que ellos descubrieron y comprendieron puede ayudarnos a marcar hoy el rumbo incluso en las aguas existenciales más traicioneras.

Hay además otra razón. Por muy lejano que pueda parecer este periodo de la historia, lo cierto es que para nosotros (los autores y autora de este libro) es un tiempo muy presente.

Los tres hemos puesto en práctica los principios filosóficos de la Grecia y Roma antiguas en nuestra vida moderna, en particular mediante el estudio del estoicismo y un compromiso personal con él. A través de nuestra propia experiencia, hemos descubierto un gran valor en las ideas de este periodo del filosofar práctico, y estamos deseosos de compartirlas con quienes, como nosotros, buscan una forma de vida que sea coherente y plena.

Tal vez te preguntes ahora: si practicamos el estoicismo, ¿por qué hemos escrito un libro titulado *La filosofía práctica de los pensadores clásicos*? No es porque pensemos que el estoicismo sea una filosofía incompleta o tenga serios defectos. Creemos que el estoicismo antiguo iba en su mayor parte por buen camino, pero estamos en desacuerdo con uno de sus aspectos fundamentales: no creemos que sea la única filosofía apropiada para la naturaleza humana.

Y los estoicos no fueron los únicos filósofos del mundo antiguo que creían tener el monopolio de la verdad. El ejemplo más claro de esto quizá lo encontremos en Cicerón, que, en el Libro III de su obra *Del supremo bien y del supremo mal*, fundamenta el estoicismo en una particular teoría de la psicología del desarrollo, mientras que en el Libro I presenta un argumento similar, pero, esta vez, dirigido a justificar el epicureísmo como mejor candidato para el puesto. Estos argumentos son prueba de que muchos de los pensadores antiguos creían que una única filosofía era la «correcta», y que el mejor sistema de pensamiento debía ser válido para todos los seres humanos en todas las situaciones.

Nosotros, en cambio, no pensamos que haya evidencia suficiente como para creer que una única filosofía de vida sea la adecuada para todo el mundo. Creemos más bien que hay distintas filosofías que pueden ser adecuadas para las distintas personas, en función de su personalidad y de sus circunstancias individuales. Incluso es posible que combinar aspectos de varias filosofías sea para ti lo más adecuado.

De hecho, el fundador del estoicismo, Zenón de Citio, fue una de esas personas que elaboró su propia filosofía de vida a partir de ideas preexistentes. Empezó siendo un estudiante del cinismo, luego estudió con el maestro megárico Estilpón de Mégara y, años después, asistió a la Academia de Platón. Zenón unió estas tres filosofías, incorporó sus propias innovaciones, a las que se sumaron otras influencias, y el resultado fue lo que hoy conocemos como estoicismo.

Esta predilección por aunar ideas muy diversas continuó a lo largo de la historia antigua del estoicismo, y es también la que nos mueve a presentar las filosofías contenidas aquí. Si eres un estoico o una estoica practicante, esperamos que en estas páginas encuentres nuevas ideas y perspectivas que enriquezcan tu forma de vivir filosóficamente. Si no lo eres, te ofrecemos una constelación de filosofías que puedes explorar y considerar. Como dijo el escritor estoico Séneca en su Epístola 33 (11): «Quienes antes que nosotros abordaron estas cuestiones [filosóficas] no son dueños, sino guías de nuestra mente».

Así que conozcamos a quienes nos guiarán en el viaje.

Los filósofos grecorromanos en su contexto histórico

Dentro de la tradición occidental, la práctica de la filosofía experimentó un notable crecimiento y desarrollo durante el periodo comprendido entre la época de la Grecia clásica (desde el siglo VI a.C.) y el final del Imperio romano (siglo V d.C.), y que incluye algunas importantes fases intermedias, como la helenística (323-30 a.C.) y la de la República romana (509-27 a.C.).

Aunque prácticamente todo el mundo ha oído hablar de Platón y Aristóteles, algunos de los filósofos y escuelas que estudiaremos en estas páginas no son demasiado conocidos y, en consecuencia, se sabe todavía menos sobre sus ideas. Bastantes de estos pensadores dejaron muy pocos textos escritos que se hayan conservado hasta nuestros días. En muchos casos, estos filósofos tenían más interés por los aspectos prácticos del vivir cotidiano que por legar a la posteridad un corpus de ideas para su estudio académico y esbozar, por ejemplo, cambios sistémicos en la forma de pensar sobre el gobierno y la metafísica (como hizo Platón), o en crear taxonomías para categorizar el mundo (como hizo Aristóteles). Algunos de los pensadores menos conocidos de este periodo (como Aristipo, Carnéades y Estilpón), pese a encontrarse en los rincones más polvorientos e inexplorados del mapa de la Antigüedad, ofrecen, no obstante, curiosas indicaciones de cómo enfocar sabiamente la vida cotidiana.

Las ideas de los pensadores a los que estudiaremos en este libro se articularon para ayudar a la gente a vivir en medio de un mundo convulso y sobre el que tenían poco o ningún control. No es una simple coincidencia: el mundo antiguo que dio origen a estas filosofías fue, como nuestros tiempos, una época de disturbios, guerras y agitación política y social. Los filósofos de la Grecia y Roma antiguas no se pasaban el día repantigados en el triclinio,* con una copa de vino en la mano y mordisqueando taquitos de queso. Aunque es probable que algo de esto hicieran también de vez en cuando, principalmente estaban en el mundo real, enseñando a otros a habérselas con el caos.

Muchos sufrieron persecución y, en algunos casos, una muerte violenta a manos de tribunales, turbas o tiranos. En consecuencia, sus modelos de pensamiento sobre el buen vivir son de gran relevancia para nuestro tiempo, una época de intranquilidad y preocupación caracterizada por los grandes cambios sociales y las complejas situaciones a que estos dan lugar.

Para comprender mejor el contexto, echemos una ojeada al periodo histórico que vivieron estos pensadores y que creó el marco para sus ideas, a menudo radicales.

En el ámbito político, las conquistas y las crisis eran la norma en este periodo, que osciló de la democracia ateniense al imperio de Alejandro Magno, y luego de la República romana al Imperio romano. Este entorno político inestable y a menudo peligroso creó la necesidad de encontrar alguna forma de llevar una buena vida en medio del desorden. La filosofía aportó una solución.

En el mundo grecorromano, la guerra era fuente de indescriptibles penurias y dificultades, que sin duda afectaron a los filósofos que conoceremos en este libro. Se destruyeron ciudades enteras y se esclavizó a sus habitantes, y al menos dos de nuestros filósofos –Aristóteles y Estilpón– vieron arrasado el lugar en el que nacieron. Algunos de estos pensadores tuvieron que abandonar su hogar, su

* Lecho, capaz por lo común para tres personas, en que los antiguos griegos y romanos se reclinaban para comer. (*N. de la T.*)

escuela o su trabajo a causa de las luchas políticas o por orden de algún gobernante tiránico. Platón fue recluido por el mismo tirano al que había intentado enseñar a ser un buen dirigente, y Sócrates fue ejecutado por orden de la asamblea de Atenas. A Protágoras le quemaron todos los libros, e Hipatia fue brutalmente asesinada por un grupo de fanáticos. Además, la esclavitud era una práctica común; Epícteto quedó discapacitado de por vida a causa del maltrato físico que recibió siendo esclavo.

También fue un periodo de enorme fertilización cruzada entre culturas y geografías de todo el Mediterráneo. Durante esta época de colonización desenfrenada, hubo filósofos griegos que nacieron en lugares tan alejados de Grecia como la actual Libia (Aristipo), y filósofos romanos que procedían de zonas del Imperio tan remotas como la actual Turquía (Epícteto).

Observar en tierras lejanas los modos de vida y tradiciones espirituales de otras culturas ejerció una poderosa influencia en nuestros filósofos. Cuando Alejandro Magno volvió de la India, los griegos, y más tarde los romanos, no solo tuvieron conocimiento de nuevas ideas y prácticas, sino que hubo una fructífera interacción de los filósofos griegos con los sabios indios, y posiblemente –en el caso de Pirrón– incluso con los primeros budistas. Se cuenta que los Magos persas (*Magi*) instruyeron a algunos de nuestros filósofos, entre ellos Protágoras, y que la sabiduría egipcia influyó notablemente en Pitágoras e Hipatia.

En aquella época, la filosofía no les estaba reservada a un puñado de académicos. La mayoría de los pensadores entendía que filosofar no era un ejercicio esotérico de ensimismamiento, sino una disciplina que la gente común y corriente debía aplicar a su vida. Muchos de nuestros filósofos –los *influencers* de su época– dialogaban con personas de diversa condición, algunas de ellas simples ciudadanas, a las que ofrecían orientación e ideas, o hablaban ante la multitud. Otros, como Platón y Aristóteles, se enfocaron en tratar de hacer de su mundo un lugar más seguro y racional educando a los dirigentes políticos, lo cual tuvo resultados muy diversos. Otro filósofo, Epicuro, escapó del inquietante mundo de la política en busca de una forma de vida tranquila y, en un jardín campestre, creó una comunidad sorprendentemente integradora, que aceptaba como miembros a mujeres y esclavos.

A pesar de las innumerables limitaciones que a las mujeres se les imponían en este periodo, hubo unas pocas que recibieron una educación filosófica y que llegaron a ser respetadas por sus ideas. Las fuentes antiguas nos dan una idea de su vida y sus enseñanzas, y aquí hemos incluido a dos de estas pensadoras, Hiparquía de Maronea e Hipatia de Alejandría.

En la última parte del periodo filosófico que abarca este libro, Roma consiguió el dominio político y cultural. En el año 86 a.C., el general romano Lucio Cornelio Sila sitió Atenas y saqueó y destruyó las célebres escuelas de Platón y Aristóteles, lo cual provocó una diáspora cultural que desplazó el centro de la enseñanza filosófica a Roma. A pesar de este revés, la filosofía logró sobrevivir y florecer nuevamente. Uno de nuestros pensadores, Carnéades, contribuyó a popularizar el pensamiento griego en Roma, pese a la desconfianza de los romanos conservadores, ¡que no querían que sus hijos recibieran la influencia de los griegos! Con el tiempo, cada vez fueron más los pensadores romanos que empezaron a adoptar ideas de origen griego y a profundizar en ellas, como es el caso de Epícteto y el estoicismo.

Pero en Roma, lo mismo que en Grecia, la filosofía podía ser una profesión peligrosa, ya que no siempre contaba con el beneplácito de las altas esferas. Los emperadores romanos proscribieron a los filósofos; los expulsaron de la capital, y Epícteto y otros tuvieron que huir. Tiempo después, los gobernantes locales y los obispos cristianos se encargaron de destruir el saber filosófico en la Alejandría de Hipatia. El periodo clásico llegó a su fin en el siglo v d.C., y la filosofía se sumió en la oscuridad hasta el apropiadamente llamado Renacimiento.

La búsqueda de *eudaimonía*

Para entender mejor una de las principales razones por las que hemos decidido estudiar a los antiguos grecorromanos, tenemos que dar un salto en el tiempo y situarnos en los últimos años del siglo xx y primeros del xxi. En nuestra época, ha resurgido el interés en las filosofías de vida por razones similares a las que impulsaron a las originales: al igual que la gente de la Antigüedad, vivimos en sociedades que cambian con la mayor rapidez, marcadas por grandes convulsiones, sin saber, colectivamente, cuál es la mejor manera de seguir adelante.

Cada vez son menos las personas que profesan una religión organizada; el crecimiento de los movimientos extremistas y el auge de nuevas formas de tecnología han hecho que muchos cuestionen arraigadas creencias sobre quiénes somos y cuál es nuestro lugar en el mundo. Como individuos, a menudo sentimos que tenemos una capacidad limitada para actuar, y muchos echamos en falta algún tipo de guía que nos ayude a dirigir nuestros esfuerzos y nos oriente en nuestra existencia. Aunque formalmente los problemas modernos difieran de los que tenían en la Edad Antigua, los deseos humanos fundamentales no han cambiado. Seguimos queriendo las mismas cosas (amor, amistad, dinero, reputación, tranquilidad) y seguimos temiendo las mismas adversidades (el odio, la pobreza, la enfermedad, el dolor y la muerte). Por eso, los instrumentos que idearon los pensadores grecorromanos siguen constituyendo herramientas muy útiles para averiguar cómo queremos vivir.

El ser humano siempre ha querido ser «feliz», pero también ha tenido dificultad para precisar en qué consiste exactamente la felicidad y cómo encontrarla. Los filósofos griegos y romanos utilizaron tres conceptos principales como brújula por la que guiarse en su búsqueda de una existencia feliz: el primero es *telos*; el segundo, vivir de acuerdo con la naturaleza, y el tercero, *eudaimonía*. *Telos* significa meta o propósito. ¿Cuál es el objetivo de una vida bien vivida? ¿Es tener riquezas y fama? ¿Experimentar placer? ¿Vivir con serenidad? ¿Ser una buena persona? Vivir de acuerdo con la naturaleza significa profundizar en la comprensión de qué clase de criatura es el ser humano, qué le mueve y por qué, y utilizar esa comprensión como guía para la buena vida. Y la eudemonía (*eudaimonía* en griego) es el estado que caracteriza «la vida digna de ser vivida», fruto del análisis de *telos* y el estudio de la naturaleza humana.

Nosotros creemos que estos conceptos, debidamente actualizados, son la clave para vivir bien en el siglo XXI. En este libro conocerás ideas prácticas de distintas filosofías antiguas que ofrecen perspectivas sorprendentemente innovadoras sobre cómo vivir con sentido en el mundo actual. A medida que vayas examinando cada una de ellas, podrás desarrollar tu propia filosofía de vida, con tu propio *telos*, el sentimiento de vivir en armonía con la naturaleza y la búsqueda de eudemonía. Es la intencionalidad a la hora de tomar decisiones –en lugar de optar por lo que nos resulta más fácil, más divertido o más estimulante en cada momento– lo que define una filosofía de vida. Los pensadores griegos y romanos aplicaron esta perspectiva y obtuvieron con ello grandes beneficios, ¡y tú tienes la misma oportunidad!

Cómo usar este libro

En el curso de su búsqueda del buen vivir, los pensadores grecorromanos coincidieron en tres temas sustanciales, y este libro es un viaje a los tres «puertos» correspondientes a los que arribaremos, y que exploraremos con calma deteniéndonos en las ideas de las diversas escuelas filosóficas. Esos tres puertos son: el placer (cirenaísmo y epicureísmo), el carácter (aristotelismo, estoicismo, cinismo y platonismo) y la duda (socratismo, sofismo, escepticismo académico y pirronismo). O más sencillamente: sentirse bien, actuar bien y pensar bien.

Estos tres aspectos engloban a grandes rasgos lo que entendemos por una vida bien vivida, y hemos organizado los capítulos de acuerdo con ellos, pasando del aspecto más intuitivo (el placer es bueno) al más sorprendente (la duda te hará libre). También traspasaremos estas fronteras y, en la sección «Aquí hay dragones», exploraremos los territorios lejanos e inexplorados del mapa. Aunque las perspectivas que veremos aquí son menos apropiadas para la práctica moderna, quizá encuentres algunas ideas interesantes sobre las que reflexionar (pitagorismo, escuela megárica y neoplatonismo).

Además de presentarte esta información teórica, te propondremos ejercicios prácticos para que la apliques a tu vida actual y hagas la prueba de «vivir» en tiempo real las enseñanzas representativas de cada escuela de pensamiento. Los ejercicios están distribuidos en cinco días consecutivos, para que puedas experimentar con cada filosofía a lo largo de una semana. Si lo deseas, puedes ir más despacio o más deprisa. Sin embargo, dado que cada ejercicio suele basarse en los precedentes, te recomendamos que hagas todos los ejercicios de cada capítulo.

Una vez terminado el recorrido, te invitamos a que te embarques en tu propio viaje filosófico y, como corresponde a cualquier búsqueda filosófica, sigas cuestionando y explorando.

Nuestro consejo: no te sientas en la obligación de escoger una determinada escuela o perspectiva. Una práctica reflexiva y personal de la filosofía grecorromana puede incluir un sensato eclecticismo de ideas procedentes de diferentes escuelas de pensamiento. En la época clásica, había una variedad de filosofías que competían por ganarse el interés del público; cada una perseguía diferentes metas y hacía mayor hincapié en uno u otro de nuestros tres puertos. Lo importante, en definitiva, no es la ortodoxia de un conjunto de ideas, sino el proceso de buscar una filosofía de vida que concuerde contigo como individuo.

Tanto si eliges una filosofía de vida de las que aquí te presentamos como si creas la tuya propia, las filosofías griegas y romanas que examinaremos a lo largo del libro pueden proporcionarte un inestimable mapa conceptual que te ayude a construir una vida digna de ser vivida. Utilicémoslas para que nuestro viaje sea todo lo bueno que puede ser.

I. El puerto del placer

El primer puerto al que vamos a arribar en nuestro viaje por la filosofía helenística práctica es quizá el más obvio: el placer.

¿Quién no quiere tener una vida placentera? Y, a la inversa, ¿quién se opone a evitar el dolor, excepto quizá un pequeño número de masoquistas? En época moderna se ha escrito mucho sobre el «hedonismo» –es decir, la búsqueda de placer–[1] a raíz de lo que han revelado innumerables estudios de psicología, en los que se ha identificado un problema común a dicha búsqueda, al que se ha dado el nombre de «cinta hedónica».[2] Como si estuviéramos en una cinta de correr, perseguimos un placer concreto –digamos, comprarnos un flamante *smartphone* de última generación– por lo mucho que nos emociona la idea. Sin embargo, una vez que es nuestro, la emoción de haberlo adquirido se disipa muy pronto y, como drogadictos, reanudamos la búsqueda de cualquier otro objeto reluciente para volver a tener esa experiencia hedónica. De este modo, vivimos subidos a esa metafórica cinta de correr, que no nos lleva a ninguna parte y que, en realidad, no nos hace felices; lo único que conseguimos con ello es llenarles los bolsillos a los nuevos amos del mundo.

El hedonismo es, al parecer, el modo de ser predeterminado en la mayoría de los seres humanos. Tampoco debería sorprendernos, puesto que el dolor y el placer son los dos grandes motivadores que inventó la selección natural para conseguir que los animales hiciéramos lo que favorece nuestra supervivencia y reproducción. Piensa, por ejemplo, en el sexo: ¿te tomarías realmente tantas molestias como implica si no fuera muy –o al menos moderadamente– placentero? En cuanto al dolor, si una herida o un hombro dislocado no dolieran, es probable que ni te dieras cuenta de ellos y te desangraras, o que en el momento de intentar alargar el brazo para atrapar una pelota de béisbol descubrieras de repente que no lo puedes mover.

Algunos hedonistas grecorromanos de la Antigüedad, conscientes de los peligros que acarreaba esta tendencia predeterminada, elaboraron filosofías de vida para sortear los problemas intrínsecos del hedonismo instintivo e irreflexivo por el que rige su vida la mayoría de las personas. Esto dio lugar a dos escuelas hedonistas: los cirenaicos, de los que hablaremos en el capítulo 1, y los epicúreos, de los que nos ocuparemos en el capítulo 2.

Se trata de dos perspectivas radicalmente diferentes, como veremos dentro de un momento. Los cirenaicos pensaban que lo único que importa es el placer físico inmediato, aquí y ahora. Sin embargo, en un intento por eludir la cinta de correr hedónica, idearon prácticas que nos enseñan a dominar nuestros placeres, en lugar de que sean nuestros placeres los que nos dominen. Los epicúreos, por el contrario, hicieron un análisis más sofisticado, según el cual la ausencia de dolor es el verdadero premio, ya que nos brinda un suave y tranquilo placer mental que es mucho más deseable que cualquier deleite banal que pueda proporcionarnos el placer físico.

Con estos preliminares en mente, ¡es hora de zarpar!

1. Busca el placer con Aristipo

Yo la tengo a ella [la cortesana Lais], pero no ella a mí, porque lo mejor es el dominar los placeres sin ser su esclavo, no el abstenerse de ellos.

ARISTIPO, en Diógenes Laercio, *Vidas de los filósofos ilustres*, Libro II

Vestido con elegante túnica de lino y exquisitas sandalias de cuero, un hombre de expresión satisfecha se paseaba por la calle con una llamativa mujer del brazo, la famosa cortesana Lais de Corinto. Por todo el centro de Atenas, los hombres lo señalaban y murmuraban en voz baja.

–Ahí va ese perro regio –dijo uno.

–¿Te puedes creer que se deje ver con esa mujer en público? –replicó otro.

–¿Qué pensaría Sócrates de él ahora? –añadió un tercero enarcando las cejas y sacudiendo la cabeza con incredulidad.

El hombre al que señalaban era Aristipo. Provenía de una familia acomodada, había nacido alrededor del año 435 a.C. en Cirene, una ciudad colonial griega situada en la costa de la actual Libia, y de joven se había trasladado a Atenas para estudiar con Sócrates. Todo esto ocurrió antes de que él también se hiciera filósofo... ¡y de su conducta escandalosa![1]

–Aristipo –lo llamó aparte uno de los espectadores–, ¿por qué te juntas con esa mujer? Ha estado con innumerables hombres.

Aristipo se volvió hacia él, lo miró a los ojos y respondió:

–¿Hay alguna diferencia entre comprar una casa en la que antes han vivido muchos y otra en la que no ha vivido nadie? ¿O en viajar en un barco en el que han navegado muchos y en uno en el que nadie ha navegado?

El interrogador frunció el ceño:

–No.

–Pues ahí lo tienes. Lais es una compañera extraordinaria, y la mujer más bella de Grecia –dijo sonriéndole–. Y planeamos celebrar un fantástico banquete esta misma noche. Nos daremos un festín de perdices y buen vino. Lais tocará la flauta y bailará con nuestros amigos. ¡Vaya noche que nos espera! Y vosotros, honorables conciudadanos, no estáis invitados –añadió riendo. Luego giró sobre sus talones y se alejó con Lais.

Iba a ser para Aristipo una noche más de placer. El placer era su objetivo, lo consideraba la meta de la vida en sí. Y no cualquier clase de placer, sino el placer de los sentidos, el que experimentamos aquí y ahora. Aristipo se deleitaba con la compañía de las mujeres, los buenos vinos y manjares y las cosas bellas. En su búsqueda de placer, no temía rodearse de cortesanas expertas en las artes sensuales, ni asociarse con gobernantes tiránicos con tal de mantener su lujoso estilo de vida. Nada de esto habría sido aceptable a los ojos de su maestro, Sócrates.[2]

Cuando otros atenienses se lo reprochaban, Aristipo hacía uso de su agudo ingenio para defender la elección de anteponer el placer a todo lo demás, y para poner en evidencia las incoherencias lógicas de sus interlocutores (¡de esto, al menos, Sócrates se habría sentido orgulloso!). Aristipo estaba convencido de que sus conciudadanos tenían el mismo deseo que él de saborear las cosas más exquisitas, solo que no querían que se los tomara por insensatos ni ganarse una mala reputación por tratar de satisfacer ese deseo. Él, en cambio, no se avergonzaba de adoptar conductas que le hicieran quedar en ridículo mientras favorecieran el estilo de vida que había elegido.

Por ejemplo, se sabía que aceptaba dinero del rey Dionisio I de Siracusa –ciudad del sur de Sicilia–, un tirano despiadado y caprichoso.[3] Cuando un día el rey les ordenó a Aristipo y a otros miembros de su corte que se pusieran trajes de mujer de color púrpura y bailaran, Aristipo aceptó alegremente, mientras que su colega Platón se negó.[4] Este tipo de incidentes eran la razón de que otros filósofos lo apodaran «el perro regio».[5] Pero él no tenía inconveniente en prestarse a los caprichos de Dionisio I, ni en aceptar dinero de él y permitía tranquilamente que siguiera financiando sus placeres.

No le interesara el dinero en sí, ni tampoco lo utilizaba para tener más poder o influencia; era lo que el dinero podía comprar, lo que estimulaba el interés de Aristipo, es decir, los placeres concretos. Disfrutaba derrochando dinero, o incluso tirándolo. Cuando un hombre le reprochó que gastara tanto en refinados manjares, Aristipo le preguntó:

–¿Los habrías comprado tú si hubieran costado un óbolo?[6]

–Sí –respondió el hombre.

–Entonces –dijo Aristipo–, no es que yo sea amante del placer, sino que tú eres amante del dinero.[7]

De hecho, el dinero en sí le importaba tan poco que, yendo un día por la calle con el criado que le llevaba la bolsa de las monedas, al oírlo quejarse de lo mucho que pesaba, le dijo que tirara la mayor parte de ellas y se quedara solo con las que buenamente pudiera llevar.[8]

Esto no significa que Aristipo estuviera a favor de amontonar placer sobre placer sin obtener de ellos verdadero deleite. En su opinión, quien tiene un deseo insaciable de acumular más y más objetos –ya sean «lechos, mesas o campos»– padece una enfermedad de la que ni siquiera es consciente.[9] La clave, decía, está en poseer bellos artículos que proporcionen placer sin dejarse poseer por ellos.

Pero lo cierto es que en la vida de Aristipo no todo fueron juegos y diversión. También se encontró en situaciones muy difíciles, en las que tuvo que poner en práctica las habilidades filosóficas que había cultivado. Diversas fuentes cuentan que, navegando cerca de Rodas, el barco en el que viajaba naufragó. Cuando sus compañeros y él consiguieron llegar a tierra y empezaron a buscar por la costa asilvestrada algún alimento con el que sobrevivir, descubrieron unas figuras geométricas dibujadas en la arena. Pletórico de alegría ante estos «rastros» de seres humanos, se puso en marcha y pronto llegó a una ciudad, donde encontró un gimnasio (un centro de deportes y aprendizaje) y empezó a hablar de filosofía con los lugareños. «Allí empezó a discutir sobre temas filosóficos y fue objeto de numerosos regalos que no solamente le sirvieron para equiparse él de manera distinguida, sino que también suministró a sus compañeros vestidos y todo lo necesario para vivir», relató tiempo después el arquitecto, ingeniero y escritor romano Vitruvio en *De architectura*.[10]

Cuando sus compañeros de viaje le preguntaron qué lección había aprendido, Aristipo les dijo: «Es preciso equipar a los hijos con provisiones y recursos que les permitan ponerse a salvo a nado incluso en un naufragio».[11] En otras palabras, debían aprender filosofía para saber qué hacer en cualquier situación y saber decidir con buen juicio.

En algunos sentidos, el estilo de vida de Aristipo era sorprendentemente moderno. Al igual que mucha gente de hoy, quería disfrutar el momento y buscaba experiencias sensuales por puro deleite, lo cual incluía practicar el sexo sin ataduras, saborear alimentos exóticos y participar en fiestas desenfrenadas sin vergüenza ni temor a las habladurías. Y a pesar de las críticas de sus conciudadanos por su afición a rodearse de cortesanas, Aristipo demostraba más respeto a las mujeres que la mayoría de los griegos de su época. Prueba de ello es su larga relación con Lais –a la que no juzgaba por ser una hetera– y la decisión de educar en la filosofía a su hija Areta (en griego Areté, «virtud»), que se convirtió en una de sus seguidoras y que, aunque Aristipo tenía también dos hijos varones, era su alumna predilecta. Aristipo no dejó ningún libro que haya llegado hasta nuestros días. Probablemente en la vejez regresó a su lugar de nacimiento, Cirene, donde murió a los setenta y tantos años, en el 356 a.C.[12]

Los hedonistas originales

Hoy en día, cuando pensamos en una filosofía del placer, pensamos en el epicureísmo (que estudiaremos en el capítulo 2). Los epicúreos han adquirido la reputación de ser los paladines de la filosofía del «sexo, drogas y *rock and roll*», lo cual, como pronto veremos, no podría estar más lejos de la realidad. Sin embargo, esa descripción (salvo por la referencia anacrónica a un tipo de música que se hizo popular en el 1950 de nuestra era) no sería demasiado desacertada si se aplicara a los cirenaicos.[13] ¡Ellos fueron los verdaderos hedonistas egocéntricos del mundo antiguo!

La escuela cirenaica tiene una historia imprecisa y corta. Supuestamente, fue fundada por Aristipo en Cirene –una ciudad del norte de África situada en la actual Libia–, de la que toma su nombre. Aristipo fue contemporáneo de Platón y, como él, alumno de Sócrates, aunque no es fácil que Sócrates hubiera encontrado en la posterior filosofía que propugnó su discípulo algún parecido con lo que él predicaba en Atenas (como veremos en el capítulo 7). Decimos «supuestamente» porque es más probable que Aristipo inspirara solo un elemento precursor de lo que hoy llamamos cirenaísmo, y que el verdadero trabajo lo hicieran su hija Areta y el hijo de esta, llamado también Aristipo (en este caso el Joven, para evitar confusiones, y apodado *metrodidaktos*, «educado por la madre»), que nació hacia el 380 a.C. y del que no sabemos mucho.

Desafortunadamente, tampoco sabemos demasiado sobre Areta. Se ha conservado una cabeza de mármol que podría representarla, una copia romana (del siglo IV) de la escultura griega original, y que está actualmente en el Neues Museum de Berlín. A pesar de la escasa documentación con que contamos sobre la filosofía particular de Areta, debió de ser una filósofa notable, ya mencionan su nombre varias fuentes antiguas, entre ellas los textos de Diógenes Laercio, Estrabón y el teólogo cristiano Clemente de Alejandría, así como la enciclopedia bizantina del siglo X conocida como la *Suda*.

Sabemos más sobre Aristipo el Viejo, que debió de ser una figura fascinante y un tanto paradójica. Al parecer, mientras asistía a los Juegos Olímpicos, se enamoró (filosóficamente hablando) de Sócrates al oír la descripción que alguien hacía de él. Poco después se unió a su séquito de discípulos, en el que permaneció hasta poco antes de la muerte de Sócrates, en el año 399 a.C. Pero a diferencia de su maestro, Aristipo tenía gran interés por los placeres sensuales, como sabemos. Según se dice, fue el primero de los alumnos de Sócrates en cobrar por sus enseñanzas, llevaba una vida de lujo y a menudo requería los favores de la ya mencionada Lais de Corinto. Al igual que Platón, pasó parte de su vida en Siracusa en la corte del tirano Dionisio I (o de su hijo, Dionisio II, o de ambos). Pero no sabemos con qué propósito concreto, ¡aparte de divertirse! (Como veremos en el capítulo 6, sabemos bien, por el contrario, lo que hacía Platón en aquel mismo lugar más o menos por la misma época, y poco tenía que ver con la diversión y los placeres).

El placer es el bien

Hay dos aspectos fundamentales de la filosofía cirenaica, en cierto modo interrelacionados: su ética –es decir, cómo vivir una vida buena– y su epistemología, o teoría del conocimiento. Ambos aspectos tuvieron efectos de largo alcance: la ética cirenaica influyó en Epicuro (capítulo 2) y, siglos después, en el fundador de la filosofía utilitarista, Jeremy Bentham (1780), y la epistemología cirenaica tenía grandes similitudes con algunos aspectos del sofismo (capítulo 8), así como con el pirronismo (capítulo 10).

Empecemos por la ética. Como buenos hedonistas, los miembros de la escuela cirenaica pensaban que el bien supremo en la vida es el placer y que todo lo demás está, por tanto, subordinado a él y es un simple medio para su consecución. Sin embargo, a diferencia de los epicúreos, los cirenaicos daban preeminencia al placer físico en el presente y renunciaban a los placeres mentales y a recrearse, como proponían los epicúreos, en imaginar placeres futuros y recordar los pasados. La razón de estas preferencias probablemente fuera que los placeres físicos son más intensos que los mentales: detente un momento y piensa en saborear un helado; ahora, sal, ve a una heladería y saborea uno. ¿Hay diferencia? ¿Te ha gustado este ejercicio improvisado de filosofía práctica?

Los placeres físicos con que nos deleitamos aquí y ahora son obviamente más intensos que el recuerdo de placeres pasados o el anhelo de placeres futuros. En el caso del helado, la diferencia entre imaginarlo y saborearlo ha sido tan grande porque el placer físico solo se experimenta *mientras* se saborea realmente. Recordar helados de otro tiempo es un placer mental y, por tanto, inferior desde la perspectiva cirenaica.

Los cirenaicos pensaban que deberíamos vivir «de acuerdo con la naturaleza». Al fin y al cabo, instintivamente (es decir, naturalmente) hemos buscado el placer y evitado el dolor desde que éramos bebés. Esto, pensaban los cirenaicos, debe ser la forma que tiene la naturaleza de decirnos lo que es bueno y lo que no. ¿Y quiénes somos nosotros para discutir con la naturaleza?

Desde una perspectiva moderna, los cirenaicos (y los epicúreos) tenían razón a medias. Es cierto que el instinto de buscar el placer y el de evitar el dolor se han mantenido vivos a lo largo de la evolución porque nos benefician. Sin embargo, la selección natural no los ha favorecido porque sean el bien supremo, sino porque contribuyen a lo que la naturaleza considera que es realmente el bien supremo: la supervivencia y la reproducción.

Otro argumento que esgrimían los cirenaicos en favor de los placeres físicos frente a los mentales era que, para castigar a los malhechores, se les inflige dolor físico, no dolor mental. La razón es que este último no es tan malo como el primero, lo que significa que sus homólogos –el placer físico y el placer mental– pueden categorizarse de un modo parecido.

Los cirenaicos se burlaban de la idea epicúrea de que el placer supremo fuera un estado estático de ausencia de dolor. Decían que ese era el estado de un cadáver, y que los epicúreos equiparaban implícitamente estar muerto con ser feliz. (En honor a la verdad, los epicúreos se habrían opuesto con firmeza a tal caracterización).

Para los cirenaicos, el fin último no era la felicidad en sí; era el placer. Entendían que uno y otra difieren. «El fin es el placer en particular, y la felicidad –decían– consiste en la combinación de los placeres particulares, entre los que se cuentan también los pasados y los futuros. El placer particular es elegible por sí mismo –como comerse un helado o disfrutar con un buen baño–, mientras que la felicidad no lo es por sí misma, sino por los placeres particulares».[14] Según los epicúreos, la ausencia de dolor es lo que da felicidad, mientras que los cirenaicos pensaban que la felicidad es un estado cualitativo erróneamente definido y probablemente inalcanzable. El placer, por el contrario, es un objetivo fácil de alcanzar y que es natural perseguir.

Tampoco debemos confundir a los cirenaicos con los utilitaristas modernos, a pesar de la evidente conexión y de la influencia histórica de los primeros en los segundos. El utilitarismo moderno, articulado originalmente por Jeremy Bentham y John Stuart Mill a finales del siglo XVIII y principios del XIX, sostiene que lo moral es aquello que maximiza el placer de un mayor número de personas y minimiza también su dolor. Pero a los cirenaicos no les preocupaban los dolores y placeres de *otros*, por la sencilla razón de que nadie puede *experimentar* salvo lo que le sucede personalmente. Lo único que podemos experimentar son *nuestros propios* dolores y placeres, y en ello nos debemos centrar. Por eso su filosofía no es solo hedonista, sino también egocéntrica; es decir, pone al individuo –y no a otras personas o a la sociedad– en el centro.

Amistad y relaciones

A la vista del carácter tan egocéntrico de esta filosofía, quizá te preguntes qué pensaban los cirenaicos de la amistad. Se trata de un aspecto característico de la vida humana que es a menudo fuente de placer, y, en consecuencia, varias filosofías grecorromanas, como el aristotelismo, el epicureísmo y el estoicismo, subrayan su importancia para la buena vida. También aquí los cirenaicos son la excepción. Para ellos, la amistad es un simple medio, que conviene cultivar por el placer que *nos* proporciona. Confiamos en que nuestras amistades disfruten también en nuestra compañía, pero esa es *su* experiencia, que no está a nuestro alcance y, por tanto, no nos concierne.

No tiene ningún sentido para un cirenaico la idea de que debemos valorar la amistad por sí misma, o de que deben importarnos nuestros amigos independientemente del placer que nos proporcionen. A su vez, esto parece implicar la fungibilidad de las amistades: si la compañía de un amigo ya no me reporta placer, o si la de un nuevo amigo me reporta un placer mayor, debería prescindir del primero y sustituirlo, y pasar a un nivel de placer superior, por así decir.

Aunque las fuentes de que disponemos no hablan directamente de otras clases de relaciones (románticas, por ejemplo), todo hace pensar que la opinión que estos filósofos tenían de la amistad era extensiva a cualquier otra relación, a pesar del afectuoso trato que Aristipo dispensaba a Lais. Es probable que, desde nuestra perspectiva moderna, la imagen resultante sea poco atractiva; y sin embargo, paradójicamente, tal vez tenga bastante parecido con nuestro comportamiento *real* documentado por los psicólogos. Cuando alguien utiliza un sitio web de citas, por ejemplo, no suele dudar en «subir de nivel» en cuanto aparece una potencial pareja más deseable.[15]

El futuro... o la ausencia de futuro

Otro aspecto interesante que se deriva del interés exclusivo del cirenaísmo por los placeres del momento es su relativa despreocupación por el futuro. Esto está en franca contradicción no solo con lo que enseñaba Epicuro, sino también con las ideas de Sócrates, que fue el maestro de Aristipo.

Sócrates había utilizado una interesante metáfora para ilustrar que enfocarse en el placer actual puede ser engañoso. En el Protágoras, uno de los *Diálogos* platónicos, Sócrates dice que los placeres actuales son aparentemente grandes y los futuros, pequeños, como resultado de algo análogo a una ilusión óptica: aunque al ojo humano los objetos lejanos le *parecen* pequeños, en realidad pueden no *ser* pequeños en absoluto. Por consiguiente, deberíamos corregir nuestras percepciones inmediatas guiándonos por la experiencia y la sabiduría.

En contraste con Sócrates, la conclusión cirenaica era que solo podemos experimentar placeres en el aquí y ahora, y que cualquier cálculo sobre el futuro es mucho menos preocupante, puesto que no podemos experimentar, ahora, placeres futuros. Y no solo eso: ¿cómo sabemos que lo que ahora consideramos placentero también lo disfrutará nuestro yo futuro? A medida que envejecemos y acumulamos experiencias, lo que valoramos cambia, de modo que podemos equivocarnos al pensar que dentro de veinte años mantendremos las mismas preferencias en cuanto a lo que nos resulta o no placentero. ¿A mi yo del futuro lejano le gustará el helado? ¡Tal vez no! Imposible saberlo, así que mejor disfruto del helado ahora y dejo que mi yo futuro tome a su debido tiempo las decisiones que le parezcan más apropiadas.

La preocupación por nuestro yo futuro lleva implícito uno de los conceptos fundamentales de la filosofía grecorromana: el *telos*, la meta última de nuestra vida. En realidad, los cirenaicos posteriores negaban que la vida humana tuviera un *telos*, argumentando que la vida no es más que una sucesión de momentos, cada uno de los cuales es, en sí mismo, agradable o no agradable.

En general, los cirenaicos –al igual que los cínicos (de los que hablaremos en el capítulo 5), aunque por razones muy diferentes– no se preocupaban por la moral normalizada. Pensaban que lo que la mayoría de la gente considera correcto o incorrecto no es el resultado de una inclinación natural (un concepto popular en muchas otras filosofías de la época), sino que está arraigado en costumbres más o menos arbitrarias. Lo que vale en Atenas, por así decir, no vale en Corinto, y viceversa. En consecuencia, existen todo tipo de historias probablemente falsas sobre Aristipo, como aquella en la que deja morir a un niño porque no le viene bien criarlo. Es muy posible que todos estos relatos fueran invención posterior de sus detractores, pero aun así confirman la idea de que este filósofo despreciaba la moral común.

Todo proviene de los sentidos

Pasemos ahora a la epistemología cirenaica, su teoría del saber teórico. Es razonable que nos preguntemos de dónde sacaron los cirenaicos su sistema ético. ¿Cómo llegaron a la conclusión de que el placer físico presente es el único objetivo de la vida, suponiendo que la vida tenga realmente un objetivo? El cirenaísmo era una filosofía, no una mera expresión subjetiva de ciertas preferencias personales, y, por tanto, su ética ha de estar relacionada con su epistemología.

Si la ética se ocupa de responder a la pregunta «¿Cómo debemos vivir?», la epistemología trata de responder a la pregunta «¿Y cómo sabemos que es así?». Evidentemente son cuestiones relacionadas, puesto que, ante cualquier afirmación ética, es razonable preguntar «¿Cómo *lo* sabes?».

Los cirenaicos eran fundamentalmente empiristas: creían que nuestra fuente de conocimiento son los datos empíricos acerca del mundo, y que, en última instancia, esos datos provienen de la experiencia sensorial. Por ejemplo, ¿cómo sé que existe la Luna? Es obvio: ¡porque la veo! Aunque, para hablar con mayor propiedad, lo que veo es, recortado en el cielo, un disco de cierto tamaño, color y forma que aparece y desaparece con regularidad y que describe una trayectoria entre su aparición y desaparición. *Infiero* entonces, basándome en estas y otras observaciones, que la Luna es un objeto similar a un planeta que orbita alrededor del planeta Tierra.

Pero... ¡un momento! ¿Cómo infiero que es un cuerpo celeste similar a un planeta? Porque la veo con el telescopio, que me permite ampliar la imagen hasta un grado en el que puedo apreciar numerosos detalles de su superficie. Es decir, aunque esté utilizando un instrumento, el conocimiento que obtengo proviene en última instancia de lo que captan mis sentidos, concretamente mis ojos.

¿Y cómo sé que la Luna gira alrededor de la Tierra? Esa es una inferencia más compleja, que requiere la aplicación previa de algunas leyes teóricas y la ejecución de una serie de operaciones matemáticas. Sin embargo, en el fondo, la validez tanto de la teoría como de las operaciones se basa en la evidencia empírica que emana de la información sensorial. Este es a grandes rasgos el fundamento de la perspectiva empirista. Por supuesto, existe un punto de vista alternativo, que es el llamado enfoque racionalista.

Los racionalistas, como Platón, piensan que el origen último de todo conocimiento es la capacidad humana de pensar con lógica, por mucho que los datos empíricos la complementen. Para Platón, las matemáticas y la geometría son los modelos indiscutibles de cómo podemos progresar los seres humanos, y esas disciplinas son independientes de la evidencia empírica: la verdad del teorema de Pitágoras es independiente de que exista o no un objeto material con forma de triángulo, puesto que alude a la *propia idea* de triángulo.

El debate entre empiristas y racionalistas[16] es anterior tanto a Platón como a los cirenaicos; se remonta, de hecho, a algunos filósofos presocráticos de los siglos VI y V a.C. Los milesios (Tales de Mileto, Anaximandro, Anaxímenes), Jenófanes y tal vez Heráclito intentaron explicar el mundo basándose en observaciones empíricas. En cambio, los pensadores de la escuela eleática (Parménides, Zenón de Elea) defendían la primacía de la razón, y llegaron así a conclusiones que los sentidos parecían contradecir. La más famosa de ellas fue negar que exista el movimiento (como en las paradojas de Zenón).

Los cirenaicos no eran solo empiristas, sino empiristas radicales. Pensaban que no estamos autorizados a inferir nada sobre el mundo en sí a partir de datos sensoriales, adelantándose con esto a la distinción que haría en el siglo XVIII Immanuel Kant entre «fenómeno» (el mundo tal como lo percibimos) y «*noumeno*» (el mundo tal como es en sí mismo). De modo que un cirenaico no diría, por ejemplo, «veo una flor roja», sino «estoy experimentando una sensación que percibo como rojez». Esta forma de hablar puede no ser práctica, pero sería más acertada.

¿Cuál es la razón exacta de que no podamos hacer inferencias sobre las cosas en sí mismas basándonos en nuestras percepciones? Los cirenaicos adujeron no una razón sino dos. La primera es la relatividad de cualquier percepción. ¿Quién no ha tenido ocasión de comprobar que, al menos a veces, varios observadores perciben de modo distinto el mismo objeto? Yo veo el jersey verde, tú lo ves azul. A mí me parece que esta noche la luna es más grande de lo normal, a ti no.

En vista de esto, los cirenaicos pensaron que lo procedente era suspender el juicio, al igual que harán los pirrónicos (como veremos en el capítulo 10): tú y yo tenemos percepciones diferentes del jersey y de la luna; tus percepciones son verdaderas para ti y las mías lo son para mí, pero no está justificado que ni tú ni yo determinemos que el jersey es *realmente* verde (o azul) o que esta noche la luna es *realmente* mucho más grande de lo habitual (o no).

Ante estos mismos hechos, no todos los filósofos llegaron a la misma conclusión que los cirenaicos en cuanto a la validez de las experiencias sensoriales. Por ejemplo, el sofista Protágoras diría que el jersey es a la vez verde (para mí) y azul (para ti) porque la verdad es siempre relativa al observador. Por el contrario, el atomista Demócrito concluiría que la discordancia de percepciones indica que el jersey no es ni verde ni azul. Las tres reacciones son lógicamente coherentes con los datos empíricos, lo cual demuestra por qué la epistemología es un asunto bastante complejo. Dicho sea de paso, yo (Massimo) soy daltónico. ¿Cómo va a influir esta información en tu forma de entender nuestra diferencia de pareceres?

La segunda razón por la que no podemos saber cómo son las cosas en sí mismas a partir de datos sensoriales es la privacidad de la experiencia. Supongamos que estamos de acuerdo en el color del famoso jersey: tú dices que es verde y yo, también. ¿Cómo sabes que cuando yo digo «verde» hablo de lo mismo que tú? Podríamos estar utilizando la misma palabra simplemente porque nos han enseñado que los jerséis de ese color son «verdes», pero en realidad es posible que nuestras experiencias sensoriales individuales sean muy diferentes una de otra, y que tú, por ejemplo, estés experimentando en realidad lo que yo llamaría «rojo» cada vez que dices «verde».

Se trata de un problema que persiste en la metafísica y la filosofía de la mente modernas y que a menudo se conoce como el «problema de otras mentes». Tiene su origen en el hecho de que, como es obvio, no tenemos acceso a las mentes de otras personas y, por tanto, desde una perspectiva empírica estricta, nos es imposible saber qué ocurre dentro de ellas, ni aunque nos lo digan explícitamente, dado que podrían estar utilizando descriptores (verde, rojo) que no se corresponden con cómo utilizamos nosotros esos términos.

Cirenaicos frente a sofistas y pirrónicos

Como hemos visto, la epistemología cirenaica conecta esta filosofía tanto con el sofismo como con el pirronismo. Aun así, hay algunas diferencias sutiles pero importantes entre los tres enfoques y conviene que queden claras.

Por ejemplo, si los cirenaicos eran subjetivistas acerca de la verdad, los sofistas eran (en líneas generales) relativistas (como explicaremos en el capítulo 8). Acabamos de ver lo que esto significa referido a las percepciones sensoriales: la única verdad que el cirenaico puede afirmar es que percibe algo de determinada manera, mientras que el sofista entiende que la manera en que cada persona percibe algo es *para ella* una verdad. Y hubo sofistas que extendieron este relativismo mucho más allá del ámbito de las percepciones sensoriales. Por ejemplo, decían que, si tú piensas que robar está mal, eso es verdad para ti; pero puede que otra persona piense que robar no está mal, y eso es verdad para ella. Frente a esta clase de cuestiones, los cirenaicos suspendían el juicio, por la imposibilidad de determinar basándose en percepciones sensoriales la veracidad o falsedad de los juicios éticos.

Esto nos lleva a las similitudes y diferencias entre el cirenaísmo y el escepticismo pirrónico (del que hablaremos en el capítulo 10). A grandes rasgos, hay tres diferencias entre cirenaicos y pirrónicos. La primera es que los cirenaicos no parecen dudar de la existencia del mundo exterior, mientras que los pirrónicos suspenden el juicio al respecto. El contraste proviene de que los cirenaicos creían en las relaciones de causa y efecto: si alguien tiene percepciones sensoriales, estas deben ser los efectos de una u otra causa, y esa causa es lo que entendemos por «mundo exterior». Para los pirrónicos, en cambio, las cuestiones de ontología (la rama de la metafísica que se ocupa de lo que existe y lo que no) son «cuestiones no evidentes», como ellos las denominan, y se muestran, por tanto, escépticos al respecto.

La segunda diferencia es que los cirenaicos dicen tener conocimiento (limitado) solo sobre sus propias experiencias sensoriales. Los pirrónicos, por el contrario, entienden que el término «conocimiento» es aplicable solo al mundo en sí mismo, no a nuestras percepciones, lo que significa que, hablando con propiedad, no tenemos conocimiento de nada.

Por último, aunque los cirenaicos parecen pensar que hay un mundo externo, niegan que podamos tener conocimiento de él, como ya hemos dicho. Los pirrónicos son agnósticos una vez más: aunque en la actualidad no parece que tengamos conocimiento del mundo exterior, ¡quién sabe!, quizá el futuro nos reserve alguna sorpresa epistémica…

Aunque el cirenaísmo solo duró unas pocas generaciones y se

consideraba ya extinguido para tiempos de Cicerón (siglo I a.C.), el hedonismo que propugnaban los cirenaicos influyó en filósofos muy posteriores. Entre ellos destaca el ya mencionado Jeremy Bentham, que fundó en 1780 el sistema moderno de pensamiento conocido como utilitarismo, un tipo de filosofía consecuencialista (denominada así porque el criterio para juzgar si una acción es moralmente buena o mala son sus consecuencias).

De todos modos, resulta obvio que el hedonismo enfocado en los placeres físicos que se experimentan en el momento es, podría decirse, la filosofía por excelencia de la mayoría de la gente, tanto en la antigüedad como en la era moderna.

Vive como un cirenaico

El hecho de que el cirenaísmo sea por sistema la filosofía de la mayoría de la gente no significa que los cirenaicos modernos no estén dispuestos a hacer cambios en su vida, especialmente en su vida interior. Como decíamos en el prólogo, una filosofía de vida debe vivirse con un sentido de intencionalidad y propósito. Eso significa que, aunque en apariencia alguien viva como un cirenaico, no estará practicando la filosofía cirenaica a menos que esté forjando intencionalmente ese estilo de vida con reflexión y propósito.

El filósofo cirenaico no solo tenía que forjarse una vida intencional, sino que además debía hacer un esfuerzo mental para mantenerla mediante la práctica de ejercicios espirituales. A continuación vamos a ofrecerte algunos de esos ejercicios para que los practiques a lo largo de esta semana. Uno de ellos, que tal vez inventaran los cirenaicos, se hizo famoso gracias a los estoicos, de quienes hablaremos más adelante. El ejercicio suele denominarse «visualización negativa» o *premeditatio malorum* en latín.

El estadista y filósofo romano Cicerón nos dice que, según los cirenaicos, no *todos* los males son causa de aflicción, sino únicamente «los males inesperados e imprevistos».[17] Este dato sugiere que los cirenaicos dedicaban parte de su tiempo mental a imaginar fatídicos desenlaces con el propósito de reducir la aflicción futura. (¡Es curioso que, al parecer, fuera invención de los hedonistas un ejercicio espiritual que han hecho famosos pensadores tan contrarios a ellos como los estoicos!).

Quizá hayas advertido una aparente contradicción en eso de imaginar desenlaces fatídicos. En la sección anterior, decíamos que los cirenaicos no se preocupaban por el futuro. Si esto fuera completamente cierto, ¿qué sentido tendría que un cirenaico premeditara una adversidad futura?... Porque es de suponer que eso debía de causarle cierta aflicción en el momento presente, ¿no? Sí, así es. Pero el filósofo cirenaico apostaba por un poco de dolor mental ahora a cambio de mucha menos aflicción en el futuro. En ese caso, es razonable que cavile sobre futuras adversidades alguien que tiene una filosofía de vida hedonista.

Aunque según los cirenaicos el dolor mental era malo, no era lo peor que podía pasarles: lo peor era el dolor corporal. Y su opuesto –el placer corporal– era lo mejor que había en la vida. Parte de la filosofía práctica cirenaica consiste en reflexionar sobre las implicaciones de esta creencia y vivir de acuerdo con ella. Uno de los corolarios de esta creencia se describe en la Epístola socrática 27, contenida en un manuscrito llamado *Codex Vaticanus Graecus 64*. En ella, Aristipo le escribe a su hija Areta, a la que los gobernantes de Cirene han amenazado con despojar de su patrimonio. Trata de tranquilizarla diciéndole que no pueden arrebatárselo todo, y que una pequeña cantidad de bienes es suficiente para llevar una vida lujosa. ¡Incluso un solo árbol es suficiente para poder disfrutar de frutos dulces y deliciosos!

Aunque es casi seguro que esta carta no fue escrita por Aristipo,[18] transmite bastante bien el espíritu del cirenaísmo. Una parte de la formación cirenaica consistía en desdeñar los excesos. Obtener placer físico es formidable, pero excederse en el placer físico resulta siempre contraproducente. Saboreamos un helado delicioso y, tal vez, pensemos en cuánto más placer nos darían dos, tres o cuatro. Pero al cabo de un rato de comer helados, ya no nos satisfacen lo mismo. Y no solo eso, sino que es probable que en un futuro no muy lejano nos duela el estómago por haber comido mucho. También hay que tener en cuenta el dolor físico que provocan las enfermedades (inciertas pero posibles) derivadas de ingerir constantemente demasiadas calorías. Por eso, la mayoría de las veces, un helado es suficiente para el filósofo cirenaico practicante.

Así pues, la vida cirenaica en el siglo XXI puede ser un poco diferente de la forma en que viven algunas personas en los países ricos. Es posible que el filósofo cirenaico moderno desprecie las llamadas «McMansiones» (esas casas grandes, mal construidas y fabricadas en serie que abundan en muchas partes de Estados Unidos), pero, en realidad, incluso los habitantes urbanos que viven en pequeños apartamentos se sorprenden a veces mirando con codicia el último teléfono inteligente que acaba de salir al mercado a pesar de tener varias tabletas y teléfonos móviles sobre la mesilla de noche. Aunque es cierto que el cirenaico disfruta de las «cosas buenas» de la vida, una parte fundamental de la práctica cirenaica es enseñarnos a nosotros mismos, en lo que respecta al placer y la comodidad, cuánto es «suficiente».

A lo largo de la próxima semana, aprenderás personalmente estas lecciones cirenaicas.

Día 1: Cómo equilibrar el placer y el dolor corporales y controlar a la vez la aflicción mental

Sería un poco estresante que te lanzaras directamente a hacer los ejercicios. Así que, con auténtico espíritu cirenaico, vas a empezar tu viaje hacia la filosofía práctica comprendiendo mejor cómo equilibrar el placer y el dolor corporales desde la comodidad de tu sofá.

L*a priori*dad para un cirenaico practicante es maximizar el placer físico al tiempo que evita el dolor físico. Obtener placer mental y evitar el dolor mental también es agradable, pero nunca tanto como lo son sus homólogos físicos. En los próximos días, vas a tratar de equilibrar estos cuatro aspectos del cálculo hedónico cirenaico. Pero para hacerlo correctamente, es importante que antes tengas una idea clara de cada uno de ellos y de en qué consiste el ejercicio.

A continuación presentamos varios escenarios comunes que no son óptimos desde el punto de vista cirenaico, y una serie de preguntas sobre cada una de ellos. Escribe cómo resolverías tú estos sencillos dilemas cirenaicos guiándote por la intención de reducir al mínimo el malestar mental y físico y de aumentar al máximo el placer físico y mental.

ESCENARIO 1: **Habías planeado preparar una cena exquisita al volver del trabajo, pero cuando llegas a casa te duelen la espalda y los pies.**

¿Qué harías? ______________________________
____

¿De qué manera aumenta esto el placer corporal o mental, o reduce el malestar corporal o mental? ______________________________
____
____

¿En qué sentido mejora esto tu situación desde una perspectiva cirenaica? ______________________________
____
____

ESCENARIO 2: **Tus amigos se burlan de ti porque te gastas el dinero en algo que para ti es fuente de placer, como comer en restaurantes de cocina exótica o recibir masajes de lujo.**

¿Qué harías? ______________________________
____

¿De qué manera aumenta esto el placer corporal o mental, o reduce el malestar corporal o mental? ______________________________
____
____

¿En qué sentido mejora esto tu situación desde una perspectiva cirenaica? ______________________________
____
____

ESCENARIO 3: **Tu jefe te pide que hagas algo que consideras indigno, pero que, a la vez, te hará ganar puntos y recibir posiblemente una bonificación.**

¿Qué harías? ____

____

¿De qué manera aumenta esto el placer corporal o mental, o reduce el malestar corporal o mental? ______________________________

____

¿En qué sentido mejora esto tu situación desde una perspectiva cirenaica? ____

____

ESCENARIO 4: **Rebuscas por enésima vez en el armario abarrotado y sigues sin encontrar el objeto que buscas.**

¿Qué harías? ____

____

¿De qué manera aumenta esto el placer corporal o mental, o reduce el malestar corporal o mental? ______________________________

____

____

¿En qué sentido mejora esto tu situación desde una perspectiva cirenaica? ____

____

ESCENARIO 5: **Te aburres.**

¿Qué harías? ____________________________________

____

¿De qué manera aumenta esto el placer corporal o mental, o reduce el malestar corporal o mental?____________________________

____

¿En qué sentido mejora esto tu situación desde una perspectiva cirenaica? ____________________________________

____

No hay una única respuesta correcta a ninguna de estas preguntas, pero he aquí algunas posibles soluciones a estos dilemas.

En el escenario 1, la solución está clara: no cocines. Siéntate con los pies en alto y encarga comida a domicilio. De este modo, te evitarás el dolor físico (lo primero que un cirenaico trata de evitar) y, a pesar del cambio de planes, cenarás algo sabroso. Esto minimiza el desagradable dolor físico a la vez que te reporta cierto placer físico. Sin embargo, tal vez esta solución tan sencilla no esté al alcance de todo el mundo. Habrá gente que no pueda permitirse encargar comida a domicilio. En ese caso, la solución será comer algo que tengas a mano o que puedas preparar en un momento sin tener que estar de pie. También así eliminarás el dolor físico que te provoca el hambre y evitarás el dolor físico que te causaría estar de pie cocinando. Desde una perspectiva cirenaica, ¡es otra medida igual de válida para mejorar la situación! Según cuenta Diógenes Laercio en *Vidas y opiniones de los filósofos ilustres*, II.91, los cirenaicos pensaban que ni siquiera el perfecto sabio cirenaico podía vivir placenteramente todo el tiempo. El objetivo del cirenaísmo no es tener placer constante: es maximizar el placer y minimizar el dolor tan a menudo como sea posible.

El escenario 2 es algo que ya viste resolver a Aristipo al principio de este capítulo, cuando hubo quienes le hablaron con desprecio por presentarse en público con la cortesana Lais. Aristipo dio la vuelta a la situación tomándosela con humor y dando una réplica punzante. No dejó que el intento de avergonzarlo le privara de disfrutar el placer físico que consideraba el bien supremo. E incluso obtuvo de la interacción cierto placer mental (que es menos intenso que el corporal, ¡pero aun así placer!) al abochornar él a quienes lo importunaron. Por último, no permitió que los comentarios le afectaran, por lo cual su estado mental se mantuvo intacto. Esto significa que Aristipo salió de la interacción sin más dolor mental, con la misma cantidad de placer físico y un poco más de placer mental. Probablemente lo consiguió a base de entrenarse para soportar afrentas y encerronas mentales, algo que tendrás ocasión de practicar también tú en futuros capítulos.

Aristipo encontró igualmente la forma de resolver el escenario 3 cuando se le pidió que bailara con un vestido púrpura en la corte de Dionisio. Aristipo no sintió ni dolor ni placer cuando el rey le hizo esta petición; solo tuvo que calcular la potencial vergüenza (mental) futura frente al placer (físico) futuro que la ayuda económica de Dionisio haría posible si aceptaba. Dada su experiencia pasada con Dionisio, y la de que el potencial placer físico siempre tiene más peso que el potencial malestar mental, Aristipo bailó con la mayor energía y entusiasmo. La solución cirenaica al tercer escenario sería similar a esta, siempre y cuando tuvieras la certeza casi absoluta de que obtendrías la bonificación y de que podrías usarla para aumentar a conciencia el placer físico futuro. Si no necesitas el dinero o si tienes serias dudas sobre si recibirás la bonificación o no, entonces quizá el cálculo hedónico sea otro.

El armario abarrotado del escenario 4 hace pensar que tienes demasiadas cosas o que, al menos, necesitas organizarlas mejor. Si hay cosas que están ocupando espacio y no sirven ni para reducir el malestar físico ni para mejorar el placer físico, lo mejor es que te deshagas de ellas. Si merecen quedarse, lo apropiado es que las reorganices. No es precisamente divertido, pero, para el cirenaico, una pequeña molestia siempre compensa si proporciona más comodidad física en el futuro.

El escenario 5 es fácil de resolver en teoría, pero puede no serlo tanto en la práctica. La respuesta obvia es que encuentres algo placentero que hacer, ya que el aburrimiento es producto de no tener nada placentero en lo que ocuparte y de que tampoco se te ocurra ninguna idea sugestiva. Una habilidad que el cirenaico se propone cultivar es la de encontrar placer en actividades o situaciones que de entrada no parecen prestarse demasiado a ofrecerlo. Así lo demostró Aristipo cuando naufragó el barco en el que viajaba. Al ver signos de civilización en la costa a la que él y sus compañeros consiguieron llegar, experimentó gran alegría; luego le dio placer mental conversar con los lugareños, y se los ganó hasta tal punto de que le proporcionaron todo lo necesario para que su estancia temporal entre ellos fuera agradable.

Día 2: Deja entrar más placer en tu vida

Ahora que has comprobado que entiendes los fundamentos teóricos de la filosofía cirenaica, es hora de que la pongas en práctica en tu vida y veas cómo, con tres sencillos pasos, puedes conseguir que algo que ya acostumbras a hacer sea más placentero o menos doloroso (¡literalmente!).

Paso 1: Piensa en algo concreto que en la actualidad ya te proporciona bienestar o placer físicos y que podrías mejorar o hacer de un modo más fácil para que te reporte mayor placer aún (por ejemplo, compra una alcachofa de masaje para la ducha: ya que vas a ducharte, ¿por qué no hacer más placentera la experiencia?). O piensa en algo que eches en falta y que podría proporcionarte placer. Recuerda que los cirenaicos sostenían que los placeres y dolores físicos eran lo más importante en la vida, así que ¡mira a ver qué descubres tú!

____

____

____

____

____

____

____

____

Paso 2: Piensa en formas de aumentar el disfrute físico, de disminuir el malestar físico cuando llega, o ambas cosas. Esto podría consistir en introducir algo nuevo en tu vida o en hacerte más fácil algún aspecto ya existente. Por ejemplo, si te gusta cocinar platos deliciosos, pero te molesta tener que rebuscar entre los cacharros cada vez que necesitas una cazuela o una sartén, puedes reorganizar la cocina para que te resulte más fácil cocinar.

Paso 3: Planea lo que vas a hacer, ponlo en práctica ¡y disfruta! El último paso es este: probarlo y ver cómo va. Sé paciente; no pasa nada si tardas unos días en ejecutarlo. Al final de la semana se te pedirá que recopiles tus pensamientos sobre todos estos ejercicios.

Día 3: Elimina de tu vida un poco de dolor

Este ejercicio te ayudará a explorar la otra cara del día 2: los pasos son los mismos, pero, en este caso, date cuenta de algo que te incomode físicamente y que tengas considerables posibilidades de aliviar; y hazlo. Lo importante, en este caso, es que lo que vayas a hacer para aliviar esas incomodidades no te haga renunciar –o, si acaso, lo mínimo posible– a aquello que es ahora fuente de placer.

Paso 1: Piensa en algo de tu vida que te cause malestar físico y que sea relativamente fácil de mitigar. Cada día nos encontramos con infinidad de pequeñas dificultades que nos crean un malestar físico innecesario. Las rutinas diarias y las tareas domésticas son para muchas personas dos ejemplos de esto. Quizá haya algo que puedas hacer para que te resulten menos pesadas. ¡Recuerda que estamos hablando de molestias físicas, no de las mentales!

Paso 2: Piensa en formas de mitigar el malestar físico sin renunciar a demasiado placer físico, o ninguno si es posible. Un sofá nuevo carísimo será probablemente un poco más cómodo que el actual, pero contraer una deuda desorbitada podría acarrearte en el futuro muchas más incomodidades que las que tienes ahora, así que ¡vuelve a hacer el cálculo hedónico y no te pases del presupuesto! Algunos ejemplos de cómo mitigar el malestar son contratar a alguien para que corte el césped, o dividir las tareas físicamente agotadoras en partes más pequeñas que te hagan el trabajo más llevadero.

Paso 3: Hazlo, y mira a ver qué pasa.

Día 4: Desecha lo superfluo

Hasta ahora, los ejercicios que te hemos sugerido tenían el sencillo objetivo de eliminar el dolor y aumentar el placer en la medida de lo posible. ¡Nada del otro mundo! Sin embargo, esta filosofía tiene algunas sutilezas con las que podrás experimentar durante las prácticas de los dos próximos días.

Cierto comportamiento de Aristipo en la corte de Dionisio I de Siracusa ilustra uno de los aspectos más refinados e interesantes del hedonismo cirenaico. Diógenes Laercio cuenta que, en una ocasión, el rey le ofreció la posibilidad de elegir entre tres cortesanas con las que pasar la noche. Aristipo, en lugar de elegir a una de ellas, se marchó del brazo de las tres. ¡No es ninguna sorpresa! Lo que sí es sorprendente es lo que hizo a continuación. En cuanto estuvo fuera de la vista de Dionisio, despidió a las tres cortesanas y se fue a la cama solo. ¿Por qué elegiría el prototípico filósofo hedonista no gozar de una noche de placer? Diógenes Laercio lo interpreta como un ejercicio de templanza. Esta es una posibilidad, que tendrás ocasión de poner en práctica en los próximos capítulos. Sin embargo, hay otra posibilidad: que Aristipo supiera que, por el momento, su deseo estaba colmado y no tenía necesidad de nada más. Porque su principal objetivo no era vivir una noche de pasión: era causarle una fuerte impresión al mayor de sus benefactores.[19] Una vez cumplido ese objetivo, no le quedaba más por hacer.

Esta facultad para saber cuándo decir «basta» es un elemento fundamental en la práctica del cirenaísmo. Como ya se ha dicho,

Aristipo sostenía firmemente que el deseo insaciable era síntoma de una mente enferma que no comprende realmente lo que es necesario para vivir una vida placentera. ¡Tener diez sofás comodísimos es de lo más absurdo, cuando solo puedes tumbarte en uno de ellos cada vez! No es ya que tener demasiado no te haga la vida más placentera, sino que además puede ser causa de futuro malestar físico y mental. Para un cirenaico, tener un buen coche sería probablemente algo muy aceptable. Tener un garaje lleno de coches ya es otra historia. Va a haber que dedicarles mucho tiempo y trabajo para tenerlos a punto, y la preocupación por posibles robos o daños se multiplica. Dado que solo vamos a poder disfrutar conduciendo un único coche cada vez, probablemente el placer que pueda reportarnos poseer muchos no compense el coste de mantenerlos.

Aunque no tengas una colección de doscientos cincuenta coches como Jay Leno, es posible que descubras cierto exceso en algún aspecto de tu vida; tal vez poseas o hagas más de lo necesario en algún sentido, cuando obtendrías el mismo placer físico con una menor cantidad de esa actividad o posesión y tendrías menos de lo que preocuparte. El ejercicio de hoy te propone que descubras alguna pequeña cosa que podrías cambiar para empezar a eliminar de tu vida lo superfluo sin sacrificar el placer.

Paso 1: Dedica dos minutos a hacer una lista de cosas que haces o posees y que te complican la vida. No estamos hablando de cosas externas que te suceden ni de las circunstancias en las que te encuentras. Céntrate en actividades que realizas y cosas que posees que te hacen la vida más difícil de lo necesario, ya sea porque son motivo de preocupación, o porque te hacen trabajar más de la cuenta. Pueden ser cosas grandes o pequeñas: desde un cajón desordenado, en el que es una tortura tratar de encontrar lo que buscas, hasta tu nuevo coche de lujo, que tienes miedo de que te abollen.

Paso 2: Dedica otro par de minutos a repasar la lista y ve tachando todo lo que *no* te produzca placer corporal ni sirva para aliviar el dolor corporal. Recuerda que a los cirenaicos les importaban por encima de todo el placer y el dolor físicos, así que de momento céntrate en eso. En el próximo capítulo hablaremos del placer y el dolor mentales.

Desde la perspectiva cirenaica, todas esas cosas que has tachado son superfluas; Aristipo te aconsejaría que te entrenaras para eliminarlas por completo. Pero teniendo en cuenta que solo estás haciendo una excursión por el cirenaísmo, no te recomendamos que hagas grandes cambios basándote solo en lo que este ejercicio propone. A la vez, si hay pequeñas cosas o actividades que te resultan evidentemente innecesarias, prueba a abandonar una de ellas y mira a ver cómo te sientes el resto de la semana, lo cual formará parte del ejercicio de hoy. Si no hay nada que te resulte evidentemente superfluo, salta al último paso.

Paso 3: Fíjate en los objetos o actividades del paso 1 que no hayas tachado y pregúntate si hay alguna forma de que sean física o mentalmente más fáciles de hacer o de poseer; si la hay, pon en práctica tu plan. El resto de los objetos o actividades del paso 1 te reportan placer, pero también cierta incomodidad física o mental. Tu objetivo es ver si hay algo que puedas hacer para facilitar tu relación con ellos y que sigan reportándote el mismo placer pero menos estrés mental o físico.

Día 5: Descubre los placeres fáciles

Una de las principales habilidades que ayudaron a Aristipo a vivir su versión de una buena vida fue la capacidad de disfrutar de lo que tenía fácilmente a su alcance, en lugar de intentar conseguir con grandes esfuerzos lo que no. Cuando su barco naufragó cerca de Rodas, recordemos la alegría que sintió al ver las figuras geométricas en la arena y, después, el placer que le dio conversar con los lugareños. Se trata de placeres sencillos que Aristipo no tuvo que esforzarse por conseguir, y que carecían del brillo de los grandes logros; aun así, demostró una admirable capacidad para complacerse en aquello que el presente le ofrecía. Un elemento importante para maximizar el placer es que sean muy pocas las cosas que de verdad nos incomoden.

El ejercicio final de este capítulo es muy simple: haz lo que hagas normalmente, pero procura disfrutarlo más saboreando las pequeñas cosas que encuentres durante el día.

Como ya sabes, el cirenaico saborea la vida centrándose en todo en los placeres físicos. Pero si no se le ofrece ninguno en el presente, los placeres mentales pueden ser también fuente de bienestar (de ahí la alegría de Aristipo al conversar con los lugareños tras el naufragio). Esto requiere un cambio de actitud –saber hacia dónde dirigir la atención– y un poco de energía mental. He aquí algunas ideas sobre cómo saborear cualquier cosa que se te presente a lo largo del día.

Saborea físicamente el presente centrándote en las percepciones sensoriales

- Presta atención al sabor de lo que estés comiendo. Mastica más despacio y concéntrate en el sentido del gusto.
- Adopta una postura relajada cuando estés sentado o tumbado. De vez en cuando, fúndete con la relajada sensación de los músculos.
- Dirige la atención a las imágenes, sonidos y olores placenteros que vayan apareciendo a lo largo del día, ya sea el arte urbano que encuentres en una pared mientras vas por la calle, el elegante diseño de un coche, el aroma que sale de una panadería o la vegetación de los parterres que adornan la acera.

Si te cuesta centrarte en las percepciones físicas, o si no es fácil percibir nada físicamente placentero en el lugar donde estás, siéntete libre de cultivar algunos placeres mentales entablando una conversación interesante, leyendo, o simplemente pensando en cosas por las que sientas gratitud. Repetimos: según los cirenaicos, los placeres mentales no son tan intensos como los físicos, ¡pero siguen siendo placeres!

Por último, ¡tómate las cosas con calma! Recuerda que tu objetivo de hoy es obtener más placer de lo mismo que haces normalmente.

Reflexión

Ahora que ya has tenido ocasión de experimentar con el cirenaísmo, dedica un poco de tiempo a reflexionar sobre sus frutos. Has practicado cuatro tipos de ejercicios cirenaicos: los primeros, dirigidos a obtener más placer corporal; los segundos, a minimizar el dolor corporal; los terceros, a eliminar de tu vida las cosas que no te producen placer, y los cuartos, a aprender a disfrutar con lo que te llega fácilmente. ¿Con cuáles de ellos has conseguido buenos resultados, y con cuáles no? ¿Cuáles crees que te gustaría seguir practicando en el futuro? Y, finalmente, ¿qué impresión general tienes del cirenaísmo como filosofía de vida?

En el siguiente capítulo, continuaremos la búsqueda del placer desde un ángulo muy diferente. En lugar de dar prioridad a los placeres corporales, experimentaremos con el punto de vista de Epicuro, que pensaba que el placer supremo era la ausencia de dolor, especialmente el de naturaleza mental.

2. Evita el dolor y el estrés con Epicuro

No temas a dios,
no te preocupes por la muerte;
lo que es bueno es fácil de conseguir,
lo que es terrible es fácil de soportar.

FILODEMO, el *Tetrafármaco*, en los papiros de Herculano

Era una cálida mañana de primavera en el Jardín, una propiedad situada justo a las afueras de Atenas, cerca de la Dípilon, la puerta principal de la ciudad. El sol se filtraba entre las ramas de los altos robles y creaba un delicado juego de luces y sombras en los huertos de higueras, almendros y manzanos regados por arroyos que fluían hacia el río Erídano. Las abejas zumbaban alrededor de los arbustos en flor. En el patio, los habitantes del Jardín preparaban su frugal desayuno. Fuentes de pan con aceite de oliva, cuencos de harina de cebada y jarras de agua adornaban las mesas.[1]

Epicuro, el fundador del Jardín, ocupó su sitio. Era un hombre de mediana edad, vestido con un manto sencillo y sandalias de cuero. Tenía una poblada barba ensortijada, la nariz larga y una mirada cálida pero seria. «Otro hermoso día de vida, hermosamente escondidos», dijo, provocando sonrisas y una risa plácida entre los comensales. Recorrió con la mirada los bancos, en los que habían ido sentándose sus amigos y amigas íntimos, personas a las que había acogido en su experimento de vida grupal en el Jardín.

«Buenos días, amigas y amigos –dijo Epicuro saludando con la cabeza a quienes estaban sentados a su alrededor–. Tened presente hoy lo que todos los días: ¡la amistad nos recuerda a todos que despertemos a la felicidad! Y ahora, comamos. Estos alimentos sencillos nos aplacarán el hambre y la sed, y la conversación aligerará nuestras almas».

Sorprendentemente, los comensales que compartían el pan bajo los cipreses no eran todos varones atenienses de alta cuna, sino que entre ellos había mujeres y antiguos esclavos. Epicuro había demostrado interés en admitir a las mujeres en el Jardín, no como excepción, sino como principio general. La suya fue la primera escuela filosófica griega en hacerlo. Incluso mujeres que habían sido cortesanas, como su amiga Leontion,[2] recibían de Epicuro la misma excelente acogida que otros estudiantes y compañeros, al igual que el criado predilecto de Epicuro, Mys («Ratón»).[3]

Epicuro venía de una familia de atenienses que se había trasladado a la isla de Samos, colonia de Atenas, en busca de oportunidades de prosperar, y allí vivió hasta que repentinamente los colonos fueron expulsados por motivos políticos. Tras salir de Samos, Epicuro regresó a Atenas a cumplir el servicio militar obligatorio. Pero, para entonces, había empezado ya a cuestionar el mundo en el que vivía, un mundo que no era capaz de dar una explicación adecuada de cómo funcionaban las cosas ni de por qué eran como eran. Desde niño, acostumbraba a interpelar a los profesores que no sabían explicarle cómo era que el universo había nacido del caos.[4] Su interés por la naturaleza del cosmos y por la condición humana no dejó de crecer y, teniendo unos catorce años, se aficionó a la filosofía.[5]

Epicuro les decía a sus seguidores que era autodidacta, aunque lo más probable es que al principio estudiara con reconocidos filósofos. Tal vez lo que trataba de decir con esto era que tenía ideas propias sobre ciencia, ética y el mundo natural, ideas que él solo se había formado. Solía calificar de «confundidos» a otros pensadores, pues creía que los seres humanos somos plenamente dueños de nuestro destino, que no depende de dioses distantes. Pensaba que el mundo está compuesto de átomos y vacío –tal como habían afirmado los atomistas de la generación anterior, entre ellos el filósofo Demócrito– y, en el curso de sus reflexiones, llegó a la conclusión de que el impulso de buscar el placer y escapar del dolor está en la esencia de la naturaleza humana.

Él aconsejaba alejarse de las presiones de la sociedad, evitar el dolor y el malestar físicos y mentales y aspirar a un estado de paz y bienestar. Sostenía que la buena vida consistía en «vivir desconocido»,[6] libre de los estresantes afanes por conseguir riqueza, poder, influencia y fama, e incluso desaconsejaba el matrimonio y el formar una familia. Recomendaba, por el contrario, dar prioridad a disfrutar con los placeres sencillos y la camaradería de los amigos, sin miedo a la muerte o a sufrir castigos en una inexistente vida de ultratumba.[7]

Epicuro hizo un trabajo constante para difundir sus ideas. Escribió numerosos libros y tratados (que en su mayoría no han llegado hasta nosotros) y vivió de acuerdo con sus enseñanzas en compañía de las personas más cercanas a él. En eso consistía el Jardín.

En el Jardín, nadie hablaba de política, de negocios ni de dioses. Era un lugar de serenidad y evasión en una época en la que las guerras entre los sucesores de Alejandro Magno se prolongaban durante décadas. El posterior escritor y político romano Séneca nos cuenta que el Jardín de Epicuro tenía grabado en la puerta principal el siguiente lema: «Huésped, aquí estarás bien, aquí el bien supremo es el placer».[8]

Esto no significa que los habitantes del Jardín fueran dados a la glotonería y se deleitaran en lujosos festines. Epicuro decía que, para él, un cuenco de queso era el mayor lujo, y defendía una existencia pragmática a la vez que placentera. En lugar de caros alimentos exóticos, Epicuro y sus amigos y amigas del Jardín disfrutaban con un poco de queso y pan. En lugar de ir de acá para allá en busca de refinados tejidos y prendas de moda, estaban contentos de vestir austeras túnicas y mantos. En lugar de debatir sobre la guerra más reciente, hablaban con calma sobre la naturaleza del cosmos. En lugar de mantener relaciones sexuales frecuentes y casarse, cultivaban estrechas amistades y conversaciones profundas. Eran célebres sus seminarios filosóficos nocturnos.[9]

En el Jardín, Epicuro vivió alegre y compartió sus ideas hasta el final, incluso a pesar del intenso dolor que le provocaban a veces los cálculos renales y otras dolencias físicas que fueron minando lentamente su salud. Fiel a sus ideas, no temía a la muerte, y falleció tranquilo, dentro de su bañera, rodeado de amigas y amigos en el año 270 a.C.[10]

Durante generaciones, en el mundo griego y romano Epicuro fue homenajeado como el *heros ktistes* («héroe fundador») del Jardín, y durante el mes en el que había nacido se celebraban actos conmemorativos en su honor.[11] Se erigieron estatuas de bronce en su memoria, y varios de sus seguidores les pusieron a sus hijos de nombre Epicuro. Según cuenta el biógrafo Diógenes Laercio, los amigos de Epicuro eran «tan numerosos que su cantidad no podría medirse ni por ciudades enteras», y todos cuantos lo conocieron «se sintieron retenidos por los encantos de su doctrina como por unas sirenas».[12]

Hedonismo sofisticado

Al contrario de lo que puedas haber oído, el epicureísmo no es la filosofía del «sexo, drogas y *rock and roll*», aunque curiosamente esta sea la idea más difundida, ¡y de hecho lo haya sido desde tiempos del propio Epicuro! En realidad, podría dudarse incluso de que el epicureísmo se pueda calificar de filosofía hedonista, es decir, de filosofía cuy*a priori*dad sea la búsqueda del placer. Para Epicuro, el «placer» supremo era la ausencia de dolor, algo que difícilmente habría satisfecho a los cirenaicos (como hemos visto en el capítulo 1), que sin duda *sí* eran hedonistas.

El epicureísmo consiste más bien en alcanzar dos metas en la vida: la *aponía* y la *ataraxía*. La primera significa no tener ningún sufrimiento físico. Nos encontramos en estado de *aponía* cuando no tenemos hambre ni sed, ni nos falta nada de lo que necesita el cuerpo humano. Ataraxia (*ataraxía*) significa tranquilidad mental, y es el estado al que llegamos cuando ya no tenemos miedos, deseos insatisfechos ni ninguno de los estados mentales que de otro modo nos perturban. Tal vez en tu opinión la vida es mucho más que simplemente no tener hambre o miedo, pero Epicuro discreparía, y expuso algunas razones bastante interesantes que vale la pena conocer.

La intención epicúrea de encontrar el placer y evitar el dolor tiene un fundamento muy simple: eso es lo que nos dice claramente la naturaleza. Piensa en las criaturas humanas y cómo se comportan. Básicamente, se sienten atraídas por la comodidad y el bienestar y se alejan de lo desagradable. ¿Y quiénes somos nosotros, dicen los epicúreos, para pensar que somos más listos que la propia naturaleza?

La filosofía epicúrea identifica tres tipos de deseos: naturales y necesarios, naturales pero no necesarios, e innaturales e innecesarios.

La primera categoría se satisface adquiriendo una serie de bienes básicos: ropa, cobijo, agua y comida. Tenemos un deseo natural por estas cosas, lo que significa que las buscamos instintivamente, sin tener que justificar por qué ni darle demasiadas vueltas. Además, es un deseo necesario, ya que sin ropa, cobijo, agua y comida nos moriríamos o llevaríamos una vida francamente incómoda. Lo bueno es que estas necesidades imperiosas son, a la vez, fáciles de satisfacer.

La segunda categoría –los deseos que son naturales pero no necesarios– constituye en cierto sentido una extensión de la primera. Hablaríamos, por ejemplo, de ropa de diseño, comidas exquisitas, vinos de lujo o una gran casa. Desearlos es natural porque son la misma clase de cosas que hemos visto en el primer grupo, y siguen teniendo el objetivo de satisfacer necesidades humanas básicas. Pero son innecesarios, puesto que esas necesidades pueden satisfacerse con versiones más sencillas de estos mismos objetos. El problema que presenta este segundo grupo de deseos es que son más difíciles de colmar y, por tanto, pueden poner nuestra felicidad en peligro, ya que, cuando no conseguimos satisfacerlos, sufrimos.

La última categoría –la de los deseos innecesarios e innaturales– es la más problemática. A ella pertenecen, entre otros, el deseo de fama y de riqueza, que son intrínsecamente ilimitados. Una vez que empezamos a acumular dinero y posesiones, no hay un punto lógico en que detenernos: queremos más y más. Una vez que empieza a importarnos seriamente lo que la gente opina de nosotros, queremos que sea cada vez mayor el número de personas que nos admira, o a las que simplemente les «gusta» lo que publicamos en las redes sociales. Como estos deseos no tienen fin, nos causarán constante dolor: dolor por no tener suficiente riqueza o suficiente fama, puesto que en esta categoría de cosas no existe un marcador que indique lo que es «suficiente».

Por eso la vida epicúrea es una vida de placeres sencillos: porque los deseos correspondientes son naturales, necesarios y fáciles de satisfacer. Ningún placer que vaya más allá de eso compensa el dolor que con seguridad traerá consigo.

Los epicúreos tienen mucho más que decir sobre el tema del placer. Por ejemplo, distinguen entre los placeres del cuerpo y los placeres de la mente. A diferencia de sus precursores los cirenaicos, los epicúreos valoraban más los placeres de la mente que los del cuerpo. Pero esto no significa que fueran unos pedantes. Como cualquier buen filósofo, tenían un argumento para defender su postura. Explicaban que somos capaces de experimentar placeres sensuales (comida, sexo...) solo en el aquí y ahora. En cambio, los placeres de la mente –por ejemplo, el placer inducido por una conversación con un amigo o por la lectura de un buen libro– se extienden tanto al pasado como al presente. Puedo recordar esos placeres cuando quiera: por ejemplo, repasando el contenido de mi conversación o recitando de memoria un pasaje de un libro. En cambio, cuando se trata de placeres físicos, puedo recordar que experimenté placer, pero no el placer en sí. Por eso, los placeres mentales son a su entender preferibles, aunque esto no quiere decir que no debamos experimentar también estos últimos, con moderación.

Los epicúreos se dieron cuenta de que algunos placeres son dinámicos (*kinéticos*) y otros estáticos (*katastemáticos*), y que los estáticos son más valiosos que los dinámicos. Un placer dinámico puede ser físico o mental –por ejemplo, el placer de saciar el hambre con una buena comida, o la alegría que se puede experimentar al ver a un viejo amigo–; sin embargo, por su propia naturaleza, los placeres cinéticos son transitorios y generan los correspondientes dolores. Aunque la última comida haya sido un deleite, volveremos a tener hambre. Nos alegra mucho encontrarnos con un amigo, pero luego nos quedamos tristes al verlo marchar. Los placeres *katastemáticos*, en cambio, una vez que llegan no nos abandonan. Por ejemplo, podemos obtener un placer duradero al vencer el miedo a la muerte, pues ya no tendremos que sufrir el dolor de preocuparnos más por ella. Por supuesto, buscamos ambos tipos de placeres, pero deberían importarnos especialmente los *katastemáticos*, porque nos acercan a los objetivos últimos: la *aponía* y la *ataraxía*.

Confía en tus sentidos

Como en el caso de las demás filosofías helenísticas, la ética (cómo vivir la mejor vida posible) de los epicúreos está íntimamente ligada a su epistemología (cómo conocemos las cosas) y a su metafísica (cómo funciona el mundo). Ya hemos visto, por ejemplo, que la idea epicúrea fundamental de que lo importante en la vida es buscar el placer y evitar el dolor se basa en observaciones empíricas del comportamiento de las criaturas humanas. El principio epistemológico subyacente es que los datos empíricos que perciben los sentidos son nuestra principal fuente de conocimiento sobre el mundo, y el principio metafísico subyacente es la idea de que la propia naturaleza nos dice lo que es bueno y lo que es malo, noción conocida como «naturalismo ético» en el lenguaje filosófico moderno.

En general, los epicúreos eran empiristas bastante radicales: valoraban lo que nos dicen los sentidos y desconfiaban de nuestra capacidad de razonamiento. En este aspecto, diferían sobremanera de otras escuelas que estudiaremos más adelante, como los platónicos y los estoicos. Por ejemplo, imagina que sumerges parcialmente un palo en agua. Te dará la impresión de que está torcido, y este parece un caso obvio en el que la razón corrige nuestra percepción distorsionada, como argumentarían los estoicos. Sin embargo, los epicúreos no coinciden en que los datos sensoriales estén distorsionados, y dicen que la responsable de pensar que lo están es la razón. En realidad, nuestros sentidos nos proporcionan una imagen exacta de la situación, no porque el palo esté realmente torcido, sino porque *su imagen* lo está: está distorsionada a causa de alguna peculiar propiedad del aire y del agua. En cierto modo, esto es correcto, ya que la física moderna nos dice que la aparente distorsión es producto de peculiaridades en la forma en que el aire y el agua curvan la luz. Solo una información sensorial adicional nos dará el resultado correcto: si tocamos el palo directamente, sentiremos –directamente, por así decir– que, de hecho, no está torcido.

Desde el punto de vista metafísico, los epicúreos eran atomistas, es decir, pensaban que el mundo está formado por partículas de materia indivisibles (que es lo que significaba literalmente «átomo» en griego, *átomon*), caracterizadas por diversas formas, tamaños y pesos. Estas partículas se mueven dentro de un vacío, combinándose para dar lugar a los objetos macroscópicos que percibimos, incluidos los cuerpos humanos. Así pues, todo está hecho de materia, y se descompone según las leyes que regulan el comportamiento de la materia. Esto incluye el alma humana, motivo por el cual a los epicúreos no les preocupaba lo que sucediera después de la muerte. A fin de cuentas, después de muertos, no habrá un «nosotros» capaz de tener ninguna preocupación. Como dice Epicuro en la carta a su amigo Meneceo: «La muerte, por tanto, el más terrible de los males, no es nada para nosotros, ya que, cuando nosotros somos, la muerte no ha llegado, y, cuando la muerte ha llegado, no somos».

El tetrafármaco

Las ideas epicúreas sobre ética, epistemología y metafísica culminan posiblemente en el llamado *tetrapharmakos*, que significa literalmente el cuádruple remedio (para vivir una vida feliz). Tal como se presenta en el epígrafe de este capítulo, consta de los cuatro preceptos siguientes.

> No temas a dios,
> no te preocupes por la muerte;
> lo que es bueno es fácil de conseguir,
> lo que es terrible es fácil de soportar.

Se atribuye al filósofo y poeta griego Filodemo de Gadara (110-35 a.C.) la estructuración de estos cuatro remedios, que están contenidos en un famoso papiro encontrado en Herculano, cerca de Pompeya. No hay razón, dice el *tetrapharmakos*, para temer a los dioses, sencillamente porque los asuntos humanos les traen sin cuidado; están demasiado ocupados haciendo lo que sea que hagan los dioses (contemplarse a sí mismos en el acto de contemplar el cosmos, o algo así). Piensa en lo poco que a ti te importa una hormiga que viva cerca de tu casa; la relación es similar. Ya hemos visto que tampoco tiene sentido temer a la muerte (como acontecimiento distinto al proceso de morir) puesto que, cuando llegue, nosotros ya no «estaremos». Después, el análisis que hemos hecho de los placeres naturales y necesarios nos dice que lo de verdad es bueno es relativamente fácil de conseguir, y lo terrible –para un epicúreo, sobre todo el dolor– es relativamente fácil de soportar.

Puede que esto último no te convenza demasiado, pero es la perspectiva que tenían del dolor también otras escuelas de pensamiento. Por ejemplo, el emperador-filósofo estoico Marco Aurelio escribe en sus *Meditaciones*: «Ni es insoportable el pesar ni eterno si recuerdas sus límites y no imaginas más de la cuenta».[13]

Desde este punto de vista, lo que hace que el dolor sea aparentemente intolerable es cómo lo concebimos –es decir, lo que nos contamos acerca de él–, ya que esto eleva el dolor físico al nivel de sufrimiento mental. El dolor es inevitable pero (en su mayor parte) soportable, mientras que el sufrimiento es evitable porque depende de lo que *pensemos* sobre esa experiencia de dolor. Encontramos una perspectiva similar sobre cómo tratar el dolor en las prácticas meditativas de algunas tradiciones orientales, como el budismo, y en ella se basan igualmente algunos enfoques terapéuticos modernos, como la terapia cognitivo-conductual.

El *tetrapharmakos* está asociado con el famoso epitafio epicúreo que hoy se utiliza en muchos funerales humanistas laicos: *Non fui, fui, non sum, non curo* («No era; he sido; no soy; no me importa»). No es un mal mensaje para legar a la posteridad.

Un aspecto importante y controvertido del epicureísmo, que emana directamente de su concepción esencial de lo que es bueno (el placer) y lo que es malo (el dolor), es que a los epicúreos se les desaconseja que se impliquen en cuestiones sociales y políticas, por el simple motivo de que acarrean dolor. Aunque algunos epicúreos –como Julio César– desobedecieron indiscutiblemente esta recomendación, en realidad tiene perfecto sentido dentro del marco de esta filosofía. Lo que pasa es que esto convierte al epicureísmo en un enfoque de la buena vida un tanto encerrado en sí mismo, centrado en cultivar la amistad de unas pocas personas escogidas y de prescindir de más implicaciones con el resto de la sociedad.

Aun así, los epicúreos pusieron en práctica su filosofía de vida con considerable éxito. Llegó a haber más de cuatrocientos «jardines» epicúreos –o comunas, como los llamaríamos hoy– repartidos por toda Europa. Después, tras la caída del Imperio romano, muchos de ellos pasaron a manos de monjes cristianos y fueron convertidos en lugares dedicados a una forma de vida comunitaria no del todo diferente: los monasterios.

Vive como un epicúreo

La sencilla serenidad y contento del estilo de vida epicúreo que se observaba en los monasterios cristianos acabó por traspasar sus muros, en parte gracias a la reforma protestante del siglo XVI, y se reflejó en los movimientos comunales utópicos del siglo XIX –por ejemplo, los Shakers[14] (Sociedad Unida de Creyentes en la Segunda Aparición de Cristo) o la Comunidad Oneida de Nueva York–,[15] así como en el trascendentalismo filosófico, que floreció en Estados Unidos a mediados del siglo XIX, y cuya noción de la vida sencilla influyó en la filosofía de la época. El hilo de estos experimentos se prolongó hasta el siglo XX y algunos de los modelos de vida comunal de los años sesenta y setenta.

En la actualidad, encontramos formas de vida cuasiepicúreas en una gran diversidad de entornos. Quienes practican el minimalismo son un ejemplo: quieren simplificar su vida por razones estéticas o ecológicas anticonsumistas. Otro ejemplo son las iniciativas racionalistas de casas grupales, donde gente que tiene una visión similar del mundo e interés por mejorar sus facultades racionales aplicadas forma comunidades para lograr objetivos tanto prácticos como sociales. También hay organizaciones, como la Foundation for Intentional Community,[16] que ayudan a la gente a encontrar una comunidad de personas con ideas afines entre una larga lista de comunidades de muy diverso tipo establecidas por todo el mundo. Pero si buscamos en el sitio web de la fundación una comunidad epicúrea a la que unirnos, no encontraremos nada. Esto indica el actual estado del epicureísmo como filosofía viva: aunque han sobrevivido fragmentos de ella, que nosotros sepamos no existe en la actualidad ninguna comunidad epicúrea propiamente dicha. Existen, sin embargo, algunas organizaciones, como la Sociedad de Amigos de Epicuro, que intentan plasmar una nueva forma de la filosofía en el mundo actual.[17] También hay un par de libros sobre la práctica epicúrea moderna.[18]

Una auténtica comunidad epicúrea moderna sería muy diferente de los experimentos contemporáneos que acabamos de mencionar. Claro que se organizaría con una intención, pero esta no sería un ideal ecológico o religioso. La gente se reuniría, más bien, para apoyarse filosóficamente, con el objetivo último de alcanzar la *ataraxia* (tranquilidad mental). En lugar del ideal del amor libre, propio de las comunas *hippies* de los años sesenta, en un jardín epicúreo habría poco sexo, ya que la atracción sexual se consideraba uno de los deseos naturales pero innecesarios. El epicúreo practicante tiene libertad para satisfacer este tipo de deseos, pero solo si no se interponen en el camino hacia la *ataraxia*. Y como sabrás por experiencia –o intuirás muy pronto con solo que te sientes a escuchar una muestra aleatoria de canciones pop–, en la mayoría de las relaciones románticas es muy poco realista esperar que no se interpongan. En lugar de eso, los modernos epicúreos practicantes se entrenarían para aprender a derivar plena satisfacción de las conversaciones intelectuales con sus compañeros y compañeras y a moderar los deseos sexuales.

Normalmente, los epicúreos trabajarán lo justo y evitarán los esfuerzos innecesarios para sentirse en buenas condiciones físicas y lograr una estable *aponía* (ausencia de dolor); tal vez tengan un empleo, o tal vez vivan de la tierra y ganen lo suficiente para cubrir sus necesidades esenciales vendiendo el excedente de sus productos. Y a diferencia de los presuntos epicúreos que se deleitan en refinados manjares, el verdadero epicúreo moderno se conformará con simples hortalizas, pan y, si quiere darse un capricho, algún ocasional taquito de queso.

Esta imagen general de lo que significaría practicar el epicureísmo en nuestros días presenta una vida contraria al ajetreo y el bullicio que caracteriza a la cultura moderna en muchos países industrializados, especialmente Estados Unidos. Quienes trabajamos a jornada completa, o vivimos haciendo malabarismos para repartir nuestro tiempo entre varios trabajos, o acabamos de crear una pequeña empresa a la que necesitamos dedicar horas sin fin, tendríamos que cambiar radicalmente de vida para poder practicar el auténtico estilo de vida epicúreo.

Esto contrasta sobremanera con la filosofía cirenaica que veíamos en el capítulo anterior, que era esencialmente una versión bien estructurada de la filosofía de vida que, sin pensarlo mucho, tenemos buena parte de nosotros. Ser un cirenaico moderno requeriría reflexión y esfuerzo, pero en la mayoría de los casos no exigiría un cambio drástico de estilo de vida. El epicureísmo es diferente: ser epicúreos supondría para muchos de nosotros un cambio radical, tanto de pensamiento como de acción.

Como verás en las siguientes páginas, esta es una característica importante de muchas de las filosofías de vida que tratamos en este libro, así que conviene subrayarla: muchas de las filosofías que practicaban los griegos y los romanos eran empresas con las que se comprometían a tiempo completo, y a las que dedicaban atención y esfuerzo constantes. No eran simples fórmulas o atajos para alcanzar un determinado objetivo. Exigían a sus practicantes un cambio radical de prioridades para que su vida estuviera en sintonía con los preceptos filosóficos. Eso es un enorme compromiso, y el propósito de este libro no es convencerte de que lo dejes todo y te hagas epicúreo, cínico o seas el próximo Sócrates. En absoluto; nuestro propósito es que tengas la oportunidad de degustar cómo serían en la práctica estas filosofías si las adoptaras como estilo de vida, y darte ocasión de explorar las costas antes de que leves anclas y zarpes hacia el puerto de tu filosofía favorita. Así que veamos qué experimentas durante una semana al meter el pie en las aguas del epicureísmo.

Día 1: Familiarízate un poco más con la teoría epicúrea

Como preparativo para el viaje, vamos a hacer un ejercicio sorpresa que te ayudará a saber cómo poner en práctica el modelo epicúreo en tu vida moderna. En la siguiente tabla hemos incluido algunos placeres y deseos. Mira a ver si eres capaz de clasificarlos en las tres categorías de deseos que estableció Epicuro (puedes consultar la página 76) y según se trate de placeres cinéticos o *katastemáticos*.

Por si necesitas alguna pista para clasificar tus deseos, recuerda que los deseos innaturales e innecesarios no tienen límite: nunca se satisfacen; pasa el tiempo, y sigues deseando más y más de lo mismo. Los deseos naturales e innecesarios suelen ser versiones más sofisticadas de los deseos naturales y necesarios. Por último, los placeres cinéticos tienden a ser inmediatos, mientras que los placeres *katastemáticos* son el alivio y la paz que se obtienen al eliminar algo doloroso o molesto. Encontrarás las respuestas en la página 92.

Objetivo	Si quisieras esto, sería un deseo ____________	Si lograras esto, obtendrías de ello un placer ____________
Practicar sexo		
Vivir con menos estrés		
Saborear una comida deliciosa		
Conseguir muchos «me gusta» en tu última publicación en las redes		
Comer hasta saciar el hambre		
Echarte en el sofá tras una larga caminata		
Tener amigos y amigas íntimos		

Conseguir una sustanciosa prima en el trabajo		
Satisfacción con tus ingresos actuales		

Ahora que tienes más clara la categorización epicúrea de los deseos y los placeres, veamos en qué medida ocupan unos y otros tu día a día.

Días 2 y 3: Cataloga tu vida actual

Dedica dos días de esta semana a crear una tabla similar a la anterior pero aplicándola a tus deseos y placeres concretos. Cada día, reflexiona sobre cosas de todo tipo que hayas deseado en tu vida o de las que obtuvieras placer, e intenta clasificarlas atendiendo a las tres categorías de deseos y las dos clases de placer, tal y como hemos hecho en el ejercicio anterior. El objetivo durante estos dos días no es cambiar lo que haces y cómo vives tu vida. Simplemente, se trata de que hagas lo que harías en un día normal, observes cómo vives y escribas tus observaciones en esta otra tabla que ves a continuación.

	Deseo o placer	**Tipo de deseo (natural/innatural + necesario/innecesario) o tipo de placer (cinético/*katastemático*)**
Primer día		
Segundo día		

Puedes rellenar la tabla al final de cada día, pero te sugerimos que a lo largo del día tomes notas rápidas cada vez que persigas algún deseo o te concedas algún placer para no tener que hacer memoria al llegar la noche.

Este ejercicio no solo te ayudará a comprender mejor la categorización epicúrea, sino que, además, tal vez te sirva para detectar patrones en tus deseos y placeres. ¿Tiendes a tener deseos innaturales e innecesarios, o eres más bien de deseos naturales e innecesarios? ¿O quizá la mayoría de los placeres que buscas son ya *katastemáticos*? La única manera de saberlo es observarte con sinceridad.

Ahora que llevas parte de la semana observando tus deseos y placeres, es hora de pasar a la acción.

Días 4 y 5: Busca los placeres adecuados

A lo largo de estos dos últimos días, harás cada día una pequeña práctica epicúrea que cultive y fortalezca un deseo natural y necesario, o una que reduzca y debilite un deseo innatural e innecesario, en función de los datos que hayas registrado al principio de la semana. Un ejemplo de lo primero sería llamar a un buen amigo con el que hace tiempo que no hablas. Un ejemplo de lo segundo es no comprar nada que no sea de primera necesidad.

Echa un vistazo a las anotaciones de los días anteriores y mira qué placeres cinéticos te has permitido o por qué deseos innecesarios te has dejado llevar. Los deseos innaturales e innecesarios son los que principalmente deberás cambiar, pero también te beneficiará intentar aplacar los deseos naturales innecesarios, sobre todo si descubres que incurres con frecuencia en algunos concretos.

Planifica tus próximos dos días en la tabla siguiente.

	En lugar de ________	**... que es un [tipo de deseo o placer]**	**A partir de ahora** ________	**... que es un** ________
Ejemplo	Cenar un sabroso estofado	Placer cinético	Cenaré una ensalada y un poco de pan, solo para quitar el hambre	Placer *kataste-mático*
Primer día				
Segundo día				

Aunque probablemente no alcances la *ataraxia* con una semana de práctica, al menos empezarás a hacerte una idea de la filosofía y, de paso, tendrás ocasión de conocerte un poco mejor.

Reflexión

Cuando hayas terminado, dedica un poco de tiempo a reflexionar sobre cómo ha sido tu experiencia con el epicureísmo. ¿Qué te ha resultado difícil? ¿Hasta qué punto crees que concuerda con la vida que quieres llevar?

En el próximo capítulo, veremos aún más detalladamente cómo puede ayudarte la filosofía a equilibrar tu vida, y lo haremos de la mano de uno de los filósofos más importantes del canon occidental: Aristóteles.

Estas son las respuestas al ejercicio de la página 85. Practicar sexo: natural e innecesario, cinético. Reducir el estrés: natural y necesario, *katastemático*. Saborear una comida deliciosa: natural e innecesario, cinético. Conseguir muchos «me gusta» en una publicación: innatural e innecesario, cinético. Comer hasta saciar el hambre: natural y necesario, *katastemático*. Echarte en el sofá tras una larga caminata: natural y necesario, *katastemático*. Tener amigos y amigas íntimos: natural y necesario, *katastemático*. Conseguir una sustanciosa prima: innatural e innecesario, cinético. Satisfacción con tus ingresos actuales: natural y necesario, *katastemático*.

II. El puerto del carácter

Lo tenemos casi todo preparado para zarpar del, relativamente pequeño, Puerto del Placer (solo dos filosofías) y poner rumbo al inmenso Puerto del Carácter, representado aquí por cuatro enfoques filosóficos: aristotelismo (capítulo 3), estoicismo (capítulo 4), cinismo (capítulo 5) y platonismo (capítulo 6). Estos modelos de pensamiento, que dieron lugar a cuatro de las escuelas filosóficas helenísticas más importantes, nos ofrecerán una interesante variedad de perspectivas sobre qué es el carácter, por qué es relevante y cómo mejorarlo.[1]

Cuando arribemos a este nuevo puerto, deberás tener en cuenta que el aristotelismo, el estoicismo y el cinismo forman un continuo en lo que respecta a uno de sus principios cruciales, que es la importancia de la virtud (considerada un rasgo del carácter). Aristóteles adoptó la postura posiblemente más razonable: la felicidad, en el sentido de eudemonía (es decir, una vida buena, digna de ser vivida), requiere, por un lado, virtud (que depende del carácter) y, por otro, una serie de «elementos externos», como salud, educación, riqueza, reputación e incluso un poco de buena apariencia.

Los cínicos, por el contrario, adoptaron la postura más radical: la virtud, por sí misma, es necesaria y suficiente para la eudemonía. No solo eso, sino que lo externo es, de hecho, un obstáculo para la buena vida, por lo que deberíamos renunciar a ello en la medida de lo posible. De ahí el famoso estilo de vida minimalista «perruno» de los cínicos.

Los estoicos encontraron un equilibrado término medio en este espacio conceptual: la virtud es a la vez necesaria y suficiente para el buen vivir, tal como decían los cínicos; no obstante, lo externo tiene cierto valor (indirecto, secundario) y, en igualdad de condiciones, es preferible contar con ello, pues hace posible que ejerzamos realmente la virtud y mejoremos así nuestro carácter.

La cuarta filosofía que encontraremos en este puerto, el platonismo, es de una especie muy diferente. De hecho, es tan extensa y compleja que nos limitaremos a tratar uno solo de sus aspectos: cómo construir una sociedad justa. Veremos que, desde la perspectiva de Platón, esto no puede hacerse a menos que cultivemos la justicia como virtud interior. Así que todo apunta, una vez más, al carácter.

Cada uno de estos enfoques presenta, al menos, dos problemas que debes tener en cuenta. En primer lugar, está la cuestión de qué conseguimos *a efectos prácticos* al mejorar el carácter. Creo que a la mayoría nos resulta bastante obvio por qué el placer es deseable, pero cuáles son las ventajas de tener un buen carácter no es tan evidente. Parafraseando un conocido dicho neoyorquino: «¡La virtud y un par de dólares te sirven para montar en el metro!». La mayoría diríamos que tener buen carácter no nos reporta el beneficio psicológico inmediato que obtenemos de los placeres. Los filósofos modernos han propuesto el argumento de que cultivar la virtud es una «apuesta fiable» para prosperar, pero admiten también que, a veces, perdemos la apuesta.[2] Así que... ¿por qué apostar cuando el placer da frutos inmediatos? (Porque es virtuoso hacerlo, responderían Platón, Aristóteles, los cínicos y los estoicos).

Un segundo problema potencial es que algunos psicólogos sociales modernos sostienen que el «carácter» es una ficción; las pruebas empíricas, dicen, no indican que los seres humanos tengamos rasgos de carácter estables, como ser «valiente» o «compasivo».[3] Por el contrario, sostienen, los principales impulsores de nuestro comportamiento son las situaciones y contextos en que nos encontremos. Si esto es cierto, no hay manera de forjar el carácter, puesto que ni siquiera existe. Pero la cuestión no está zanjada, y parecen ser cada vez más quienes defienden la realidad del carácter.[4]

Con estas advertencias en mente, levemos anclas y pongamos rumbo al puerto del carácter.

3. Encuentra el equilibrio con Aristóteles

Porque una golondrina no hace verano, ni un solo día, y así tampoco ni un solo día ni un instante bastan para hacerte venturoso y feliz.

ARISTÓTELES, *Ética Nicomáquea*, I.1098a

Aristóteles cruzó despacio el frondoso jardín de la escuela que había fundado, el Liceo, en dirección al enorme plátano cuyas gigantescas raíces se extendían quince metros alrededor del tronco. Al llegar al árbol se sentó, recogió del suelo una hoja, todavía verde, que había caído aquel hermoso día de junio del año 323 a.C. y estudió atentamente sus nervios durante unos instantes.

Necesitaba pensar.

A sus sesenta años, el filósofo había pasado la mañana dando clase a los alumnos de la escuela, a la que había nombrado en honor de Apolo Licio, «el dios lobo». Durante los últimos doce años, aquel recinto había sido su aula, su biblioteca, su jardín y su casa, y en él impartía sus clases mientras deambulaba con sus alumnos por un paseo porticado, el *peripatos*. Esta práctica había inspirado el nombre que comúnmente se le daba a la escuela filosófica de Aristóteles: «los peripatéticos».[1]

Aquella mañana, mientras Aristóteles les hablaba a sus alumnos, otro filósofo y profesor de la escuela, Teofrasto, se acercó a él corriendo para comunicarle una impactante noticia.

–El rey Alejandro ha muerto.

Aristóteles lo miró con los ojos abiertos de par en par.

–¿Muerto? ¿Muerto en la batalla?

–No –fue la respuesta–. Dicen que el rey macedonio murió en Babilonia a causa de la fiebre.

Aristóteles puso fin rápidamente a la clase y se alejó entre los árboles. «Alejandro se comportó siempre como si fuera inmortal, pero todos sabíamos que no lo era», se dijo. Aun así, le había impresionado fuertemente la noticia de que la fiebre se había llevado al soberano de treinta y tres años. Era comprensible la conmoción de Aristóteles, ya que en un tiempo su historia personal lo había conectado de cerca con aquel rey al que pronto se conocería como Alejandro Magno.

Aristóteles nació en el año 384 a.C. en la ciudad griega de Estagira, situada cerca de la frontera con Macedonia; un reino de habla griega, en las ciudades del sur, y de tribus no griegas en la zona norte. Antes de que naciera Aristóteles, su padre, Nicómaco, había sido médico del rey Amintas III de Macedonia.[2] Al cabo del tiempo, el hijo menor de Amintas, Filipo II, ocupó el trono. Y Filipo II era el padre de Alejandro.

A los diecisiete años, Aristóteles se trasladó a Atenas y comenzó a estudiar filosofía en la Academia de Platón. A este joven adinerado le gustaba vestir bien, llevaba anillos y se hacía rizar el pelo; sin embargo, a lo que verdaderamente dedicaba su energía era a leer, investigar, escribir y, más adelante, enseñar. Platón le puso el apodo de «el Lector» por la voracidad con que consumía un libro detrás de otro.[3] Aristóteles pasó veinte años en la Academia, donde estudió ética, metafísica y política, así como matemáticas, astronomía y medicina entre otras disciplinas. Después de esto, empezó él mismo a dar charlas.

Tras la muerte de Platón, Aristóteles –que no fue elegido para dirigir la Academia,[4] como esperaba, sino que la dirección pasó al sobrino de Platón, Espeusipo– se fue de Atenas y puso rumbo a Asia Menor, donde asumió el papel de filósofo de la corte de Hermias, un gobernante que había sido esclavo y al que le resultaba muy atractiva la idea de ser un día rey-filósofo. (Tal vez este fue un intento más fructuoso, aunque efímero, por introducir la filosofía en el gobierno que los de Platón con Dionisio II, de los que hablaremos en el capítulo 6. El asesinato de Hermias a manos de los persas le puso fin). Aristóteles se casó con Pitias, sobrina e hija adoptiva de Hermias. Con ella, durante su estancia en Asia Menor, se interesó por el estudio de los animales y la biología en general, e investigó concretamente la fauna de una laguna costera.[5]

En el invierno del 343/342 a.C., un día llegó un mensajero del rey Filipo II de Macedonia: Aristóteles estaba invitado a ser tutor de su hijo Alejandro, de trece años. «¡Era una ocasión que no podía desaprovechar!», pensó Aristóteles; iba a tener la oportunidad de formar la mente del futuro líder de un imperio cada vez más poderoso, de iniciarlo en una vida de buenas costumbres y virtudes. También sería una forma de tender puentes con personas influyentes que podrían favorecer su trabajo filosófico. Sin pérdida de tiempo, Aristóteles partió hacia Pella, la capital de Macedonia, con su esposa y su hija (llamada Pitia, como la madre).[6]

Sentado aquel día bajo el gran plátano del Liceo, Aristóteles recordaba su llegada a Pella, a la corte del rey Filipo, un individuo brillante, soberbio y sumamente orgulloso de su hijo adolescente. Filipo había iniciado la conversación anunciando: «Quiero que Alejandro sepa mandar a sus hombres con honor, y tener un trato inteligente con cualquier gobernante del mundo. Es lo menos que debe esperarse de un líder cuyo linaje se remonta a Heracles, a través de mí, y a Aquiles, a través de su madre, Olimpia.[7] No voy a permitir que crezca siendo un ignorante, Aristóteles. Por eso quiero que estés aquí y le enseñes».

Aristóteles era consciente del poder que entrañaba el puesto: ser un filósofo reconocido, cuyos servicios solicitaba un rey. Vio que se le ofrecía la ocasión de demostrar su coraje: si aceptaba dócilmente el trabajo sin pedir nada a cambio, parecería un cobarde; si pedía en exceso a aquel gobernante despiadado que había matado y esclavizado a muchos, cometería una temeridad.

El filósofo lo pensó detenidamente y, tratando de encontrar una vía media entre los dos extremos, hizo al final una propuesta: aceptaría el trabajo, pero antes tenía dos peticiones. «Primero, reconstruye mi ciudad natal, Estagira, que asolaste tras conquistarla. Segundo, facilítame un lugar alejado de la corte donde instruir a Alejandro junto con algunos compañeros nobles. En el entorno adecuado, podré darle la mejor educación», dijo Aristóteles.

Filipo le dirigió una mirada apreciativa. Habiendo estudiado él mismo con pensadores y estrategas políticos y militares griegos en Tebas durante sus años de adolescente, conocía bien los beneficios de una educación filosófica. «Esto se está convirtiendo en una auténtica negociación –dijo finalmente Filipo riendo–. Pero he oído hablar bien de ti, y sé que tu padre sirvió bien al mío. En este momento te daré un buen lugar, fuera de la ciudad, para tus enseñanzas: el Santuario de las Ninfas, en Mieza. En cuanto a Estagira, veré lo que puedo hacer».

Los obreros de Filipo montaron a la velocidad del rayo la escuela macedónica para los jóvenes, repleta de sombreados pasajes y asientos de piedra. Allí, Aristóteles empezó a trabajar con el joven Alejandro, un muchacho de melena rubia rizada, que tenía un apuesto rostro, con un ojo marrón y el otro azul, y estaba dotado de una inquieta energía física. Durante tres años, Aristóteles ejerció de maestro de Alejandro, que demostró ser un alumno testarudo pero inteligente. El filósofo enseñó al muchacho ética, política y literatura (en especial la obra de Homero), e intentó inculcarle nuevos hábitos y formas de pensar, medios para que se forjara un buen carácter.[8]

Después de ver a Alejandro tomarse una noche tantas copas de vino con sus amigos que perdió el conocimiento, al día siguiente le dijo: «Toda virtud se sitúa entre dos vicios, Alejandro. Por ejemplo, es virtuoso ser moderado con la bebida y demostrar autocontrol. Si cedemos excesivamente a nuestros caprichos, sufriremos de disipación. Si nunca nos permitimos saborear un vaso de vino o una buena comida, sufriremos de insensibilidad a esos placeres. El objetivo debe ser encontrar el término medio entre el exceso y la privación, para forjarnos un buen carácter y una vida bella y virtuosa». Siguió diciéndole: «Se trata de encontrar un término medio entre los extremos, cada cual según su situación. Así se ha de hacer con todas las virtudes. Otro ejemplo es el coraje, que está entre la temeridad y la cobardía. O el orgullo, entre la ambición y la humildad. O la modestia, entre la timidez y la desvergüenza. Podemos hacer uso de la razón para encontrar ese camino. ¿Entiendes?».

Alejandro asintió, y, en aquel apacible campus rural, parecía que tal vez estuviera incluso aprendiendo. Pero luego, en lugar de guiarse por la moderación, Alejandro estuvo siempre dispuesto a llegar al límite de sus fuerzas, en busca de la clase de gloria que su padre respetaba, la gloria propia de un rey guerrero.

Filipo no tardó mucho en sacar a su hijo de la escuela para nombrarlo regente de Macedonia mientras él se iba de campaña, lo que significa que su escolarización terminó cuando tenía alrededor de dieciséis años. En las batallas, Alejandro demostraba una temeraria bravuconería que excedía con mucho el coraje: siempre al frente de su ejército (como había hecho su padre) se lanzaba a combates cada vez más peligrosos. Alejandro ocupó el trono a los veinte años, cuando Filipo fue asesinado por uno de sus guardaespaldas.[9] Ese fue el comienzo de su meteórico ascenso, a medida que conquistaba territorio tras territorio.

Aristóteles abandonó Macedonia tras finalizar su función de tutor y se dirigió a Estagira para ayudar en las tareas de reconstrucción. Tiempo después, en el año 335 a.C., cuando Alejandro tomó Atenas, Aristóteles –con la protección del rey macedonio– regresó a la ciudad, que seguía siendo la capital de la filosofía griega, y organizó su nueva escuela en el Liceo.[10] Enseñó a sus alumnos todo lo que había aprendido a lo largo de una vida de investigación; no solo filosofía, sino también física, cosmología, meteorología, psicología y las disciplinas más recientes: biología, zoología y anatomía. Escribió alrededor de doscientos libros, que trataban sobre toda clase de temas, lo cual lo convirtió en el hombre más culto de su época.

Pasaron los años, y Aristóteles siguió perfeccionando la disciplina del virtuoso término medio y animó a su hija Pitia y a su hijo Nicómaco a cultivarla cuando tuvieron la edad pertinente, a pesar de que a Alejandro le hubiera servido de poco y, de hecho, hubiera tomado un camino radicalmente distinto. Aristóteles comprendió hasta qué punto se había distanciado Alejandro de la virtud cuando, en el 327 a.C., hizo arrestar, acusado de traición, al sobrino del filósofo e historiador de la corte Calístenes (que murió mientras estaba encarcelado).[11] No solo eso, sino que además dejó que las sospechas de la acusación recayeran en Aristóteles.

Ahora, en el 323 a.C., sentado en el bosque del Liceo, Aristóteles veía solo una posible vía de acción tras la repentina muerte de Alejandro: tendría que abandonar Atenas. Los atenienses darían rienda suelta a la ira reprimida por haber tenido que vivir bajo el control macedonio. Su hostilidad se traduciría en inclementes acciones antimacedónicas, y Aristóteles, antiguo empleado de la casa real de Macedonia, estaba inextricablemente ligado a su patrocinio, a pesar del antiimperialismo que proclamaban sus enseñanzas.[12] Sin la protección real, el filósofo no tenía otra opción que poner fin a este capítulo de su vida en Atenas antes de que fuera demasiado tarde. Se levantó de debajo del árbol y se dirigió hacia donde se encontraban Teofrasto y sus estudiantes, que estaban reunidos en el peripato.

«Voy a evitarle a la ciudad de Atenas que peque dos veces contra la filosofía», dijo. Los hombres empezaron a hablar entre ellos. Eran conscientes del peligro que corría Aristóteles y entendían lo que quería decir: que podía acabar igual que Sócrates, ejecutado por motivos políticos.

Mientras empacaba sus cosas, Aristóteles reflexionaba: los atenienses no eran capaces de encontrar el camino medio en lo tocante a su ira. Se dejaban cegar por la retórica antimacedónica, y no dudarían en hacer uso de una violencia extrema en lugar de encontrar una vía que los convirtiera en personas virtuosas. Su temeridad y su rabia habían causado incontables tragedias en el pasado, incontables guerras y muertes innecesarias.

Aristóteles partió con su familia y se retiró a la isla costera de Éuboia (la actual Eubea, en la Grecia central), tierra natal de su madre. Murió un año después, en el 322 a.C. Su obra fue editada posteriormente por el erudito Andrónico de Rodas, que recopiló sus manuscritos y apuntes.[13] Durante los siglos siguientes, su obra fue celebrada no solo por los filósofos, sino por teólogos cristianos y también pensadores judíos y musulmanes, lo cual convirtió a Aristóteles en una figura tan destacada que en la Edad Media se le conocía como «*el* Filósofo».[14] El poeta italiano Dante Alighieri se refería a él como «El maestro de los que saben».[15] Aristóteles abrió camino a nuevos campos de estudio en el ámbito de las ciencias, y aún hoy se le considera uno de los pensadores más influyentes de todos los tiempos.

La naturaleza de la virtud

¿Qué es exactamente la virtud? «Virtud» es una traducción no demasiado afortunada de la palabra griega *areté*, que nosotros creemos que está más próxima al significado del término «excelencia». Una de las razones por las que pensamos esto es que *areté* se aplicaba a cosas muy diversas: a los seres humanos, pero también a los animales, las plantas e incluso a objetos inanimados. Y todos ellos pueden ser «excelentes». Por ejemplo, un caballo excelente es aquel que está sano y es capaz de correr a gran velocidad, pero sonaría un poco raro decir que, por eso, sea virtuoso.

Cada cosa particular tiene su propia manera de ser excelente. Las características que hacen que sea excelente una tomatera no son las mismas por las que es excelente un ser humano. Como suponemos que todos nuestros lectores y lectoras sois humanos, el aspecto de la *areté* que nos interesa es qué hace que un ser humano sea virtuoso (o excelente). Hay maneras diversas de interpretar este concepto, y cada filósofo grecorromano tenía una idea distinta de cómo investigar y explicar la idea de virtud, e incluso del número de virtudes que hay.

Aristóteles, en concreto, pensaba que toda virtud se define en relación con el vicio opuesto. Por ejemplo, la gula es un vicio porque la persona glotona está esclavizada por su ansia de comer en abundancia. Pero en el extremo opuesto encontramos al asceta, que apenas come y no disfruta con la comida. La virtud del término medio reside en cultivar una actitud correcta hacia la comida, apreciando que es una fuente tanto de alimento como de placer, pero que el exceso (o la insuficiencia) de alimento afecta a la salud corporal, mientras que el exceso (o la insuficiencia) de placer afecta a la salud del alma.

Como sabemos, Aristóteles sostiene que la virtud está en el «término medio».[16] Pero no debemos imaginar que habla de una simple media aritmética. No es tan simple como enfrentar en una escala numérica las virtudes y los vicios y decir que la verdadera virtud reside en ceñirnos a la zona media. Y Aristóteles no habla tampoco de mediocridad; no dice «aspiremos al comportamiento promedio». Para entender mejor la idea del «término medio» aristotélico, veamos un esclarecedor ejemplo que presenta el propio Aristóteles: el de Milón, el luchador. Como Milón es atleta, necesita comer mucho más que una persona normal, ya que el entrenamiento le hace quemar muchas más calorías que las que quema la persona media. Para Milón, por tanto, ser moderado en la mesa –lo cual es una virtud– no significa lo mismo que para la mayoría de nosotros. Si Milón nos tomara a uno de nosotros (por ejemplo a Massimo) como punto de referencia, probablemente se moriría de hambre, y si uno de nosotros lo utilizara a él de la misma manera, nos hincharíamos como globos y pronto tendríamos problemas de obesidad.

Massimo tuvo ocasión de comprobar directamente la diferencia que hay, a este respecto, entre una persona normal y el tipo de atleta del que habla Aristóteles. Hace años, fue a Osaka (Japón) y pasó un día entero viendo una competición de sumo. Observó cómo los luchadores entraban en la arena por la mañana y pudo apreciar de cerca que sus cuerpos necesitaban mucha más nutrición que el suyo. Al igual que en el caso de Milón, lo que a efectos de nutrición es virtuoso para un luchador de sumo no lo es en absoluto para Massimo, y viceversa.

Aristóteles piensa que la persona virtuosa es aquella que tiene una percepción inteligente de las cosas; la que comprende, por ejemplo, que ni la gula ni el ascetismo conducen al florecer humano y –¡esto es crucial!– actúa de acuerdo con esa comprensión. Dice que la mayoría de los seres humanos no somos de verdad virtuosos ni siquiera cuando conseguimos encontrar el punto de equilibrio. Si la forma de alcanzarlo es una lucha constante con nosotros mismos –por ejemplo, tener que obligarnos a apartar la vista de cualquier delicioso manjar–, entonces, en el mejor de los casos, podremos decir que sabemos contenernos, pero no que seamos virtuosos. Aristóteles diría en ese caso que somos *enkráticos*, es decir, que tenemos «autodominio». Podríamos pensar que mejor eso que nada, pero la verdadera templanza es otra cosa. La diferencia es que la persona sabia logra sin esfuerzo un equilibrio estable, mientras que aquella que logra contenerse vive en continuo estado de agitación, y el equilibrio que logra es tan inestable que solo consigue mantenerlo a costa de vigilancia y esfuerzo constantes.

Pero podría ser peor. Podríamos ser deliberadamente viciosos. Según Aristóteles, hay personas que se rinden a los vicios no porque pierdan momentáneamente su virtuoso equilibrio, y cometan un error del que se van a arrepentir, sino porque deciden que eso es lo que quieren hacer: ¡les trae sin cuidado todo ese discurso de la virtud! Hay quienes comen con glotonería porque les cuesta contenerse; y quienes son auténticamente glotones, y eligen dar prioridad a los placeres corporales porque piensan que así es como debe ser (¡recordemos a los cirenaicos del capítulo 1!).

Existe, por último, otro grupo de personas que saben qué es lo correcto y, aun así, no son capaces hacerlo, por mucho que luchen interiormente por alcanzar un equilibrio aunque sea precario. Estas personas sufren de una peculiar condición a la que Aristóteles llama *akrasia*, y que suele traducirse como incontinencia, o debilidad de la voluntad. Pensemos en la típica persona teleadicta, que es consciente de que le convendría levantarse del sofá e ir a dar un paseo, cuando no al gimnasio, y que indudablemente sabe que hartarse de comida basura mientras ve la televisión no es beneficioso ni para su cuerpo ni para su alma. Y, sin embargo, no consigue levantar el trasero del sofá ni tiene fuerza de voluntad para lanzar las patatas fritas al lugar donde les corresponde estar, que es el cubo de la basura.

De modo que, en lo tocante a la virtud, hay cuatro categorías de personas: la persona viciosa; la acrática (a la que le falta fuerza de voluntad); la que se esfuerza por alcanzar la virtud (enacrática), y, por último, el raro caso de la persona que es verdaderamente virtuosa. ¿Cuál de ellas eres tú?

Según Aristóteles, en los individuos verdaderamente virtuosos hay perfecta congruencia entre la recta razón y el recto deseo. Esto significa que la virtud no reside en la acción, sino en quien la realiza. Una misma acción puede ser virtuosa o no serlo dependiendo de las razones y los deseos que movieran a la persona a actuar de cierta manera.

Por ejemplo, digamos que colaboro como voluntario en un comedor social. A primera vista, puede parecer que sea una acción virtuosa, ya que con ella ayudo a personas necesitadas. Pero ¿realmente lo es? Depende. Si lo hago porque de verdad quiero aliviar el sufrimiento de la gente, entonces mi acción es virtuosa, incluso aunque tal vez no sirva para cambiar la situación general. Lo que importa es mi intención. Pero si lo hago porque me vendría bien añadir a mi currículum una línea que diga que he prestado servicios a la comunidad, ya que eso me daría más posibilidades de encontrar trabajo, entonces no, mi acción no es virtuosa, incluso aunque, de hecho, beneficie a un buen número de personas.

Esta es una diferencia sustancial entre la ética de la virtud que enseñaba Aristóteles y la mayoría de las formas actuales de entender la ética. Un especialista en deontología moderno –que entienda que el comportamiento ético se basa en el cumplimiento de normas y deberes– tal vez diría que da igual cuáles sean mis intenciones: colaborar como voluntario es una acción correcta, y punto.* De igual modo, un utilitarista moderno, cuya filosofía dice que lo ético es aquello que

* No deja de ser curioso que el padre de la deontología moderna, Immanuel Kant (1724-1804), creyera firmemente que nuestras motivaciones determinan si lo que hacemos es moral o no. Llegó al punto de decir que, si me complace hacer el bien, en realidad no estoy actuando moralmente. A su entender, los deberes morales no deben generar placer. Kant era un tipo bastante estricto.

aumenta el placer (o disminuye el dolor) del mayor número de personas, vería con buenos ojos que alguien colabore como voluntario independientemente de cuáles sean sus motivos. Pero la ética de la virtud tiene el propósito de mejorar el carácter de una persona; y en relación con el carácter, las intenciones importan mucho.

Cómo ser (más) virtuosos

Ahora que tenemos una idea más precisa de lo que es la virtud –al menos, según Aristóteles–, la pregunta obvia es: ¿qué podemos hacer para ser más virtuosos? La respuesta de Aristóteles sería que el hábito es el camino a la virtud. Pero es una respuesta más compleja de lo que parece, ya que debemos entender a qué se refiere exactamente por «hábito».

La virtud moral denota un estado mental activo, no la pasividad o irreflexión de un comportamiento rutinario. En consecuencia, una acción es virtuosa cuando se lleva a cabo a propósito, con atención y por su propia bondad. Esta capacidad de actuar virtuosamente con intención es, a su vez, el sello de un carácter virtuoso. Por eso, cuando Aristóteles dice que «el adquirir un modo de ser de tal o cual manera desde la juventud tiene no poca importancia, sino muchísima o, mejor, total»,[17] no se refiere al «hábito» como propensión pasiva a actuar de un modo u otro.

Aristóteles nos dice que en la infancia no aprendemos mediante la adquisición pasiva de los conocimientos que nos presentan nuestros profesores, sino mediante una implicación activa y atenta.[18] Lo mismo es aplicable al aprendizaje de la virtud. Los hábitos, por el contrario, se originan pasivamente y, a veces, incluso en respuesta a un condicionamiento impuesto desde el exterior que nos influye a un nivel que nuestra percepción consciente no es capaz de captar. En un excelente artículo sobre la ética de Aristóteles,[19] el filósofo contemporáneo Joe Sachs reproduce una anécdota que se cuenta sobre el psicólogo B.F. Skinner, uno de los principales exponentes de lo que conocemos como conductismo, una corriente de la psicología que tuvo su apogeo durante la primera parte del siglo XX. Se cuenta que, sin que Skinner se diera cuenta, sus alumnos lo habituaron a impartir las clases desde una esquina del aula. La forma de hacerlo fue asintiendo con la cabeza cada vez que se acercaba a esa esquina y frunciendo el ceño en cuanto se alejaba. De este modo, le inculcaron un hábito, ¡que por supuesto no era un hábito consciente! (Y Skinner hubiera debido dar sobresaliente general a la clase, por demostrar en la práctica una comprensión tan sutil del condicionamiento operante, concepto crucial del conductismo).

Dice Aristóteles que las virtudes no se producen «ni por naturaleza ni contra naturaleza»,[20] lo cual significa que no somos por naturaleza virtuosos y, sin embargo, llegamos a ser virtuosos aprovechando deliberadamente los dones que la naturaleza nos da (en otras palabras, nuestros instintos sociales). En cierto sentido, la naturaleza (humana) hace posible que seamos virtuosos porque tenemos una disposición innata a que nos importen los demás seres humanos, y esta posibilidad se potencia y desarrolla mediante el uso adecuado de otro don de la naturaleza: la razón. Podemos modificar nuestras percepciones y deseos meditándolos racionalmente, reflexionando antes de tomar una decisión y actuando deliberadamente de determinada manera. El ser humano adulto y maduro es el resultado de las condiciones iniciales establecidas por la naturaleza y moldeadas posteriormente por nuestros padres y nuestra sociedad; todo ello mediado por nuestras propias deliberaciones y decisiones. Nuestro carácter está determinado en parte por factores externos y, en parte, por nosotros mismos.*

La virtud es bella

Otro aspecto fascinante de la concepción aristotélica de la virtud es que lo virtuoso es bello. Dice Aristóteles que la persona virtuosa percibe la belleza de las acciones y los deseos virtuosos, y esa percepción es fiel reflejo del estado de las cosas, lo que significa que las acciones y los deseos virtuosos son en verdad bellos. A primera vista, quizá parezca extraño establecer una conexión entre la virtud y la belleza, pero si reflexionamos un momento veremos que a menudo utilizamos expresiones como «fue un gesto muy bonito» o «lo que ha hecho ha sido muy feo» cuando hablamos, respectivamente, de acciones morales o inmorales. Del mismo modo, hablamos de pensamientos bellos y feos, aplicando de nuevo la belleza en un sentido ético.

La expresión que utiliza Aristóteles, *to kalon*, significa «lo bello». El coraje, la magnanimidad y todas las demás virtudes lo son en honor de lo bello; eso es lo que todas tienen en común. Siguiendo este pensamiento, una acción virtuosa es análoga a una obra de arte bien hecha. Ambas son bellas.

* Este es otro punto de contacto entre el aristotelismo y el estoicismo. Lo mismo Cicerón (que simpatizaba con los estoicos) que Séneca escriben que la naturaleza nos da tanto el comienzo de la sabiduría, al inculcarnos fuertes instintos prosociales, como los medios para expandir tales comienzos por medio de la razón.

Podemos situar esto en un marco más general si recordamos que, según Aristóteles, hay tres categorías de bienes: lo que es bello, lo que es agradable y lo que es ventajoso. Los dos primeros son en sí mismos, mientras que el tercero es un medio que, en definitiva, favorece a uno de los otros dos.

Por ejemplo, un cuadro de Miguel Ángel es bello, y queremos verlo porque es bello, por ningún otro motivo. Un baño de agua caliente al final de un día muy largo es agradable, y, como en el caso anterior, lo deseamos por ese motivo y solo ese. En cambio, tener dinero en la cuenta bancaria es ventajoso porque nos da la posibilidad de hacer otras cosas, como comprar un billete de avión para ir a Roma a ver en persona un cuadro de Miguel Ángel, o tener el lujo de darnos un buen baño en la intimidad de nuestra casa. Pero nadie, salvo tal vez algún acaparador compulsivo, acumula dinero porque sí, o porque sea bello o agradable en sí mismo.

Un bien ventajoso es siempre en favor de algo (o alguien) distinto y, por tanto, no pertenece a la categoría más elevada de bienes. El placer es un bien, pero –según Aristóteles– nunca es plenamente satisfactorio, ya que solo proporciona una satisfacción temporal. (Por supuesto, los cirenaicos y los epicúreos no estarían de acuerdo, como hemos visto en los capítulos 1 y 2). Solo la búsqueda de lo bello nos satisface verdaderamente, dice él, y por eso es el bien supremo. Esto explica también por qué llevaríamos a cabo una acción virtuosa por lo que es en sí misma: porque la acción en sí es bella.

Existe un paralelismo entre el planteamiento aristotélico de lo que es bueno y el de la amistad. Aristóteles plantea tres tipos de amistad, que reflejan con nitidez la clasificación que hace de los tres tipos de bienes: amistades de utilidad (instrumentales), amistades basadas en el placer y amistades basadas en la virtud. Todos tenemos amigos que nos son de utilidad, es decir, personas con las que nos relacionamos principalmente por la función útil que desempeñan. Piensa, por ejemplo, en tus compañeros y compañeras de trabajo. A menudo, la principal razón por la que te relacionas con ellos es que son colegas que te ayudan (lo mismo que tú a ellos) a realizar las tareas de las que tengas que ocuparte. Esto no significa que no disfrutes auténticamente estando en compañía de (algunas de) esas personas. Te gusta ir a tomar algo con ellas al salir del trabajo. Pero lo más probable es que, si tú o ellas os vais a trabajar a otra empresa, no mantengáis el contacto.

Las amistades basadas en el placer son personas con las que compartes un interés en particular. Os reunís para ver los partidos de fútbol, por ejemplo, o para hacer senderismo o participar en un club de lectura, porque eso es lo que tenéis en común. De nuevo, esto no significa que no te guste de verdad estar en su compañía, pero sí significa que, si tus intereses o los suyos cambian, es probable que cambies de amigos.

Por último, está el tipo más elevado y precioso de amistad (y el menos frecuente): la que se basa en la virtud. Un amigo o amiga de este tipo te hará sentir que de verdad le importas, y estará a tu lado en los momentos buenos y no tan buenos. No temerá ponerte un espejo delante, como dice Aristóteles, e incluso hacerte ver –si es necesario– que quizá no estás haciendo lo correcto en una situación dada. Es este tipo de amistad el que nos hace mejorar como seres humanos. Y es esta amistad la que es verdaderamente bella.

Vive como Aristóteles

Es probable que, ahora, tengas ya ciertas sospechas de que tu visita al Puerto del Carácter será bastante diferente de la anterior escala en la tierra del placer. Los conceptos que hemos explorado en los dos últimos capítulos estaban claros; tanto la filosofía de Aristipo como la de Epicuro tenían un objetivo muy simple, que era vivir una vida placentera. (Por supuesto, lo que cada una entendía por placer era ligeramente distinto: el cirenaísmo se proponía lograr el mayor placer corporal posible, mientras que el principal propósito de los epicúreos era obtener placer de la serenidad mental).

Aristóteles, sin embargo, pinta un cuadro mucho menos simple de lo que es la buena vida. De entrada, la idea de aspirar a la «virtud/excelencia» no parece ser tan intrincada, pero en realidad se trata de un concepto difícil de precisar. Aristóteles lo define apelando a toda una serie de complejas relaciones, llenas de matices teóricos, con muchos aspectos del carácter. Por si fuera poco, lo que es virtuoso en una persona puede no serlo en otra, como demostraba el ejemplo referente a la dieta del luchador Milón. Todo esto hace que la teoría aristotélica del buen vivir sea mucho más complicada que la simple invitación a buscar el placer.

No solo es más complicada que las dos filosofías anteriores, sino que también es menos práctica. Quizá vislumbraras ya algo de esto al leer la cita de Aristóteles en la que decía que la forma de ser a la que nos habituamos en la niñez «tiene no poca importancia, sino muchísima o, mejor, total». ¿Y qué pasa si la educación que recibiste no fue particularmente buena? ¿Tienes alguna posibilidad de alcanzar una vida virtuosa? Según Aristóteles, no. A su entender, aunque es honroso cualquier esfuerzo por alcanzar la virtud, si alguien carece de bienes externos –como una educación enriquecedora, buena salud o un físico atrayente–, estará «impedido» de ser feliz aunque sea virtuoso. Y si a lo largo de la vida hemos «caído en grandes desgracias», por virtuosos que seamos, la felicidad nos está básicamente vedada.[21] Según Aristóteles, la virtud es necesaria para tener una vida feliz, pero no es suficiente (es decir, puede que no te lleve a la felicidad). Para tener una vida lo más feliz posible, necesitarás fortuna además de virtud, y tendrás que saber emplear ambas correctamente. ¿Y cómo las empleamos correctamente? Procediendo en nuestras actividades de acuerdo con nuestro «intelecto» y cultivándolo, que es como Aristóteles vivía.[22] Llevaba vida de filósofo intelectual.[23]

Esta semana aprenderás a utilizar el agudo análisis de la virtud que hace Aristóteles para entender mejor qué es la virtud en tu vida y tendrás ocasión de ponerlo un poco en práctica al final. Esto establecerá la base para los análisis de la virtud que haremos en futuros capítulos.

Día 1: Haz inventario moral observándote con lente aristotélica

Cualquier viaje con el que pretendamos llegar a algún lado debe contener, al menos, tres elementos imprescindibles: un punto de partida, un destino y una serie de indicaciones para llegar a él. El destino hacia el que vamos a poner rumbo en esta sección del libro es la forja del carácter. Serás tú quien decida, cuando acabes de leerlo, si viajar a ese destino ha merecido la pena, pero, por el momento, vamos a darlo por hecho. Dentro de unos días empezarás a elaborar tu propio plan de navegación para avanzar hacia él. Hoy, tu objetivo es averiguar de dónde partes. Para ello, vamos a proponerte que hagas «inventario moral» de la persona que eres (por utilizar una frase de los programas de doce pasos) observándote a través de una lente aristotélica. Antes de exponer los detalles del ejercicio de hoy, no está de más que repasemos la actitud con que debes hacerlo.

El propósito de este ejercicio no es hacerte mirar con lupa tus aspectos negativos y llegar a la conclusión de que eres una mala persona; ni mucho menos. Considéralo una forma de descubrir la vía más efectiva para convertirte en un ser humano más bello. Si notas que te deprimes mientras haces el ejercicio, también puedes dedicar un momento a pensar y a detenerte en tus aspectos positivos para apreciar en qué sentidos tienes ya un carácter bello en la actualidad.

Teniendo esto presente, dirige tu atención a la siguiente tabla, que contiene una lista de virtudes aristotélicas, aspectos del carácter que constituyen un equilibrio entre las deficiencias y los excesos.[24] Tu tarea de hoy es evaluarte en cada área atendiendo a las cuatro categorías de seres humanos que establece Aristóteles en relación con la virtud:

- Vicioso (entendido como alguien que tiene un vicio, no como alguien que es feroz, cruel o violento): con frecuencia, tiendes a actuar voluntaria e intencionadamente de un modo que Aristóteles consideraría «deficiente» o «excesivo» en esta área, o actúas sin pensar, porque nunca has reflexionado sobre lo que es correcto o apropiado.
- Acrático: sabes en teoría dónde está el justo «término medio», pero rara vez eres capaz de actuar de acuerdo con lo que piensas que es correcto.

- *Enkrático*: consigues hacer lo correcto en este ámbito, pero solo con muchos esfuerzos y viviendo en lucha constante.
- Virtuoso: con frecuencia haces lo correcto en esta área –de forma consciente e intencional (no mecánicamente por simple hábito)– con muy poco esfuerzo y sin otro objetivo que hacer lo correcto (no porque esperes obtener con ello ninguna otra recompensa).

Si te cuesta calificarte, prueba a pensar en distintos momentos concretos de tu vida en los que hayas tenido la oportunidad de ejercer la virtud. ¿Lo hiciste? Si es así, ¿te resultó difícil o fue sencillo? Si lo hiciste con facilidad, ¿fue por costumbre o intencionalmente? Si te sigue costando evaluarte en esta área, sáltate esta virtud y pasa a la siguiente.

Virtud (el término medio)	Extremos	Autoevaluación (vicioso, acrático, *enkrático*, virtuoso)
Justicia: dar a los demás exactamente lo que merecen (sobre todo en relación con cosas no materiales, como atención, elogios o franqueza e información).	**Excesiva:** dar a las personas más de lo que merecen. **Deficiente:** dar a las personas menos de lo que merecen.	

Templanza: disfrutar los placeres con moderación.	**Excesiva:** no disfrutar ni siquiera los placeres sencillos, o evitarlos por miedo o como autocastigo. Anhedonia, ascetismo o insensibilidad. **Deficiente:** abusar de los placeres. Despilfarro o glotonería.	
Coraje: soportar el miedo o las molestias y actuar a pesar de ellos en las situaciones que lo requieren.	**Excesivo:** lanzarte precipitadamente a situaciones peligrosas sin tener en cuenta las consecuencias, o incluso si es necesario actuar. Temeridad. **Deficiente:** evitar aquello que te causa molestias aunque actuar sea necesario o valga la pena. Cobardía.	
Generosidad: dar a otros cosas materiales o dinero en la cantidad adecuada.	**Excesiva:** ser demasiado desprendido con los demás o gastar de un modo extravagante e irresponsable. Prodigalidad. **Deficiente:** no gastar suficiente en los demás. Tacañería.	

Ambición: proponerte alcanzar excelencia externa por lo que es en sí misma; por ejemplo, en tu profesión.	**Excesiva:** esforzarte por obtener una recompensa externa, o proponerte alcanzar objetivos demasiado altos. Ambición ciega. **Deficiente:** no trabajar con suficiente ahínco. Pusilanimidad.	
Gentileza: tener un temperamento equilibrado, sin dejar de ser firme cuando la situación lo requiere.	**Excesiva:** no defenderte o defender a los demás, incluso cuando sería apropiado hacerlo. Permitir un trato irrespetuoso. **Deficiente:** ser demasiado impulsivo y propenso a enfadarte o disgustarse con los demás. Irascibilidad.	
Sinceridad: sobre uno mismo; ser veraz sobre tus propias cualidades y logros.	**Excesiva:** quitar importancia a tus buenas cualidades ante los demás o centrarte intencionadamente en tus peores cualidades cuando hablas de ti. Menospreciarte. **Deficiente:** exagerar ante los demás tus buenas cualidades o mentirles sobre ellas e ignorar tus peores rasgos. Vanidad.	

Ingenio: saber ser adecuadamente bromista y agudo al hablar.	**Excesivo:** ser demasiado vulgar o histriónico queriendo parecer ingenioso, o hacerte el gracioso todo el tiempo sin importar las circunstancias. Grosería. **Deficiente:** ser hosco, antipático, zafio o incapaz de hacer un uso ingenioso del humor. Torpeza.	
Cordialidad: ser agradable y de trato fácil en las interacciones.	**Excesiva:** halagar demasiado, especialmente para ganarte el favor de alguien. Adulación. **Deficiente:** ser en general demasiado crítico o combativo con la gente. Discutidor.	

Día 2: Céntrate en las áreas más importantes

El objetivo de hoy es que, de la lista de virtudes del ejercicio anterior, selecciones las tres que para ti sean las más importantes. Te recomendamos que consideres la posibilidad de trabajar con aquellas virtudes que te resulten más sencillas y que, a la vez, creas que pueden tener efectos más notables. Es más probable que consigas avanzar satisfactoriamente en aquellas para las que tienes mayor facilidad, así que, en igualdad de condiciones, vale la pena que dediques a ellas tu energía. No obstante, es posible que avanzar en algunos aspectos concretos de tu carácter mejore particularmente tu vida y la de quienes se relacionan contigo, y quizá valga la pena que trabajes en ellos aunque te resulte un poco más difícil.

La siguiente tabla te ayudará a elegir esos tres ámbitos primordiales. Rellénala, asignando la puntuación correspondiente en las dos primeras columnas; luego, suma los puntos y anota el número en la tercera columna de cada área.* Escribe brevemente en un cuaderno las razones por las que asignas a cada virtud esa puntuación, para asegurarte de que la has valorado como corresponde, y no dudes en cambiarla si te parece que no se corresponde con el razonamiento que has puesto por escrito. Las tres puntuaciones más altas serán las tres virtudes en las que pondrás tu atención los próximos días...

* Este proceso de selección algorítmica probablemente haría que Aristóteles se revolviera en su tumba, ya que era bastante categórico en cuanto a que la ética es más un arte de vivir que nada tiene que ver con reglas ni atajos.

¡y tal vez los próximos meses o años si te parece que el Puerto del Carácter es un buen destino!

Virtud	¿Cómo de **fácil** te resultaría mejorarla, y por qué? 1 = Difícil 2 = Dificultad moderada 3 = Fácil	¿Cómo de **impactante** sería para ti y para quienes se relacionan contigo que mejoraras en este aspecto? 1 = Poco impactante 2 = Algo impactante 3 = Bastante impactante 4 = Muy impactante	**Puntuación total** Las tres puntuaciones más altas serán las áreas en las que te centrarás el resto de la semana. En caso de empate, utiliza la manera de desempatar que te parezca oportuna.
Justicia			
Templanza			
Coraje			
Generosidad			
Ambición			
Afabilidad Gentileza			
Sinceridad sobre uno mismo			
Ingenio			
Cordialidad			

Escribe aquí por orden de puntuación las tres virtudes en las que vas a trabajar.

Virtud 1: ______________________________

Virtud 2: ______________________________

Virtud 3: ______________________________

Día 3: Encuentra el recto deseo

Como has leído en este capítulo, Aristóteles sostenía que la acción virtuosa se produce por la confluencia de dos factores: la recta razón y el recto deseo. Mañana hablaremos del primer factor. Por ahora, vamos a centrarnos en el segundo. A nivel teórico es fácil entender lo que significa tener el recto deseo: consiste simplemente en desear la virtud por sí misma, no por los beneficios añadidos que nos pueda proporcionar. El recto deseo puede entenderse también como la aspiración a realizar acciones virtuosas por la belleza (*kalon*) que hay implícita en ello, y por ninguna otra razón. El ejercicio de hoy –escribir unas cuantas líneas sobre la belleza de las tres virtudes que has elegido– te ayudará a comprender mejor lo que significa para ti, a nivel personal, el «recto deseo».

Dedica entre cinco y diez minutos a cada virtud e intenta convencerte de que ser una persona más virtuosa en ese determinado ámbito sería bueno y bello en sí mismo, independientemente de sus beneficios secundarios. Puedes hacerlo como a ti te parezca. Si no sabes cómo empezar, aquí tienes unas cuantas preguntas que quizá te ayuden a ponerte en marcha. Responde a las que te parezcan útiles.

- Piensa en alguien que manifieste con naturalidad la virtud en la que has decidido mejorar. ¿Por qué te parece admirable o inspiradora esa persona? ¿Por qué te parece bello ese aspecto de su personalidad?
- Si mejoraras en este ámbito, ¿en qué sentido sería tu vida menos «fea» (entendiendo por «fealdad» lo contrario de la belleza, es decir, eso a lo que Aristóteles pensaba que tiene aversión la persona virtuosa)?[25]
- ¿Por qué te enorgullecería alcanzar la perfección en este ámbito?
- El perfeccionamiento de esta virtud, ¿en qué sentidos concretos te permitiría ser el mejor cuidador, padre o amigo, o la mejor cuidadora, madre o amiga, que tienes posibilidad de ser?
- ¿Cómo mejoraría la vida de los demás gracias a tu perfeccionamiento en este ámbito?

Virtud 1:

Virtud 2:

Virtud 3:

____

____

____

____

____

____

____

Día 4: Descubre la recta razón

De los dos elementos que constituyen las actividades virtuosas, la recta razón es mucho más difícil de entender que el recto deseo. El objetivo último de la recta razón es encontrar el término medio entre los extremos. Sin embargo, como has visto en el ejemplo del luchador Milón, cuál es concretamente el término medio es algo que puede variar de una persona a otra: lo que es una cantidad razonable de comida para Milón no lo sería para todo el mundo. Pero las cosas se complican todavía más: el término medio varía también de una situación a otra incluso para la misma persona. Por ejemplo, si Milón necesitara bajar de peso lo suficiente para poder entrar en una categoría de peso determinada, reduciría considerablemente la ingesta de líquidos antes del pesaje, lo cual sería apropiado en esa situación. Sin embargo, después del pesaje, ingeriría mucho más del habitual para conseguir una ventaja de peso antes del combate.

La recta razón es lo que le hace saber a Milón que lo que está consumiendo es el término medio entre los extremos. Por desgracia,

¡Aristóteles no explica con claridad lo que es la recta razón! Probablemente se deba a que él no sabía que existiera un procedimiento algorítmico claro que permite tomar decisiones que se ajusten al término medio. ¡Y se requiere práctica constante y una gran agilidad mental para tratar de encontrar por uno mismo el término medio en cada situación de la vida![26] Teniendo esto en cuenta, el objetivo de hoy es ejercitar la recta razón en lo que respecta a cada una de las tres virtudes que son para ti prioritarias.

En la tabla que sigue tendrás ocasión de ejercitarla dando como respuesta dos acciones virtuosas distintas para la misma virtud, que difieran debido a la situación. Por ejemplo, referir con veracidad todos tus logros en una entrevista de trabajo está en el virtuoso término medio de la sinceridad sobre uno mismo. Sin embargo, sería excesivo hacer eso mismo estando con un amigo que sabes que se siente inseguro por sus escasos logros; en ese caso, el virtuoso término medio estaría en contenerte y no hablar de tus éxitos. Ambas acciones se aproximan al término medio de la sinceridad sobre uno mismo, pero son muy diferentes entre sí debido a la situación concreta.

Virtud	Situaciones	Acciones virtuosas	¿Por qué evita esta acción el exceso y la deficiencia en esta situación?	¿Qué elemento de la situación hace que las acciones virtuosas sean diferentes?
Virtud 1:	Situación 1: Situación 2:	Acción 1: Acción 2:	Razón 1: Razón 2:	
Virtud 2:	Situación 1: Situación 2:	Acción 1: Acción 2:	Razón 1: Razón 2:	
Virtud 3:	Situación 1: Situación 2:	Acción 1: Acción 2:	Razón 1: Razón 2:	

Día 5: Planifica tu próximo paso hacia la virtud

Aunque Aristóteles era bastante teórico en su manera de abordar las cosas, estableció, no obstante, algunas bases para que la práctica aristotélica fuera eficaz. Dijo, en pocas palabras, que es necesaria la repetición del comportamiento: «Por nuestra actuación en las transacciones con los demás hombres nos hacemos justos o injustos, y nuestra actuación en los peligros, acostumbrándonos a tener miedo o coraje, nos hace valientes o cobardes; y lo mismo ocurre con los apetitos y la ira».[27] Pero no basta con realizar inconscientemente las acciones correctas. Si bien es cierto, dice Aristóteles, que los individuos «han de hacerse justos, practicando la justicia, y moderados, practicando la moderación», también lo es que sus acciones serán virtuosas solo si la persona está «en cierta disposición al hacerlas, es decir, en primer lugar, si sabe lo que hace; luego, si las elige, y las elige por ellas mismas; y, en tercer lugar, si las hace con firmeza e inquebrantablemente»,[28] es decir, con constancia y desde una posición estable. Lograr esa posición estable requiere una reiterada práctica, por lo que no depende enteramente de nuestra voluntad inmediata. En cambio, los dos primeros aspectos están más bajo nuestro control. Si el ejercicio del día 3 ha resultado fructuoso, habrás comprendido que vale de verdad la pena cultivar la virtud por sí misma. De modo que nos queda por examinar el último elemento que interviene en la práctica de la virtud, que es actuar con deliberación. Este es el elemento con el que trabajarás hoy, esbozando un plan para poner conscientemente en práctica una de las tres virtudes que seleccionaste.

Puedes elegir la que quieras, pero te sugerimos que escojas aquella que de verdad creas que es buena por sí misma. Recuerda que el recto deseo es un ingrediente esencial de la virtud. Si no crees firmemente que la virtud en sí misma es digna de cultivarse, ni toda la práctica del mundo te servirá de nada. Por eso, te sugerimos que repases rápidamente el ejercicio del día 3 para ver cuál de las tres virtudes te parece más valiosa en sí misma.

Ahora que has elegido una virtud, vas a crear un plan de acción para practicarla con intencionalidad. Tu plan debe tener tres componentes principales:

1. Un tipo de circunstancia clara y concreta, o una fecha y hora concretas en las que practicarás la acción virtuosa.
2. La voluntad y la capacidad de prestar atención mientras la llevas a cabo.
3. Alguna forma de recordarte que estás realizando la acción por sí misma, sin esperar conseguir de ella ningún beneficio añadido.

Los dos primeros componentes te ayudarán a hacer la acción de forma consciente, intencionada y atenta. El último te ayudará a realizarla con el deseo correcto.

Veamos un ejemplo de cómo poner esto en práctica. Supongamos que, sin saber bien por qué, el caso es que no te sale con naturalidad hacerle algún comentario elogioso a tu hija cuando llega a casa con el boletín de notas lleno de sobresalientes. Tu reticencia podría interpretarse como una deficiencia de justicia, ya que no le estás dando el reconocimiento que merece. Un plan de acción como «Voy a empezar a elogiar más a mi hija» no cumple los tres requisitos, puesto que no especifica cuándo lo harás. No contiene tampoco ningún elemento que aumente las probabilidades de que la elogies conscientemente y sin más intención o deseo que ese. En cambio, el siguiente plan sí cumple todos los requisitos: «Cuando mi hija traiga el boletín de notas la semana que viene, buscaré al menos una asignatura concreta en la que elogiar su constante dedicación y trabajo. Voy a ponerme un recordatorio en el teléfono móvil para que no se me pase estar atenta ese día. Además, la víspera, antes de irme a dormir, escribiré unas líneas en mi diario recordándome lo importante que es tener un comportamiento justo con mi hija».

Ahora te toca a ti. En los siguientes espacios, planifica qué paso vas a dar hacia esa virtud que es importante para ti.

La virtud que voy a practicar es. ______________________________

La circunstancia, o la hora o fecha concreta, en que voy a actuar es.

____

Para asegurarme de que actuaré de forma intencionada y consciente, voy a. ____

____

Me recordaré el deseo correcto por el que actúo así haciendo. ____

____

Una vez hecha la acción, escribe aquí cómo ha ido.

____

____

Reflexión

Ahora que has hecho la primera exploración por el Puerto del Carácter, reflexiona durante unos minutos sobre cómo ha sido tu experiencia con Aristóteles y escribe tus impresiones en el espacio que sigue. ¿Te parece que el enfoque aristotélico de la virtud es inteligente y perspicaz, o demasiado complicado y difícil de poner en práctica? ¿Te ha resultado fácil o difícil valorar la virtud por sí misma? ¿Qué opinas de que la virtud sea la guía por la que conducirte en la vida, en lugar del placer?

4. Céntrate en lo que depende de ti con Epícteto

De nosotros dependen el albedrío y todas las acciones del albedrío; no dependen de nosotros el cuerpo, las partes del cuerpo, la hacienda, los padres, los hermanos, los hijos, la patria y, sencillamente, quienes nos acompañan.

EPÍCTETO, *Disertaciones por Arriano* I.XXII.10

Las aguas del mar Jónico rompían suavemente en la costa de Komaro mientras el barco que transportaba a Epícteto y a sus compañeros se acercaba al puerto. Habían llegado a la costa occidental de Grecia y pronto emprenderían el camino hacia Nicópolis, la ciudad que se había construido para conmemorar la victoria del primer emperador romano, Augusto, sobre sus enemigos Marco Antonio y Cleopatra.[1]

Epícteto se puso en pie y levantó con determinación su muleta. Este hombre barbudo, de poco más de treinta años, estaba listo para iniciar la nueva etapa de vida que había elegido tras sufrir un duro revés; aquella era simplemente la última de una larga serie de decisiones similares que había tenido que tomar obligado por circunstancias adversas que escapaban a su control. Corría el año 89 d.C., y el emperador Domiciano, temeroso de todo lo que pudiera oponerse a su gobierno, había desterrado de Roma al pensador estoico, lo mismo que a todos los demás filósofos. Así que Epícteto empacó sus escasas pertenencias y se embarcó rumbo a Nicópolis, en la región de Epiro (en el noroeste de Grecia).[2]

Aquella mañana, con el sol del Mediterráneo brillando sobre el pequeño grupo de estudiantes y amigos que lo acompañaban, Epícteto no se quejó del esfuerzo que tuvo que hacer para bajar del barco arrastrando la pierna lesionada a perpetuidad. Era un impedimento con el que estaba acostumbrado a tratar a diario. Les dijo a sus compañeros, con sonrisa irónica: «No voy a competir en los Juegos Olímpicos en un futuro próximo, pero os digo que las Olimpíadas de cómo vivir bien son mi terreno de estudio constante. En eso, espero llegar algún día a emular a Sócrates».

Epícteto había nacido esclavo, alrededor del año 50 d.C., en la ciudad grecorromana de Hierápolis, en la región de Frigia (que se corresponde con la actual Turquía sudoccidental)[3] y, hasta que adquirió renombre como filósofo estoico romano, utilizó su facultad de elegir –su *prohairesis*– en todo momento y situación. Incluso viviendo como esclavo, cuando casi todo estaba fuera de su dominio, era libre de elegir sus opiniones, motivos y valores. Incluso en esas circunstancias, tenía el poder de decidir cómo interpretar las circunstancias en las que se encontraba y de responder a ellas haciendo uso de la razón y aspirando a la virtud. A pesar del caos que lo rodeaba, tenía la posibilidad de actuar con sabiduría, justicia, valor y templanza, las cuatro principales virtudes estoicas.

El origen de su lesión es un ejemplo de situaciones que escapan a nuestro control. De niño, Epícteto servía como esclavo a Epafrodito, un hombre acaudalado que había sido a su vez esclavo del emperador

Claudio, y que ahora trabajaba como secretario de peticiones a las órdenes de Nerón. El propio nombre Epícteto indicaba de hecho el estatus de este filósofo: significaba «adquirido».[4] Un día, Epafrodito se enfadó con él y le retorció la pierna con saña. Con la mayor tranquilidad, el joven Epícteto le advirtió que, si seguía retorciéndola, la pierna se rompería, y así fue. Entonces, en lugar de chillar de dolor, Epícteto le dijo: «¿Ves? ¿No te había advertido de que iba a romperse?». La lesión lo acompañó el resto de su vida.[5]

Las circunstancias de Epícteto le brindaron, por otra parte, inesperadas oportunidades que utilizó como trampolín hacia una vida mejor. Con el tiempo, sus decisiones lo llevaron a practicar la filosofía y, más tarde, a enseñar a otros. Cuando Epícteto era muy joven, en la corte de Nerón estaba de moda tener esclavos que fueran poetas, gramáticos, músicos y –lo has adivinado– filósofos.[6] Así que Epafrodito permitió que Epícteto aprendiera del destacado filósofo estoico romano Musonio Rufo, cuya obra estaba enfocada en la ética práctica.[7] Esta experiencia convirtió al estudiante Epícteto en practicante estoico hasta el fin de sus días.

Un poco más adelante, después de que Nerón se suicidara con la ayuda de Epafrodito, se le presentó a Epícteto otra oportunidad: su amo lo liberó, y pronto pasó de ser estudiante a ser profesor en Roma, y acabó por convertirse en el filósofo más reconocido de su época.[8]

Epícteto tenía altas expectativas puestas en sus alumnos. Solía reprocharles su hipocresía y se preguntaba si alguno de ellos sería capaz de tomarse en serio la enseñanza estoica, que exigía renunciar a formas de pensamiento más convencionales. Al igual que los pensadores cínicos que inspiraron al primer estoico, Zenón de Citio, Epícteto y sus seguidores rechazaban la idea de que las posesiones materiales y los logros externos fueran esenciales para el buen vivir.

En sus clases, Epícteto les preguntaba enfáticamente a sus alumnos: ¿qué sentido tiene que tratéis de ser estoicos si no estáis dispuestos a abandonar la búsqueda de cosas mundanas que no deberían ser en sí mismas un objetivo, como la riqueza, el poder, el estatus, la belleza y la propiedad? En definitiva, esas cosas solo son buenas si se hace un uso virtuoso de ellas, algo que solo es posible cuando se aprende a juzgar con rectitud. Si lo que os importa son las cosas mundanas, seréis sus siervos toda la vida. Debéis, por el contrario –les decía a sus seguidores–, entrenar la capacidad de hacer juicios racionales sobre el mundo y utilizar sabiamente el poder de elección que os ha dado la naturaleza para cultivar vuestro carácter y ser más capaces de actuar con virtud. Esta era, a su entender, la clave del florecimiento humano.

Epícteto vivía con sencillez. En una ocasión, se despertó en mitad de la noche al oír un ruido en la ventana. Pronto reparó en que le habían robado la lamparilla de hierro que tenía junto al altar de los dioses domésticos. Epícteto decidió que la sustituiría al día siguiente por una de barro, puesto que los objetos caros no tenían para él valor verdadero. Comentó simplemente que el hombre que la había robado no había tenido inconveniente en, «por un candil, hacerse ladrón; por un candil, indigno de confianza; por un candil, brutal». El precio que había pagado por una lamparilla era el de la degradación de su carácter.[9]

Esta firmeza implacable le valió a Epícteto numerosos seguidores. Su escuela de Nicópolis atrajo a los hijos de los romanos opulentos, y el emperador Adriano lo visitaba personalmente. Las enseñanzas de Epícteto influirían más adelante en todo el Imperio romano, y en el futuro emperador Marco Aurelio, cuyas *Meditaciones* se inspiraron en las enseñanzas del antiguo esclavo. El historiador y filósofo

Flavio Arriano puso por escrito las interacciones que había escuchado entre Epícteto y sus estudiantes, que quedaron plasmadas en *Las disertaciones*, y sintetizadas también en un volumen más breve, *Enquiridión* (El Manual).[10]

Casi al final de su vida, Epícteto –que nunca se había casado– decidió criar al hijo de un amigo que carecía de medios.[11] Fue un último acto de elección, querer ayudar a otro ser humano que se encontraba en una situación de precariedad e incertidumbre.

Tras su muerte, en torno al año 135 d.C., los seguidores de Epícteto mantuvieron vivos su nombre y sus enseñanzas. Resulta bastante irónico, teniendo en cuenta cuáles habían sido las enseñanzas del maestro, que un acaudalado adepto pagara una pequeña fortuna por la famosa lamparilla de barro, sin duda deseando tener una conexión tangible con el célebre filósofo.[12]

Vive de acuerdo con la naturaleza

Tal vez habías oído hablar de Epícteto antes de leer este capítulo, o tal vez no, pero seguro que has oído hablar del estoicismo. Esta filosofía ha resurgido con fuerza en el siglo XXI, y no por casualidad. Lejos de aconsejarnos que afrontemos la vida con semblante imperturbable y que reprimamos las emociones, el estoicismo es una filosofía de resiliencia y compasión universal; un sistema de ideas que a lo largo del tiempo les ha sido de utilidad a personas de todos los niveles sociales, desde el maestro, anteriormente esclavo, Epícteto hasta el emperador Marco Aurelio.

El estoicismo parte de una idea fundamental: debemos hacer todo lo posible por vivir de acuerdo con la naturaleza. Esto no significa que debamos desnudarnos y correr a un bosque a abrazar los árboles, aunque, por supuesto, no hay nada malo en esto. Significa más bien que debemos aprender de la naturaleza –concretamente de la naturaleza humana– cómo vivir una buena vida. Así lo expresa el comentarista Diógenes Laercio en su obra *Vidas y opiniones de los filósofos ilustres*.

> Zenón fue el primero (en su *Sobre la naturaleza del hombre*) en decir que el fin es «vivir acordadamente con la naturaleza», que es precisamente vivir de acuerdo con la virtud, pues hacia ella nos conduce la naturaleza. (VII.87)

Este Zenón del que hablamos es Zenón de Citio, un mercader fenicio que, a finales del siglo IV a.C., perdió todo lo que tenía en un naufragio, llegó a Atenas, se enamoró de la filosofía y acabó por fundar su propia escuela. Como Zenón impartía sus enseñanzas bajo una columnata pública conocida como la *Stoa Poikile* («pórtico pintado»), su filosofía pronto se conoció como estoicismo.

¿Por qué pensaba Zenón que vivir de acuerdo con la naturaleza es lo mismo que vivir virtuosamente? Para entenderlo, consideremos primero una situación muy distinta. Imagina que te acabas de mudar a un piso nuevo, y tu mejor amigo te trae un regalo de inauguración: un cactus. (No nos preguntes por qué, eso pregúntaselo a tu amigo). Para poder cuidar del cactus, deberás saber algunos detalles sobre su naturaleza. Los cactus son, por supuesto, plantas; en concreto, son plantas del desierto, lo que significa que necesitan mucha luz pero relativamente poca agua. Si los riegas demasiado, se mueren. Un estoico (al igual que cualquier botánico) diría que, en el caso del cactus, vivir de acuerdo con la naturaleza significa, entre otras cosas, recibir la combinación ideal de luz (mucha) y agua (poca).

Lo mismo ocurre con el ser humano. A fin de cuentas, somos miembros de una especie biológica, *Homo sapiens*. Nuestra especie evolucionó, al igual que los cactus y cualquier otro organismo vivo. De ello se deduce que hay algo denominado naturaleza humana y que, si comprendemos en qué consiste, podremos vivir una buena vida, tal y como pretendía la naturaleza. Los estoicos se dieron cuenta de que tenemos mucho en común con otros animales, como la necesidad de comida, agua y cobijo, así como deseo sexual, a fin de dejar una descendencia que constituya la siguiente generación. Todos estos elementos están de acuerdo con la naturaleza. Los estoicos pensaban también que hay dos características que distinguen la naturaleza humana de la de cualquier otro animal y que, por tanto, son específicas de la concepción humana (a diferencia de la de los cactus) de lo que es una vida buena: la capacidad de razonar, y el hecho de que seamos notablemente sociales.

Tal vez otras especies tengan capacidad de razonar –por ejemplo, los chimpancés o los delfines–, y es cierto que hay otras especies de animales sociales –desde varios tipos de primates hasta insectos sociales, como las hormigas, las abejas y las termitas–, pero ninguna especie del planeta tiene la facultad de razonar que tenemos los seres humanos. Y ninguna otra tiene sociedades tan complejas y jerarquizadas, caracterizadas por una división del trabajo altamente especializada a la vez que flexible. Los estoicos sostenían que, si esta reflexión sobre la naturaleza humana es correcta, podemos concluir que una buena vida humana es aquella en la que utilizamos la razón para resolver los problemas y vivir en sociedad, es decir, en armonía con otras personas.

Es importante entender que vivir de acuerdo con la naturaleza *no* significa que todo lo que un ser humano hace de modo natural es, por tanto, bueno. Hay muchas cosas que son naturales y, sin embargo, no son buenas. Para un cactus, es natural infectarse por una serie de parásitos, como bacterias, hongos e insectos (dicho sea de paso, muchos de estos parásitos prosperan cuando se le riega en exceso). Lo que es bueno es aquello que ayuda a que un ser determinado esté todo lo sano posible y dé lo mejor de sí. Por tanto, podemos decir que es *natural* que un cactus se marchite a causa de una enfermedad, pero eso no hará que el cactus prospere.

Del mismo modo, hay ciertos estados mentales que aparecen con naturalidad en muchos seres humanos, pero que en nada les benefician. Un ejemplo importante, según los estoicos, es la ira. El estoico romano Séneca el Joven escribió un libro entero sobre el tema. Esta es su opinión sobre la ira.

> La ira [es] locura transitoria; pues al igual que ella no tiene dominio de sí misma, olvidada del decoro, desmemoriada de sus obligaciones, tenaz y obstinada en lo que ha empezado, cerrada a la razón y a los consejos, exasperada por motivos banales, incapaz de discernir lo justo y lo verdadero, del todo parecida a las ruinas que caen destrozadas sobre aquello que aplastaron. Además, para saber que no están cuerdos aquellos a quienes posee la ira, atiende a su aspecto. (Sobre la ira, I.1)*

* Séneca, «Sobre la ira» en *Diálogos*. Introducción, traducción y notas de Juan Mariné Isidro. Madrid: Gredos, 2000. (*N. de la T.*).

Recuerda que un ser humano floreciente y sano es racional y prosocial. En consecuencia, Séneca acusa a la ira de destruir esas dos características fundamentales de los seres humanos cuando dice que la ira es una «locura» que nos hace desmemoriados de nuestras obligaciones de parentesco y cerrados a la razón. Por eso la ira es natural en nosotros pero perniciosa.

Volvamos ahora a Zenón y al principio estoico básico, que es vivir de acuerdo con la naturaleza. Aún no hemos explicado por qué esto es lo mismo que vivir virtuosamente. Para entenderlo, tenemos que recordar que el término griego con que se denominaba la virtud era *areté*, que es más acertado traducir como «excelencia». La *areté* se aplicaba a los seres humanos y a sus actividades, a los animales, a las plantas e incluso a los objetos inanimados. Pensemos, por ejemplo, en el significado de *areté* en el caso de un cuchillo. Dado que su función es cortar, un cuchillo excelente será aquel que corte muy bien. Las funciones propias de los seres humanos, según los estoicos, son pensar racionalmente y tener un comportamiento prosocial. Así pues, un ser humano caracterizado por la *areté* –es decir, un ser humano virtuoso– es aquel que hace bien estas dos cosas. Muy oportunamente, resulta que ambas son los rasgos distintivos de la humanidad como especie (de nuevo, según los estoicos), que es por lo que vivir de acuerdo con la naturaleza se traduce en vivir de manera virtuosa. Somos virtuosos cuando «funcionamos» de la mejor forma posible con cualquier propósito para el que nos haya diseñado la naturaleza.

Por otro lado, los estoicos de la Antigüedad pensaban que naturaleza y Dios eran lo mismo, y que Dios nos había hecho a los seres humanos de una determinada manera en nuestro propio beneficio.

Una perspectiva contemporánea sustituiría tal vez naturaleza/Dios por selección natural y evolución y llegaría al mismo resultado: que el *Homo sapiens* evolucionó, y la selección natural nos dotó de la capacidad de razonar y del instinto de cooperación para sobrevivir y reproducirnos.[13]

De la noción general de que debemos vivir de acuerdo con la naturaleza, los estoicos derivaron una serie de conclusiones específicas que conformaron su visión del mundo y su comportamiento. Por ejemplo, el cosmopolitismo, que es la noción de que la humanidad entera es una hermandad y, por tanto, debemos comportarnos con los demás como lo hacemos con nuestros parientes. Así lo expresa Epícteto: «Qué otra cosa les queda a los hombres sino lo que decía Sócrates: al que pregunta "¿de dónde eres?", no responderle nunca "ateniense" o "corintio", sino "ciudadano del mundo"».[14]

Si estamos de acuerdo en que debemos aspirar a ser cosmopolitas, de inmediato se derivan de esto otras importantes consecuencias prácticas. Entre ellas, que las fronteras nacionales son arbitrarias y, en última instancia, indeseables, y que la guerra es un despilfarro irracional de recursos, porque los seres humanos florecen cuando cooperan entre sí, no cuando los pueblos se masacran unos a otros. Quizá empieces a entender por qué esta filosofía, que tiene dos milenios y medio de antigüedad, conserva un fuerte atractivo para la mente moderna.

La regla fundamental de la vida

Epícteto es famoso, además, por una apreciación de carácter práctico, a la que llamó «la regla fundamental de la vida». Según Epícteto:

> Hay ciertas cosas que dependen de nosotros, como la opinión, la motivación, los deseos, la aversión y, en una palabra, todas nuestras operaciones. Otras hay también que no dependen, como el cuerpo, las riquezas, la reputación, los imperios y, finalmente, todo aquello que no es de obra nuestra.[15]

La idea se encuentra también en otras tradiciones, desde los escritos del maestro budista Shantideva, que vivió en el siglo XVIII, hasta los del filósofo judío del siglo XI Salomón ibn Gabirol. Es posible que la hayas visto expresada igualmente en la Oración de la Serenidad, escrita hacia 1934 por el teólogo estadounidense Reinhold Niebuhr, y que suele recitarse al comienzo de las reuniones de Alcohólicos Anónimos y otras organizaciones que siguen el Programa de doce pasos. La versión de Niebuhr dice:

> Dios, concédeme la serenidad para aceptar las cosas que no puedo cambiar, el valor para cambiar las cosas que puedo y la sabiduría para reconocer la diferencia.

Analicemos detenidamente la regla de Epícteto, porque cada palabra es importante. En primer lugar, los términos «opinión», «motivación», «deseo» y «aversión» son solo traducciones aproximadas y algo engañosas del griego original.

«Opinión» es en realidad *hypolepsis*, que significa aprehender o tomar. En este contexto, la palabra se refiere al tipo de juicios deliberados que hacemos sobre las cosas, sobre todo el juicio de si algo es bueno o malo. Pero las únicas cosas que son realmente buenas son mis propios juicios correctos, y las únicas cosas que son realmente malas son mis propios juicios incorrectos. Un juicio correcto es, en términos generales, el que nos hace mejores seres humanos: más razonables y prudentes. Un juicio incorrecto, por el contrario, es el que socava nuestra aspiración de ser mejores seres humanos.

«Motivación» es *horme*, es decir, las intenciones que tenemos de actuar de un modo u otro. Por ejemplo: «Voy a intentar actuar de acuerdo con la regla fundamental de Epícteto tanto como pueda».

«Deseo» es *orexis*, es decir, algo que consideramos bueno o deseable y que, por tanto, somos propensos a querer. Por ejemplo: «Quiero actuar virtuosamente (en otras palabras, razonable y prosocialmente) porque eso me hace mejor persona».

«Aversión» es *ekklisis*, lo contrario de *orexis*, es decir, consideramos que algo es malo o indeseable y, por tanto, somos propensos a alejarnos de ello. Por ejemplo: «Tengo aversión a la mentira y al engaño porque son acciones poco virtuosas y van en contra de mi objetivo, que es ser una persona mejor».

Así pues, lo que Epícteto dice es que solo dependen de nosotros nuestros juicios ponderados, las intenciones de actuar y los valores (o desvalores) refrendados. Y, de hecho, los tres son formas de juicio, razón por la cual Epícteto pensaba que el objetivo de la formación estoica era refinar nuestra facultad de juzgar acertadamente, o *prohairesis*.

¿Qué es, entonces, lo que *no* depende de nosotros? Casi todo lo demás, lo cual incluye nuestro cuerpo (la salud), las riquezas, la reputación, la trayectoria profesional, las relaciones y muchas otras cosas. Una objeción típica a esta idea esencial del estoicismo, sobre todo cuando de manera engañosa se la considera una dicotomía del «control», es que sin duda mis juicios están influidos por otras personas y factores externos, y yo tengo el mismo poder de influir en mi salud, mi trayectoria profesional y mi reputación, lo cual obviamente es cierto, pero Epícteto habla de otra cosa.

Cuando él dice que hay cosas que «dependen de nosotros» y cosas que «no dependen», se refiere a que, si llego a una determinada conclusión –por ejemplo, que engañar a mi pareja es malo–, puede que ese juicio esté influenciado por otros, pero en última instancia me pertenece: es mío, y la responsabilidad que conlleva recae sobre mí. Yo soy el responsable último de ese juicio, independientemente de cuántos factores externos hayan contribuido a formarlo.

Por el contrario, cuando se trata de esas cosas a las que los estoicos llaman «lo externo», a veces puedo influir en ellas, pero el resultado final depende de muchos factores sobre los que yo no tengo poder de decisión, de modo que la responsabilidad no recae en mí. Pensemos en la salud, por ejemplo. Por supuesto que tengo muchas oportunidades de influir positivamente en ella. Puedo decidir ir al gimnasio con regularidad, comer alimentos sanos en cantidades moderadas, beber menos alcohol, tomar medidas médicas preventivas, seguir los consejos de mi médico... Todas estas cosas son el resultado de mis decisiones –y, por tanto, dependen de mí–, pero, aun así, puedo enfermar e incluso morir como consecuencia de un accidente o una enfermedad.

El escritor romano Marco Tulio Cicerón, que no era estoico, pero simpatizaba mucho con la filosofía estoica, utilizó la metáfora de un arquero para comunicar esta idea.[16] Si el objetivo del arquero es acertar a un soldado enemigo en el campo de batalla, ¿qué depende de él y qué no? Dependen de él la elección del arco y la flecha, la práctica del tiro con arco antes de la batalla, la elección de dónde colocarse para disparar, la elección del momento de disparar y la puntería. Fíjate en que todo esto es resultado de los juicios del arquero. En cambio, no depende de él si la flecha da en el blanco o no; es decir, cuál será el resultado final de todos los juicios que acabamos de nombrar. El soldado enemigo podría girarse en el último momento y agacharse al verlo, o una repentina ráfaga de viento podría desviar la flecha, o la cuerda del arco podría romperse inesperadamente. Por eso Epícteto aconsejaba a sus alumnos que, siempre, sea cual sea la situación, «Aplícale la regla»:[17] ¿Depende esto de mí? Si la respuesta es afirmativa, pondré en ello toda mi atención; si es negativa, lo tomaré por lo que es y no me preocuparé por ello. Como veremos a continuación, poner esto en práctica puede sernos muy ventajoso a los habitantes del siglo XXI, ya que la regla es aplicable prácticamente a todo lo que hacemos en nuestras vidas tan ajetreadas.

Vive como un estoico

No es tan difícil imaginar cómo sería una vida estoica moderna. De hecho, en la actualidad hay bastante gente que intenta llevar una vida estoica. Dicho esto, los practicantes modernos del estoicismo tienden a dividirse en dos bandos, según consideren esencial o no creer en los preceptos de la «física» estoica antigua (un concepto mucho más extenso que el actual, que englobaba, a grandes rasgos, ciencia, metafísica y teología). El primer bando –el de los estoicos seculares modernos– desecha casi todas las concepciones de la física que tenían los estoicos de la Antigüedad, en particular la noción panteísta de que el universo es un ser consciente y racional que evoluciona hacia su propio bien. Piensan que la antigua física estoica es incompatible con la ciencia moderna y no es imprescindible para vivir una vida estoica. El otro bando –el de los estoicos tradicionales– cree que es difícil, si no imposible, practicar la ética estoica sin equiparar el universo con un organismo vivo racional y bueno. Puesto que el universo evoluciona hacia su propio bien, y nosotros somos parte del universo, todo lo que sucede es bueno. Los practicantes estoicos tradicionales dicen que, una vez que comprenden esto en lo más profundo de su ser, pueden aceptar cualquier cosa que suceda, ya sea agradable o dolorosa. El estoico tradicional diría que es imposible que los estoicos ateos modernos tengan esa misma actitud hacia su destino cuando no creen en un cosmos racional y bueno. Él diría que tal vez puedan soportar su destino, pero no pueden *amarlo*.[18]

A diferencia de lo que significaría poner en práctica algunas filosofías antiguas como el epicureísmo (que ya hemos visto) o el cinismo (que veremos a continuación), llevar una vida estoica moderna no necesariamente implica hacer cambios drásticos en nuestra forma externa de vivir. El estoicismo no te pide que formes una comuna o renuncies a tener un hogar. Las prácticas de los estoicos modernos están dirigidas a moderar sus deseos y aversiones y a hacer más bien en el mundo, con el fin de convertirse en mejores seres humanos y de dar lo mejor de sí. Esto podría requerir un sustancial cambio de vida en el caso de algunas personas (por ejemplo, si un aspirante a estoico se dedica actualmente a hacer transacciones comerciales muy poco éticas, quizá tenga que buscar un tipo de trabajo distinto), pero no en el caso de todos los practicantes modernos.

Muchos estoicos modernos eligen centrarse en aplicar la regla de Epícteto como una forma de ejercicio espiritual. La regla es fácil en teoría, pero no lo es tanto en la práctica, ¡como descubrirás los próximos días cuando intentes vivir como un estoico! De todos modos, no te preocupes, la dificultad de una tarea no depende de ti; solo depende de ti cómo reaccionas a ella. Así que pongamos manos a la obra y exploremos la regla de Epícteto sin prisa pero sin pausa. A modo de recordatorio, he aquí la regla:

> Hay ciertas cosas que dependen de nosotros, como la opinión, la motivación, los deseos, la aversión y, en una palabra, todas nuestras operaciones. Otras hay también que no dependen, como el cuerpo, las riquezas, la reputación, los imperios y, finalmente, todo aquello que no es de obra nuestra.

Día 1: Familiarízate con la regla de Epícteto

Empecemos por un sencillo cuestionario sobre lo que depende de ti y lo que no para que te hagas una idea de cómo aplicar la regla de Epícteto durante la próxima semana. Las respuestas están en la página siguiente.

Situación	¿Depende de ti o no depende de ti?
1. Un atasco fuera de lo común hace que llegues tarde al trabajo aunque has salido de casa con tiempo de sobra.	
2. Tu jefe te grita porque llegas tarde.	
3. Te molesta mucho que tu jefe te haya gritado por llegar tarde cuando no ha sido culpa tuya.	
4. Tu jefe (¡que parece no tener sentimientos!) te reprende delante de todo el mundo por entregarle un trabajo hecho a todo correr, del que sabes que eres responsable.	

5. Te lesionas.	
6. Detestas lesionarte.	
7. Quieres denunciar las injusticias.	
8. No denuncias cierta injusticia por miedo a las consecuencias.	
9. Quieres mover el dedo.	
10. Mueves el dedo.	

Estas son las respuestas.

1. No depende de ti. El atasco ha sido algo fuera de lo común, y tú habías salido de casa con tiempo de sobra para llegar puntual al trabajo.
2. No depende de ti. Tú no puedes controlar lo que los demás piensen de ti, aunque sí puedes influir en ello.
3. Depende de ti. Los estoicos dirían que la mala opinión que tienes de que te griten, sumada a la aversión que tienes a que te corrijan, han sido la causa de tu malestar. Dado que puedes cambiar tus aversiones y opiniones, puedes cambiar tus reacciones, de modo que está claro que tus reacciones dependen de ti.
4. No depende de ti. Aunque sea responsabilidad tuya no haber entregado un trabajo en condiciones, la reacción de tu jefe no depende de ti. No todos los jefes actuarían de esa manera; algunos ni siquiera se enfadarían. Por supuesto, tus acciones influyeron en su reacción tanto como su personalidad, pero su reacción sigue sin depender enteramente de ti.

5. No depende de ti. Aunque es decisión tuya exponerte o no a circunstancias que aumentan el riesgo de sufrir una lesión, en última instancia no depende de ti que te lesiones.
6. Depende de ti. No es necesario que te guste lesionarte, pero tampoco tienes por qué aborrecerlo.
7. Depende de ti. Se trata de un deseo y una motivación, y ambos están en la lista de Epícteto de cosas que dependen de ti.
8. Depende de ti. Los estoicos dirían que el miedo provenía de la aversión a las consecuencias de hablar. Según los detalles de la situación, puede haber sido una decisión acertada o no. Pero los estoicos insisten en que nos fijemos en los motivos, además de en la acción. Si, en este caso concreto, al final resultara que fue lo acertado no hablar, ¡entonces habría sido mejor que la inacción hubiera estado motivada por la sabiduría, no por el miedo!
9. Depende de ti. La motivación está en la lista que hace Epícteto de las cosas que dependen de nosotros, y querer mover el dedo es una motivación.
10. No depende de ti. Las personas sanas pueden mover los dedos todo lo que quieran, pero nada indica aquí que este sea tu caso. Hay personas a las que este pequeño acto les resulta doloroso o incluso imposible. Hace falta ser un estoico bastante avanzado para no disgustarse por perder las funciones corporales básicas, pero la realidad es que ni siquiera el simple acto de mover un dedo depende de nosotros.

Día 2: Escribe acerca de una pasión de otra persona

Para seguir explorando la regla de Epícteto, el ejercicio de hoy consiste en que escribas sobre lo que ocurre cuando otra persona se preocupa demasiado por lo que *no* depende de ella. Según Epícteto, cuando nos centramos en lo que no depende de nosotros, sufrimos una pasión. Una pasión (*pathos* en griego) es un tipo de emoción dañina que tiene dos características: destruye temporalmente nuestra capacidad de razonar y nos hace menos sociables. Recordemos que la racionalidad y la sociabilidad son los dos rasgos distintivos de la naturaleza humana, según los estoicos; por tanto, la pasión nos hace literalmente menos humanos.

Por eso los estoicos abogan por la eliminación total de las pasiones (que son un tipo de emoción, ¡pero no todas las emociones son pasiones!), no porque eliminándolas vayamos a sentirnos mejor –hay pasiones como la indignación «justificada» o la lujuria, que nos hacen sentirnos bastante bien–, sino porque las pasiones dañan nuestra naturaleza humana. Y la meta del estoicismo es que seamos el mejor ser humano que tenemos posibilidad de ser. Esto significa pensar con claridad y ocuparnos de los demás tan a menudo como sea posible.

Los estoicos admitían de buen grado que no es fácil eliminar por completo las pasiones. Solo el sabio estoico –el hombre bueno– ha logrado ese objetivo, y, como dice Séneca en su Epístola 42 a Lucilio, el auténtico hombre bueno es tan raro como la mitológica ave fénix, que resurge de sus cenizas una vez cada quinientos años. Los estoicos especificaban también que ser desapasionado no significa no tener emociones; Epícteto les dice explícitamente a sus alumnos que los estoicos no deben ser «impasibles como una estatua»,[19] sino cultivar emociones sanas, que no les impidan pensar con claridad u ocuparse del bienestar de otras personas.

Son ejemplos de pasión los celos, el miedo, la lujuria, la alegría por el mal ajeno, la ira y la codicia. Según Epícteto, las pasiones nacen de un fuerte deseo o aversión por algo que no depende de nosotros. Por eso su regla es tan importante: entendiendo con claridad y asimilando qué depende de ti y qué no, podrás reducir con el tiempo tus pasiones y convertirte, poco a poco, en un ser humano mejor.

Como quizá te cueste percibir tus propias pasiones con nitidez, te pedimos que hoy prestes atención a las pasiones de los demás y te fijes en cuándo y por qué se deja alguien arrebatar por la pasión. Pueden ser personas con las que te encuentres a lo largo del día, gente a la que veas en las noticias o incluso un personaje ficticio de algún programa de televisión.

Al acabar el día, dedica un rato a escribir sobre cómo surgió en ellos la pasión a raíz de que se preocuparan en exceso por cosas sobre las que no tenían ningún poder. Tu objetivo es explicar cómo la pasión que observaste en otra persona pudo ser debida a que su atención estaba puesta en cosas externas. He aquí un ejemplo.

> Hoy he visto a mi marido enfadarse por teléfono con un agente del servicio de atención al cliente cuando el agente le ha dicho que no podían repararle el *smartwatch* porque está fuera de garantía. Que el reloj se haya estropeado después de que el periodo de garantía terminara y que el agente no quisiera hacer una excepción son cosas que no dependen de mi marido (¡y probablemente del pobre agente tampoco!). Preocuparse por estas cosas, que no dependen de él, probablemente ha sido lo que le ha hecho enfadarse. Si se hubiera

centrado en lo que sí dependía de él –ser un poco más amable o respirar hondo–, tal vez no se habría enfurecido con el agente.

En resumen, busca ejemplos de las pasiones de otras personas a lo largo del día. Antes de acostarte, escribe en el espacio que sigue cómo influyó en que se manifestara una determinada pasión el hecho de que la persona se fijara en cosas que no estaban en su mano.

Día 3: Escribe acerca de una pasión tuya

Ayer te dedicaste a observar las pasiones de los demás y a tratar de ver hasta qué punto eran consecuencia de no haber aplicado bien la regla de Epícteto. Hoy harás lo mismo contigo.

A lo largo del día, date cuenta de cuándo surge en ti alguna pasión, como miedo, codicia o ira. Luego, por la noche, utiliza el espacio que sigue para escribir unas impresiones sobre la situación y sobre hasta qué punto pudo estar provocada esa pasión por el hecho de que te centraras en lo que no dependía de ti.

Días 4 y 5: «Aplícale la regla» a cada pasión a lo largo del día

Durante los dos últimos días, has observado cómo surgían las pasiones, en ti y en los demás, por no aplicar la regla de Epícteto. Confiamos en que esto te haya dado una percepción más clara de que centrarnos desmedidamente en lo que no depende de nosotros es a menudo el origen de las pasiones. Sin embargo, haber comprendido esto no es suficiente para que puedas combatir las tuyas. Epícteto nos dice que, si queremos ser mejores seres humanos, tenemos que recordarnos constantemente la regla, y tomar una y otra vez la determinación de no demorarnos en lo que no depende de nosotros.

> Desde el alba, acercándote a quien veas, a quien oigas, examínale, responde como si te preguntasen: ¿Qué has visto? ¿Un hermoso o una hermosa? Aplícale la regla. ¿Ajeno al albedrío o sujeto al albedrío? Si ajeno al albedrío, échalo fuera. ¿Qué has visto? ¿A uno de luto por su hijo? Aplícale la regla: la muerte es ajena al albedrío, apártalo de en medio. ¿Te has encontrado con un cónsul? Aplícale la regla: ¿cómo es el consulado? ¿Ajeno al albedrío o sujeto al albedrío? Ajeno al

> albedrío, aparta también eso, no es aceptable; échalo, no tiene nada que ver contigo. Y si hiciéramos esto y nos ejercitáramos en ello a diario desde el alba hasta la noche, algo saldría, por los dioses.[20]

No depende de nosotros ser bellos o tener poder. Ni tampoco el ganarnos la simpatía de los bellos o los poderosos. Solo dependen de nosotros nuestros deseos, aversiones, motivos y opiniones. Epícteto les dice a sus alumnos que, mientras se desenvuelven en su día a día, desvíen constantemente la atención de todo pensamiento dirigido a juzgar si las cosas externas a su «esfera de elección» son buenas o malas. Practicar esto con determinación y constancia de la mañana a la noche es la principal forma de progresar como estoico. En el transcurso de los próximos dos días, te sugerimos que hagas lo mismo.

Cada vez que sientas deseo o aversión por algo externo, pregúntate si depende de ti o no. Si está fuera de tu esfera de elección, desvía de ello la atención y sigue tu camino. Te recomendamos que lo hagas mediante un escueto diálogo interior, como hace Epícteto en la cita que acabamos de ver. Por ejemplo, si te preocupa llegar tarde al trabajo, pregúntate: «¿Esto depende de mí o no? No. Olvídate de ello». Ves a alguien atractivo y tus ojos miran en su dirección. «¿Esto es interno o externo? Externo. Aparta la mirada». Ves aparcado en la calle un coche precioso y sientes una punzada de deseo. «¿Está dentro o fuera de mi esfera de elección? Fuera. Sigue caminando». A cada cosa externa que te provoque atracción o rechazo, aplícale la regla. Y si no depende de ti, sé durante unos instantes tu propio *coach* y aconséjate desviar la atención y no darle más vueltas.

Es sencillo pero no fácil. Probablemente habrá muchos momentos a lo largo del día en los que se te olvide aplicar la regla. Por eso, quizá te ayude programar algunos recordatorios en el teléfono móvil, o poner recordatorios de otro tipo en el espacio donde estés (por ejemplo, una nota adhesiva en tu escritorio) para que no se te olvide.

Hemos dejado aquí un espacio para que escribas cada día acerca de tu experiencia al poner esto en práctica. El primer día, anota lo que te haya resultado particularmente difícil de este ejercicio y, a continuación, alguna idea de cómo podrías mejorar la práctica al día siguiente.

Reflexiones sobre tu primer día de «Aplicar la regla»

____

____

____

____

____

____

____

Reflexiones sobre tu segundo día de «Aplicar la regla»

____

____

____

____

____

____

____

Ahora que ya has practicado un poco el centrarte en lo que depende de ti, utiliza el espacio que sigue para reflexionar sobre cómo ha sido tu experiencia de aplicar la regla de Epícteto. ¿Qué dificultades te ha planteado? Si aplicaras la regla de forma continuada, ¿crees que mejoraría tu vida? Si es así, ¿en qué sentido?

____
____
____
____
____
____
____

____
____
____
____
____
____
____

5. Sé rebelde como Hiparquía

¿Es que te parece que he tomado una decisión equivocada sobre mí misma, al dedicar el tiempo que iba a gastar en el telar en mi educación?

Hiparquía de Maronea, en Diógenes Laercio,
Vidas y opiniones de los filósofos ilustres, Libro VI

Al caer la tarde, los hombres se reunieron a beber en casa de Lisímaco. Recostados en los triclinios, extendían a cada poco la copa vacía, que los criados les llenaban de vino hasta el borde, mientras la conversación fluía con la misma intemperancia. Y, de repente, cuando la fiesta empezaba de verdad a animarse, una extraña pareja vestida con mantos andrajosos cruzó el umbral. Eran Crates, el filósofo cínico, ya encorvado por la edad, e Hiparquía, su joven esposa, que había decidido adoptar el estilo de vida cínico.[1]

Todas las miradas se volvieron hacia Hiparquía. Su caso era tan inaudito que se contaban toda clase de escandalosas anécdotas sobre la «dama filósofa». Hiparquía no solo era la única esposa que estaba presente en la reunión (las únicas mujeres que participaban en los simposios –término que en griego significaba «festín», o «banquete»– eran las cortesanas a las que se contrataba para tocar la flauta, bailar o intimar con los invitados masculinos), era también una mujer extraña que llevaba la vida marcadamente inconformista de un cínico: una existencia austera dedicada a observar las leyes de la naturaleza, a liberarse de las convenciones sociales y a apelar a la razón para hablar con audacia a los poderosos.

Pronto, un hombre levantó la barbilla hacia la pareja de cínicos. Era Teodoro el Ateo, que en tono desafiante le dijo a Hiparquía:

–Las mujeres casadas deberían quedarse en casa, tejiendo en sus telares y cuidando a los hijos. –También él era filósofo, miembro de la escuela cirenaica, y el cinismo no le interesaba en absoluto.

–¿Qué hay de malo en que atienda a mi educación, en vez de perder el tiempo tejiendo más telas? –replicó Hiparquía volviéndose hacia Teodoro–. Te daré una muestra de la racionalidad de mi mente –dijo–. Cualquier cosa que Teodoro haga y no se considere un delito, tampoco se considerará un delito si lo hace Hiparquía –comenzó. Él asintió a regañadientes, y ella continuó–: Bien, no es un delito que Teodoro se golpee a sí mismo, si así lo decide. De lo que se deduce que tampoco es un delito que Hiparquía golpee a Teodoro –dijo completando el silogismo con una media sonrisa.

Teodoro se levantó de golpe, furioso porque una mujer se mofara de él con tanta astucia. Lanzó los brazos hacia Hiparquía y le arrancó violentamente el vestido.

Pero Hiparquía no se alteró porque su desnudez quedara expuesta a la vista de todos. Conservó la calma y siguió explicando sus argumentos, adhiriéndose al principio cínico de que nada natural debe provocar vergüenza, y de que lo natural es la desnudez: lo que el ser humano es sin todas las vestimentas y la parafernalia física de la sociedad.

Estaba claro: Hiparquía era una cínica que luchó por tener un sitio en la mesa, y lo consiguió. Sus acciones insólitas la convirtieron en una de las pocas filósofas de la antigua Grecia a la que en su propia época se tomó en serio. Por ser esa filósofa, sacrificó las comodidades que la riqueza y la posición social le hubieran ofrecido. Sus padres, ciudadanos nobles, seguramente habían elegido al menos a un pretendiente adinerado con el que casarla en cuanto cumpliera diecisiete años. Pero, para cuando sus padres empezaron a pensar en posibles futuros maridos entre los hombres de Maronea, su ciudad natal, Hiparquía había conocido ya al cínico Crates.

En el pasado, Crates había sido tutor del hermano de Hiparquía, Metrocles, debido a circunstancias inusuales. Resultaba que, involuntariamente, este prominente joven de Tracia había dejado escapar una inoportuna flatulencia durante el ensayo de un discurso público. Su reacción tras el incidente fue desmedida: se sentía tan avergonzado que se recluyó, decidido a morir de hambre. Cuando Crates se enteró de lo ocurrido, quiso visitar a Metrocles, pero antes se comió un buen plato de flatulentas lentejas para demostrarle que tirarse pedos era algo natural y que no había razón para avergonzarse de ello porque ocurriera delante de la gente. Metrocles fue a partir de entonces alumno de Crates.[2]

Poco después, cuando la hermana de Metrocles, Hiparquía, conoció al cínico, se encontró ante un tipo de hombre muy diferente a aquellos con los que sus padres querían casarla. Fue ella quien decidió que iba a casarse con Crates y, una vez hecha la elección, les dijo a sus padres que eso es lo que haría, o se dejaría morir. Aunque es posible que su hermano filósofo lo entendiera, a los padres de Hiparquía no les hizo ninguna gracia. Estaba claro que el cínico no iba a ofrecerle a su hija una vida matrimonial convencional y confortable. En un matrimonio típico de la antigua Grecia, habría pasado sus días en casa practicando artes domésticas, como el tejido, además de dar a luz y criar a la prole; pero esa no era la visión que Hiparquía tenía de su futuro.

Después de que Hiparquía expresara su deseo de casarse con Crates, sus padres hablaron con él y le imploraron que la disuadiera. Crates intentó hacerlo. Estando con ella, dejó caer su raído manto para revelarle lo único que ganaría con aquel matrimonio: el cuerpo de un marido viejo y decrépito, y ninguna otra fortuna. «Este es el novio, esta tu hacienda, delibera ante esta situación. Porque no vas a ser mi compañera si no te haces con estos mismos hábitos», dijo Crates.[3] (De hecho, «Él era feo de aspecto, y, cuando hacía gimnasia, se reían de él», cuenta el biógrafo Diógenes Laercio).[4]

Sin inmutarse, Hiparquía se quedó con Crates. Más que por el cuerpo físico de Crates, se sentía atraída por la vida del cínico, y abrazó su forma de pensar. Aunque todavía era una adolescente, insistió en adoptar sus mismas prácticas cínicas y se casó con él, convirtiéndose en su compañera para toda la vida. La pareja tuvo dos hijos.[5]

Estaba lejos de ser un matrimonio convencional. El pensamiento cínico le permitió a Hiparquía acudir a lugares públicos de los que normalmente estaban excluidas las mujeres casadas, como cenas y banquetes, y le dio la libertad para atreverse a discutir los argumentos de los hombres. Y eso es justo lo que hizo con Teodoro.

En definitiva, a Hiparquía se la recuerda como una mujer que se rebeló contra la forma en que se la había educado, contra sus padres y contra la sociedad para vivir de acuerdo con la ideología cínica al lado de su compañero Crates. Su elección dio a los seguidores de esta escuela filosófica una imagen clara de que cualquiera, incluso una respetable mujer adinerada en edad de casarse, podía abandonar todas las convenciones sociales para ser una cínica entregada, una rebelde toda su vida.

La vida de perro es una buena vida

Si alguien quería aprender filosofía en la antigua Atenas, tenía un variadísimo número de escuelas entre las que elegir. Podía ir a la Academia de Platón, al Liceo de Aristóteles, al Jardín de Epicuro o simplemente escuchar hablar a los estoicos en la Stoa Poikile, al lado del ágora, el mercado principal de Atenas.

Pero si lo que le atraía era la filosofía cínica, encontrarla era un poco más difícil, porque no había una escuela cínica, solo individuos cínicos que practicaban su filosofía en las calles de Atenas. Practicarla –*askesis* en griego– era, de hecho, lo único que hacían los cínicos, ya que tenían muy poco o ningún interés en la teorización abstracta que era tan importante para las demás escuelas.

Los estoicos, primos cercanos de los cínicos, sostenían que para vivir bien había que razonar bien y, por tanto, estudiar lógica. Además, había que comprender cómo funciona el mundo, lo que se traducía en el estudio de la filosofía natural (lo que hoy llamamos ciencia).

Ahora bien, para los cínicos todo eso era una pérdida de tiempo. La única manera de aprender a vivir virtuosamente, decían, era practicar la virtud, todo el tiempo, en todas partes. Por eso, su estilo de vida era poco ortodoxo. No se casaban ni tenían hijos (Hiparquía y Crates fueron una excepción). No tenían propiedades, y comían, dormían y practicaban el sexo en la calle. Cuando alguien reprendió un día a Diógenes de Sinope por masturbarse en público, él respondió: «¡Ojalá fuera posible frotarse también el vientre para no tener hambre!». No es de extrañar que la gente los apodara con el nombre de *kynikos*, es decir, perrunos o similares al perro (*kyon*).

Los cínicos escribieron acerca de su forma de vida, pero ninguno de sus libros ha sobrevivido. Según cuenta el comentarista Diógenes Laercio, Diógenes de Sinope escribió varios tratados, entre ellos *Sobre la virtud*, *Sobre el bien* y *Sobre el amor*. Es de imaginar que todos ellos tendrían una orientación práctica. Por lo que sabemos, una parte de los escritos cínicos eran sátiras, y, como dato curioso, el cínico Menipo de Gadara (en la actual Jordania) inició en el siglo III un género propio que aún hoy se conoce como sátira menipea. Menipo utilizaba la comedia para burlarse de temas serios y ridiculizar a algunas de las escuelas helenísticas, en especial a los estoicos y los epicúreos. En la Antigüedad, Menipo influyó en los escritores romanos Varrón, Horacio, Petronio, Séneca y Luciano, entre otros; después, a lo largo de los siglos, su influencia es también fácil de detectar en autores tan diversos como Erasmo, Rabelais, Cervantes, Swift, Voltaire, Lewis Carroll y Terry Gilliam, de los Monty Python. ¡El cinismo ha influido en nuestra cultura durante milenios!

La sátira resultó ser una de las principales contribuciones de la filosofía cínica a la literatura mundial, y probablemente una de las razones por las que, en el inglés contemporáneo, se entienda por *cynic* (cínico) a alguien que siempre cuestiona los motivos de los demás. Es fácil encontrar ejemplos de comentarios satíricos o sarcásticos en los escritos biográficos o históricos sobre la tradición cínica, sobre todo en referencia a Diógenes de Sinope. Un día Platón vio a Diógenes lavando unas lechugas, una ocupación humilde para un filósofo. Platón se le acercó y, en alusión a la negativa de Diógenes a hacer como él y rendir homenaje a Dionisio, el tirano de Siracusa, le dijo: «Si hubieras rendido pleitesía a Dionisio, ahora no estarías lavando lechugas», a lo que Diógenes respondió con calma: «Si tú lavaras lechugas, no tendrías que rendir pleitesía a Dionisio». Todo es cuestión de prioridades: ¿vale la pena librarse de lavar lechugas, una actividad de lo más normal, a cambio de estar obligado con un tirano, una situación éticamente comprometida?

Como muchas filosofías helenísticas, el cinismo empezó siendo una extensión del socratismo y, en concreto, de la noción de que la virtud es el principal bien de la vida. Tal vez el primer filósofo cínico fuera Antístenes de Atenas, alumno de Sócrates y al que Jenofonte menciona con frecuencia en *Recuerdos de Sócrates* (*Memorabilia*), un libro sobre la vida de Sócrates que inspiró a Zenón de Citio, fundador del estoicismo, a dejar el comercio por la filosofía.

Antístenes pensaba que la mejor manera de recorrer el camino de la virtud era adoptar una vida ascética, incluso más de lo que había hecho el propio Sócrates. (Al fin y al cabo, Sócrates tenía trabajo, mujer e hijos). En consecuencia, Antístenes fundó una escuela que acogía a las clases menos acomodadas, y adoptó la vestimenta que con el tiempo sería el atuendo típico del cínico: un manto de paño burdo, un báculo y un zurrón con unos pocos efectos personales.

Naturaleza, no educación

Pero ¿en qué consiste el cinismo desde el punto de vista filosófico? Más allá de las excentricidades de pintorescos exponentes como Diógenes de Sinope, y de que sus practicantes optaran por un estilo de vida minimalista y provocador, la filosofía cínica era bastante revolucionaria. De entrada, los cínicos pensaban que la naturaleza, y no la sociedad –como sostenían, por ejemplo, los sofistas–, debía ser la guía para el buen vivir. Si ponían tanto empeño en burlarse de las costumbres atenienses era precisamente para revelar lo arbitrarias y ridículas que eran. Por ejemplo, cuando los amigos de Diógenes le preguntaron cómo quería que lo enterraran cuando muriese, contestó que le daba igual, que podían simplemente arrojar su cuerpo al otro lado de las murallas. Sus compañeros, desconcertados, le hicieron ver que sería pasto para las fieras, a lo que Diógenes respondió que, si les preocupaba tanto esa posibilidad, podían dejar un palo al lado de su cuerpo para que ahuyentara con él a los animales. Naturalmente sus amigos dijeron que, dado que estaría muerto, no podría utilizar el palo. ¡Exactamente! Y por esa misma razón, les dijo, no sentiría nada si los animales se comiesen su cuerpo. Diógenes acababa de poner en evidencia una más de las contradicciones que había entre las creencias piadosas de los atenienses y cómo funciona el mundo, es decir, cómo opera la naturaleza.

En un contexto general, hay dos aspectos fundamentales que caracterizan una vida vivida en conformidad con la naturaleza: el rechazo de las normas sociales, y el ejercicio de la libertad. Los seres humanos son capaces de tomar sus propias decisiones, en consonancia con su naturaleza, y no necesitan normas sociales ni rituales religiosos. Las autoridades religiosas son, por tanto, parásitos sociales, y, como era de prever, Diógenes se refirió a los sacerdotes de los templos como «grandes ladrones» a los que la sociedad no reconoce como tales, ocupada como está en atrapar a los «pequeños ladrones» que a veces roban a los sacerdotes.

Esta línea de razonamiento hace pensar que los cínicos fueron los primeros, en la tradición occidental, en articular una teoría del anarquismo. Según ellos, la sociedad humana ideal es una sociedad anárquica en la que cada persona es capaz de pensar por sí misma y tomar decisiones sobre cómo vivir. Por supuesto, esto es dar por sentado que todos los miembros de la sociedad actúan de manera virtuosa porque piensan racionalmente, lo que significa que la anarquía cínica no era un proyecto político realista, sino más bien una aspiración idealizada. Pero fuera o no un ideal, estos filósofos pensaban que todo ser humano debería querer aspirar a la virtud; de ahí que Diógenes, cuando alguien se excusó diciendo que no se le daba bien la filosofía, respondió: «¿Para qué vivir, entonces, si no te importa vivir bien?».

La ética cínica no es una especie de doctrina relativista –«tú tienes tu opinión y yo la mía»–, puesto que la naturaleza les habla claro y sin ambigüedades a quienes usan la razón para entenderla. Uno de los mensajes más claros que nos envía la naturaleza es que lo que la mayoría de la gente valora –como la riqueza o la fama– es en realidad un obstáculo a la felicidad y, definitivamente, no es necesario para ser feliz. Así pues, rezar a los dioses para que nos concedan riqueza, fama y todo lo demás es una insensatez extrema.

Tres clases de libertad

Para los cínicos, el segundo elemento de una vida vivida de acuerdo con la naturaleza –es decir, la libertad– tenía a su vez tres componentes: libertad frente a las restricciones impuestas por la sociedad (*eleuthería*), autosuficiencia (*autárkeia*) y libertad de expresión (*parrhesía*). Esta última era especialmente apreciada. Cuando le preguntaron a Diógenes qué era lo más hermoso del mundo, respondió «*parrhesía*», la libertad de expresión.

Los tres componentes de la libertad estaban estrechamente interconectados, como demuestra el comportamiento que tenían en la práctica quienes practicaban el cinismo. Cuando se describe a Diógenes ignorando repetidamente las convenciones sociales, está ejerciendo la *eleuthería*. Cuando le dice a Platón que prefiere lavar lechugas a rendir homenaje al tirano de Siracusa, está practicando la *autárkeia*. Y cuando le dice a Alejandro Magno «quítate de en medio porque me estás tapando el sol», está practicando (¡peligrosamente!) la *parrhesía*.

La libertad así entendida está ligada al primer elemento de una vida vivida en conformidad con la naturaleza: la razón. Es a través de la razón como llegamos a comprender el valor de la libertad. También es la razón la que nos dice que queremos vivir una vida de virtud –entendida como excelencia moral– porque solo esta clase de vida garantiza nuestra libertad como animales sociales.

Quizá la consecuencia más asombrosa e influyente de la forma en que los cínicos construyeron su filosofía fue su invención del cosmopolitismo –una vez más, una primicia, no solo en la tradición occidental, sino en todo el mundo–; a su entender, las fronteras nacionales son arbitrarias e irracionales y las identidades nacionales son fruto del azar. Fue de nuevo Diógenes de Sinope quien, cuando le preguntaron de dónde era, respondió: «Soy ciudadano del mundo» (*kosmopolites*), respuesta que el estoico del siglo II Epícteto atribuyó más tarde a Sócrates.

Fíjate en que Diógenes no dijo que fuera *apolis*, es decir, sin ciudad. Más bien, sentía que pertenecía al *kosmos* entero, es decir, al mundo y, por tanto, a la naturaleza. Se trata de un paso revolucionario, sobre el que es tan importante reflexionar actualmente como lo era en la Antigüedad. Al igual que hoy, la ciudadanía era fundamental en el mundo grecorromano. Ser ciudadano de Atenas o de Roma tenía a efectos prácticos enormes prerrogativas y era, por tanto, un privilegio celosamente controlado.

Los atenienses, incluso en el apogeo de su poder, restringieron la ciudadanía hasta el punto de que ni siquiera un hijo del estadista Pericles pudo reclamarla, porque su madre, Aspasia, no era ateniense. (Dicho esto, Pericles decretó una excepción a la ley en el caso de su hijo. ¡Ventajas de ser el que manda!).

En cambio, los romanos extendieron cada vez más el derecho de ciudadanía –aunque no sin controversias y resistencias internas– hasta el año 212 d.C., en que el emperador Caracalla concedió finalmente el privilegio a todo habitante libre del imperio. Fue este criterio el que contribuyó a que el Imperio romano durara tanto: incluso los pueblos conquistados se asimilaban rápidamente y se sentían orgullosos de ser «romanos».

El cosmopolitismo, al igual que la anarquía, para los cínicos no era un programa político, sino una aspiración. Como tal, fue heredado por los estoicos, y el estadista romano Cicerón comenzó a articularlo como programa político estructurado, en el que la democrática República romana era un ejemplo práctico de cómo implementar el cosmopolitismo. Todavía hoy aspiramos al ideal cosmopolita e intentamos acercarnos a él mediante la creación de organizaciones supranacionales, como la de las Naciones Unidas.

¿Cómo practicaban los cínicos su radical filosofía? Su ascesis (*askesis*) era rigurosa, podría decirse que incluso más rigurosa que la modalidad estoica, razón por la cual Epícteto advierte a sus alumnos que no adopten a la ligera el estilo de vida cínico, puesto que requiere una especial vocación. A la mayoría nos cuesta ya suficiente tratar de llevar una vida estoica, ¡no digamos lo que sería subir el listón hasta el cinismo!

La práctica cínica era, para el alma, lo que el entrenamiento físico para el cuerpo. Cuando vamos al gimnasio no lo hacemos porque sí, sino porque queremos mejorar la capacidad aeróbica, aumentar la masa muscular y estar en mejor forma física. La misma función cumple el gimnasio filosófico cínico: «Vamos» a él para convertirnos en mejores seres humanos, para estar mejor entrenados en la razón, la virtud y el ejercicio de la libertad.

¿Cómo lo hacemos? Crates, el marido de Hiparquía, fue alumno de Diógenes y, a su vez, maestro de Zenón de Citio (el primer estoico). Era muy rico, pero se deshizo de sus posesiones para hacerse cínico. Diógenes, por su parte, era famoso no solo por su sarcasmo y por saltarse las convenciones sociales, sino también por su ascesis. Iba descalzo por la nieve en invierno, se revolcaba en la arena abrasadora en verano y se abrazaba a estatuas para, como él decía, practicar lo que es sentirse rechazado. De tal maestro, tal alumno.

Vive como un cínico

Como puedes imaginar, llevar la vida de un cínico en nuestros días supondría cambiar radicalmente nuestra forma de vivir. Exigiría renunciar a cualquier interés por cuestiones teóricas que carecieran de sentido práctico inmediato, a la mayoría –si no a todas– de nuestras posesiones, y someternos a un entrenamiento físico extremo para ser capaces de soportar las penurias. El propósito de este capítulo no es persuadirte de que te conviertas al cinismo. Lo que nos proponemos es más bien ayudarte a explorar en la práctica un aspecto fundamental de esta filosofía para que veas cómo podrían serte útiles en el mundo moderno las distintas facetas del concepto cínico de la libertad.

Los tres componentes de la libertad cínica nos servirán de punto de partida. Como decíamos, son:

- *Autárkeia*: autosuficiencia
- *Eleuthería*: libertad frente a las convenciones sociales
- *Parrhesía*: franqueza

Aunque la *autárkeia* (autarquía) es una característica esencial del cinismo, no vamos a proponerte que la explores esta semana, puesto que ya has tenido ocasión de experimentar con ella durante la práctica del epicureísmo que hiciste en el capítulo 2. Es probable que Crates se revolviera en su tumba si nos oyera decir esto, pero la práctica del minimalismo epicúreo se parece bastante a la forma en que los cínicos logran la autarquía: se alcanza la autosuficiencia reduciendo al máximo las posesiones y los deseos. La autarquía epicúrea era más moderada que la versión cínica –los epicúreos consideraban aceptable tener un techo sobre sus cabezas, por ejemplo–, pero la motivación de fondo era similar. Puesto que tampoco a nosotros nos parece sensato que te deshagas inmediatamente de todas tus posesiones, como hizo Crates, pasemos a la *eleuthería*.

En la ceremonia de graduación del Kenyon College del año 2005, el escritor David Foster Wallace empezó su discurso ante la clase que se graduaba contando un chiste sobre peces. Dos peces jóvenes se encuentran con un pez más viejo, que les pregunta: «¿Cómo está el agua?». Los dos peces jóvenes siguen nadando un rato, luego uno se vuelve hacia el otro y le pregunta: «¿Qué demonios es el agua?». No sabían lo que era el agua porque estaban rodeados de agua las veinticuatro horas del día. Es difícil percibir aquello en lo que se está constantemente inmerso. Las convenciones sociales son como el agua para los peces en el chiste de Wallace: nos pasamos la vida sumidos en ellas y, por tanto, son difíciles de percibir.

¿Cómo podrías ser más consciente de las convenciones sociales por las que te riges con total automatismo? He aquí algunas características que pueden ayudarte a identificarlas:

- Son normas tácitas que determinan cuál es el comportamiento aceptable en situaciones concretas.
- Nos «salen» como lo más normal, y solemos conducirnos por ellas sin pensarlo demasiado.
- Suelen ser arbitrarias.
- Las personas de tu entorno, y también tú, soléis escandalizaros, disgustaros o molestaros cuando alguien no cumple esas normas.
- Es posible que sientas bochorno o vergüenza si infringes una de esas normas, aunque haya sido sin querer y nadie haya salido perjudicado.
- Las personas de tu entorno suelen despreciar o avergonzar a quienes no las cumplen.

Las convenciones sociales adoptan toda clase de formas; algunas relativamente inocuas, como decir «Jesús» cuando alguien estornuda, y otras muy dañinas, como las expectativas sexistas a las que se enfrentó Hiparquía y que persisten todavía hoy. Algunas convenciones sociales no tienen demasiada utilidad, mientras que otras –como conducir por el lado correcto de la carretera– son arbitrarias y, sin embargo, cumplen una función esencial.

Te proponemos que dediques unos minutos a anotar algunas de las convenciones sociales que *tú* cumples. ¡Probablemente podrías llenar el resto de este libro!, así que vamos a centrarnos en aquellas que crees que son en cierta medida perjudiciales y que no parece que sirvan para nada. En la siguiente tabla, haz una lista y mira a ver si cada entrada es perjudicial o inútil, y en la columna final valora cuánto te costaría no obedecer esa convención social.

Convención social	¿Es perjudicial? (✓ en caso afirmativo)	¿Es inútil? (✓ en caso afirmativo)	¿Cuánto te costaría contravenir esa convención? Puntúa del 1 (muy poco) al 5 (muchísimo)

Dejemos la lista por el momento, mientras dirigimos brevemente la atención al último aspecto de la libertad cínica: la *parrhesía*.

A primera vista, puede parecer que la *parrhesía* es una despiadada franqueza expresada con ingenio humorístico e irreverente. Sin embargo, esta práctica cínica era mucho más que eso. Prueba de ello son dos de los ejemplos de *parrhesía* que hemos visto en este capítulo: el mordaz silogismo que Hiparquía utilizó como arma contra Teodoro (página 162) y la respuesta de Diógenes a Alejandro Magno pidiéndole que no le tapara el sol (página 170). Estos dos casos tienen un elemento común: ambos están dirigidos a personas de estatus superior por una persona de estatus presumiblemente inferior (en el primer caso, una filósofa, que es la única mujer en un simposio de hombres, y en el segundo, un filósofo callejero sin techo ni posesiones, que se dirige así a la persona más poderosa de Grecia).

Como señala el erudito Ansgar Allen en su libro sobre la historia del cinismo, «la *parrhesía* era en realidad una norma social en la Grecia antigua».[6] Ahora bien, era una norma reservada a los ciudadanos varones libres y debía ir acompañada de respeto mutuo. El uso de la *parrhesía* tanto por parte de Hiparquía como de Diógenes traspasó los límites de lo aceptable. Según la norma, a los ojos de la sociedad Hiparquía no tenía derecho a la *parrhesía*, por ser mujer; y Diógenes se burló de la norma hablándole con insolencia a un poderoso gobernante.

Estos ejemplos ilustran que los cínicos no eran solo sarcásticos. La intención de su discurso descarado y seco era, metafóricamente hablando, dar un puñetazo hacia arriba (es decir, bajarle los humos a cualquiera que hiciese gala de soberbia) y, a la vez, poner de relieve lo absurdo de las convenciones sociales. Por tanto, la *parrhesía* y la *eleuthería* son dos caras de la misma moneda: ambas son actos filosóficos dirigidos a poner de manifiesto la absurdidad de las jerarquías y convenciones sociales inútiles y dañinas. La primera lo consigue con la palabra; la segunda, con la acción.

Ahora te toca a ti sumergirte en la práctica cínica, volviendo a la tabla que antes has rellenado. Durante los próximos cinco días, elige cada día al menos una de las convenciones sociales de la lista y planea un pequeño acto de rebeldía diario. Puedes fijarte en una sola convención o elegir varias diferentes en las que trabajar.

Te recomendamos que empieces por una que te resulte fácil desobedecer. Si no has calificado ninguna con un «1», elige una que hayas calificado con un «2». Si todas las convenciones que has escrito te resultan muy difíciles de contravenir, vuelve atrás y añade alguna que te resulte fácil. Puedes ir avanzando hacia tareas más difíciles a lo largo de los próximos días, pero te sugerimos que no te propongas desobedecer nada que vaya a costarte mucho, ya que el objetivo es que pruebes las aguas del cinismo, ¡no que te adhieras al cinismo en cuerpo y alma en el transcurso de una semana!

Para que te resulte más sencillo planificar las actividades, rellena la siguiente tabla. Las dos últimas columnas son importantes controles de seguridad. Es muy posible que una práctica rigurosa del cinismo te aleje de la gente, e incluso podría ser físicamente peligrosa. Recuerda que Epícteto les advertía a sus alumnos estoicos que el cinismo requiere de una especial vocación. Tu objetivo es probar el cinismo durante los próximos días, no causar daños. Si tu respuesta en cualquiera de las dos últimas columnas es «sí», ¡desecha el plan y piensa en otra forma de probar las aguas!

Tus actos no tienen por qué ser espectaculares; pueden ser cosas tan simples como ponerte la camisa del revés o bajarle los humos a algún político altanero en las redes sociales. Pero si vas a dar algún metafórico puñetazo, ¡recuerda no hacerlo hacia abajo, sino hacia arriba!

	Norma social que incumplir (de la lista anterior)	¿Cómo vas a desobedecerla (discurso o comportamiento)?	¿Cuándo vas a hacerlo concretamente (momento, fecha, circunstancia...)?	¿Cómo de difícil te resultará hacerlo? (del 1 = fácil al 5 = muy difícil)	¿Podría esto acarrearte peligro físico?	¿Podría dañar tus relaciones o perjudicar a alguien?
Día 1						
Día 2						
Día 3						
Día 4						
Día 5						

Al final de cada día, escribe sobre tu experiencia en los espacios siguientes. Recuerda cómo te sentiste en el momento, cómo te sentiste después, qué efectos tuvo (o no tuvo) lo que hiciste, y piensa si, con la práctica, te ha resultado cada vez más fácil contravenir esa convención.

Día 1: ____

____

Día 2: ____

____

Día 3: ____

____

Día 4: ____

____

Día 5: ____

____

Por último, una vez que hayas completado el ejercicio, dedica un poco de tiempo a reflexionar sobre tus leves actos de rebeldía cínica y toma nota de tus impresiones en el siguiente espacio. Con el paso de los días, ¿te ha resultado cada vez más fácil o más difícil? ¿Hasta qué punto has conseguido poner en evidencia lo absurdo de las convenciones sociales ante ti o ante otras personas? ¿Te sientes más libre? ¿Qué aspectos de esta filosofía –si es que hay alguno– crees que podría ser interesante incorporar de aquí en adelante a tu propia filosofía de vida?

6. Trabaja por una sociedad justa con Platón

No cesarán los males del género humano hasta que ocupen el poder los filósofos, puros y auténticos, o bien los que ejercen el poder en las ciudades lleguen a ser filósofos verdaderos, gracias a un especial favor divino.

PLATÓN. Carta VII, 326a-b

Platón sabía que era su última oportunidad. A los sesenta años, aunque había perdido hacía mucho las esperanzas que tenía puestas en el gobierno democrático de Atenas –que había sido el responsable de la ejecución de su maestro y amigo Sócrates–, tenía una última ocasión de intentar poner en práctica sus ideas políticas. Aquella noche del año 362 a.C., al desembarcar de nuevo en las costas de Siracusa –una ciudad griega de la costa de Sicilia– vislumbró la posibilidad de establecer un gobierno justo formando a un rey-filósofo. Ese era su sueño: que hubiera un dirigente capaz de gobernar aplicando principios filosóficos, lo cual serviría de modelo para toda Grecia. Y aunque, en dos intentos previos, ya había salido escaldado a causa del voluble régimen de Siracusa, estaba dispuesto a intentarlo una vez más. En esta ocasión, el propio gobernante de la ciudad, Dionisio II, había enviado a Atenas una trirreme, un gran barco, a que lo recogiera para traerlo a su corte.

Frente a la imponente ciudadela de piedra caliza que se alzaba sobre el puerto de Siracusa, Platón desembarcó después del penoso viaje desde Atenas. El filósofo había sentido un malestar casi constante durante la larga semana que la trirreme, propulsada por ciento setenta musculosos remeros, había tardado en cruzar las agitadas aguas del Mediterráneo. Estaba contento de volver a pisar tierra, pese a ser bien sabido que la ciudad tenía en poco aprecio a los atenienses.[1]

Dionisio decía estar interesado en aprender filosofía y, puesto que Platón era el filósofo más célebre de su época, parecía lógico elegirlo a él como maestro. Platón depositó en este hombre sus esperanzas políticas, aunque fuera un peculiar candidato a gobernante virtuoso. Su padre, Dionisio I, había sido un brillante líder militar que tomó el poder a finales del siglo v a.C. y consiguió convertir a Siracusa en el estado dominante de la Magna Grecia: tenía bajo su control no solo partes de Sicilia, sino también territorios de Italia que se extendían hasta la costa sureste del Adriático.[2] Además, escribía obras de teatro y fue galardonado en un festival ateniense por una de ellas.

A Dionisio I le preocupaba, no obstante, la posibilidad de que su propio hijo lo destronara, y se encargó de que el muchacho creciera recluido y no recibiera una educación sólida. Le facilitaba vino en abundancia y constantes compañías placenteras para distraerlo de todo lo relacionado con la política. Sin embargo, cuando el anciano padre murió mientras dormía, el joven se puso al mando de Siracusa.

Parece ser que Dionisio II tenía sentimientos encontrados en lo referente a la tiranía como forma de gobierno.* En un sacrificio religioso celebrado en palacio, declaró públicamente que el estilo tiránico era una especie de maldición.[3] Platón, durante una visita anterior a Siracusa en compañía de su amigo y alumno Dión, había ayudado a Dionisio a elaborar un anteproyecto para una nueva monarquía constitucional. Desafortunadamente para Platón, el plan fue desechado cuando Dionisio cayó bajo el influjo de facciones de su corte que consideraban peligrosa la influencia del filósofo. Dión fue desterrado, y Platón acabó prácticamente confinado en la ciudadela –«con la mirada puesta en el exterior, como un pájaro que está deseando volar de su jaula», según recordaba–, hasta que al final Dionisio lo dejó marchar.[4]

Pero ahora, al cabo de cinco años, Dionisio parecía estar decidido a hacer las cosas de otra manera. Invitó al palacio a intelectuales, entre ellos los filósofos Arquitas, Arquedemo y Aristipo de Cirene –el fundador de la escuela hedonista cirenaica que estudiamos en el capítulo 1–, para que lo acompañaran en la corte. A Platón, las comunicaciones que tuvo con estos filósofos le hicieron pensar que, esta vez, Dionisio estaba de verdad dispuesto a dar a su gobierno una orientación filosófica. Platón imaginó que su perspectiva política podría al fin ponerse en práctica, y dar paso al imperio de la ley y a una monarquía constitucional en la que una serie de asesores de mentalidad filosófica tuvieran un papel de peso. De modo que, esperanzado en el potencial de Dionisio y confiando en los informes de los filósofos de la corte, Platón buscó la posibilidad de construir

* Dionisio y su padre tenían el mismo nombre, y se los conocía respectivamente como Dionisio I y II. A partir de este momento, nos referiremos a Dionisio II simplemente como Dionisio.

una polis mejor, basada en la justicia y en la libertad, y en la que no se ordenaran caprichosas ejecuciones y exilios. Aquella Siracusa gobernada por Dionisio podía ser su oportunidad. Platón no era ya el joven dinámico de los tiempos en que empezó su andadura filosófica en Atenas como alumno de Sócrates, pero seguía teniendo la esperanza de poder cambiar las cosas, a pesar de la crónica incertidumbre que caracterizaba la situación política de Siracusa.

Como vástago de una rica y poderosa familia ateniense, Platón había tenido ocasión de darse cuenta en su juventud de que quienes ejercen el poder político no siempre hacen lo correcto. De joven había contemplado la posibilidad de dedicarse a la política, pero se desilusionó al presenciar la agitación que se apoderó de Atenas tras su derrota frente a Esparta y cómo, a continuación, el gobierno de los Treinta Tiranos, títere de Esparta, ejecutaba sin misericordia a sus rivales políticos. Cuando los tiranos fueron derrocados (un año después) y se reinstauró la democracia ateniense, fue esta la que ordenó juzgar y ejecutar a Sócrates, su maestro, en el año 399 a.C. Platón tenía entonces unos veinticinco años y, después de todo esto, llegó a la conclusión de que cualquier intento por reformar la política ateniense era una causa perdida. Esparta, la otra poderosa ciudad-Estado griega, parecía ser aún más impermeable al cambio político a causa de su oligarquía ferozmente atrincherada.[5] Así que, en lo concerniente a la reforma política dentro del mundo griego, si a Platón le quedaba algún resquicio de optimismo estaba enfocado en Siracusa.

Profundamente decepcionado por la muerte de Sócrates y el estado de la política ateniense, Platón se había retirado de la esfera política y, durante más de treinta años, centrado en la filosofía y la enseñanza, más que en el liderazgo y el ejercicio del poder. Alejado de la política, entre los años 387 y 383 a.C. fundó la Academia, justo al otro lado de las murallas de Atenas, que atrajo a muchas de las mentes más brillantes de Grecia, entre las que se encontraba el polímata Aristóteles. Durante todo este tiempo, Platón escribía sin descanso una serie de *Diálogos* filosóficos en los que Sócrates era el principal protagonista y conversaba con sus alumnos y asociados. Estos volúmenes de dialéctica filosófica fueron para mucha gente una introducción a Sócrates y su búsqueda de la sabiduría. Algunos de los *Diálogos* trataban de filosofía política, como la *República*, en la que Platón imaginaba cómo sería un gobierno ideal. La reputación de Platón se extendió por todo el mundo griego y llegó incluso hasta el propio Dionisio. Fue esto lo que motivó la invitación a que a volviera a Siracusa, para intentar, una vez más, ayudar a formar a un legislador justo, un rey-filósofo.

Así fue como Platón regresó a la corte de Dionisio en el año 362 a.C. Mientras se dirigía, escoltado por guardias armados, hacia la cámara interior del soberano en la ciudadela siracusana, se estaba celebrando una suntuosa cena, lo que no sorprendió a Platón, en la tierra de los placeres que era Sicilia. El olor acre del besugo al horno cubierto de queso fundido y vinagre penetraba el aire, y cantidades copiosas de vino servido en sofisticadas copas alegraban la mesa.[6] No faltaba de nada, en una corte sostenida por los impuestos, los regalos, los botines de guerra y las propiedades de la realeza.

Platón caminaba pensativo. Aquellos festines italianos y los lujos nocturnos parecían no tener fin. En aquella corte, nadie se acostaba solo. ¿Cómo podía un hombre que se complacía en todos aquellos excesos tener interés por ninguna clase de autodominio, no digamos ya por la filosofía? Y, sin embargo, sus amigos le habían asegurado que Dionisio sentía, como nunca antes, pasión por la filosofía y quería aprender.[7]

Platón se había vuelto experto en evaluar a potenciales estudiantes para su escuela, tratando de ver si reunían las condiciones para adoptar el estudio de la filosofía como forma de vida. Así pues, cuando Platón llegó aquella noche al banquete que se estaba celebrando en el interior de la ciudadela de Siracusa, había ideado ya cómo medir los progresos de Dionisio en la filosofía y cuánta voluntad tenía de reformar tanto su vida personal como su forma de gobernar. Los resultados de esta prueba le revelarían a Platón qué camino debía tomar. Decidiría si comprometerse de lleno a formar una nueva clase de gobernante, o retirarse de escena para protegerse, y proteger a sus amigos, de cualquier daño.

Cuando Platón estuvo al fin ante Dionisio, el gobernante se levantó de su asiento acolchado para saludar al filósofo. Al verlo tambalearse, a Platón se le cayó el alma a los pies. Era indudable que aquel hombre estaba igual de borracho que la última vez que lo había visto, cinco años atrás. Con el rostro enrojecido, enmarcado por los elegantes ropajes, Dionisio exclamó:

–¡Bienvenido a Siracusa, Platón! ¡Cómo me alegra ver que has aceptado nuestra invitación al fin!

–Te he de agradecer que hayas enviado tu barco para traerme hasta aquí, y me alegro de volver a verte –respondió Platón con cortesía–. ¿Podríamos hablar un momento en privado?

–¡Por supuesto! A ver, ¡todos fuera! –dijo enérgicamente Dionisio, ordenando a todo el mundo que abandonara la estancia.

Platón, acto seguido, acribilló a Dionisio a preguntas incisivas, no tanto sobre conceptos filosóficos como sobre su estilo de vida y su deseo de aprender. ¿Era consciente de lo que se comprometía a cambiar de sí mismo y de su forma de gobernar? ¿Podría dejar de beber durante un tiempo para tener la cabeza despejada y poder aprender las ideas básicas de la Academia? ¿Sería capaz de consagrarse a un curso de estudio de toda una diversidad de disciplinas? ¿Estaría dispuesto a dejarse aconsejar por un maestro, en un principio Platón, y luego otros?

Entre trago y trago de vino, Dionisio sonrió y sacudió la cabeza.

–A ver, Platón, soy el gobernante de esta ciudad y no puedo comprometerme a dejar que ningún maestro me diga lo que tengo que hacer. Seguro que lo entiendes –dijo–. De todos modos, conozco ya tus doctrinas más importantes. Se las he oído explicar a otros filósofos de la corte.

–Entonces ¿por qué me mandaste llamar? –preguntó Platón, estupefacto.

–Bueno, me gusta tenerte aquí. Eres muy sabio –respondió Dionisio, prácticamente guiñándole un ojo a Platón. Estaba claro que disfrutaba incluyendo al filósofo más célebre de Grecia en su colección de pensadores.

Platón se enfadó. Al parecer, Dionisio estaba deseoso de memorizar fragmentos de algún que otro principio filosófico y de utilizarlos para mejorar su reputación, pero era evidente que no tenía intención de cambiar de actitud ni de cultivar el autodominio necesario para estudiar filosofía. Dionisio no estaba dispuesto a someterse a nadie, ni siquiera al maestro más respetado.

Esta breve conversación le bastó a Platón para darse cuenta de su colosal error de cálculo. Aquel hombre nunca cambiaría. Una vez más, el filósofo se había dejado embaucar por el tirano, que simplemente había hecho alarde de amar la sabiduría para ganarse la admiración general y la reverencia de los siracusanos, en una época en la que la filosofía estaba de moda entre ellos.

Platón se negó a participar en el juego del tirano. El insulto final fue que Dionisio tuviera la osadía de publicar él mismo un libro de filosofía platónica, para presumir de su supuesta brillantez. Platón les dijo a sus amigos que no entendía cómo había conseguido el tirano aprender nada sustancial.

Dionisio dejó ir a Platón a instancias de su amigo Arquitas de Tarento, matemático además de filósofo pitagórico, y Platón embarcó de nuevo rumbo a Grecia. No pudo hacer nada para evitar la posterior rebelión de la ciudad, que derrocó a Dionisio y dejó a Dión, amigo de Platón, temporalmente al mando. No duró mucho. Calipo, uno de sus aliados, lo traicionó, y Dión fue asesinado.

El experimento de Siracusa fue para Platón la puntilla que remató su deseo de crear, en el mundo real, una polis gobernada de acuerdo con unos sólidos principios filosóficos. Regresó a Atenas y continuó enseñando y escribiendo. Murió en el 347 a.C., y su obra se ha considerado desde entonces el fundamento de la filosofía occidental. En sus últimos años, Platón escribió una extensa obra, *Leyes*, sobre la importancia práctica de que haya unas leyes justas, pues de la bondad de las leyes, más que de los gobernantes, depende la excelencia de un gobierno.[8] Puede que Platón muriera pensando que no había conseguido crear una nueva forma de gobierno, pero, de hecho, había establecido los fundamentos para incontables debates sobre la naturaleza del gobierno a lo largo de muchos siglos.

El filósofo intrépido

Platón viajó a Siracusa un total de tres veces, en los años 387, 367 y 362 a.C., a la edad de cuarenta y uno, sesenta y uno y sesenta y seis años, respectivamente. Aunque murió en el 348 a.C., cuando tenía alrededor de setenta y seis años, fue toda una proeza que, a los sesenta y tantos, cruzara el Mediterráneo con la intención de instalarse en una ciudad que estimaba poco a los atenienses. No es que esta inquina fuera de extrañar; a fin de cuentas, Atenas había lanzado una expedición naval contra Siracusa durante la Guerra del Peloponeso, apenas tres décadas antes del primer viaje de Platón. Y aunque la expedición tuvo un final desastroso para los atenienses, era de esperar que los sicilianos conservaran aún cierta animosidad.

Sin embargo, Platón asumió el riesgo; no una vez, sino tres. Su primera visita (durante el reinado de Dionisio I) podría haber sido una simple oportunidad para hacer turismo, dado que siempre había querido ver el Etna, el volcán activo de la isla. Pero volvió otras dos veces (bajo el reinado de Dionisio II) con el propósito expreso de experimentar con algunas de sus ideas de filosofía política en el laboratorio de asuntos humanos que le brindaba el mundo real de Siracusa. Este es un notable ejemplo de filosofía práctica para un pensador al que a menudo se critica por el carácter teórico y utópico de su filosofía.

La decisión de involucrarse en la política siracusana fue aún más sorprendente si se tiene en cuenta que Platón se había alejado de la vida pública después de que su maestro y amigo Sócrates fuera condenado a muerte por la democracia ateniense en el año 399 a.C. De hecho, Platón se había marchado de Atenas indignado y no regresó a la ciudad hasta varios años después, para fundar su famosa Academia poco antes de su primer viaje a Italia. Sus aventuras demuestran un grado envidiable de fortaleza tras el fracaso, así como una excepcional determinación a levantarse y empezar de nuevo.

Quizá no sea tan extraño que Platón estuviera destinado tanto a escribir sobre política como a intentar poner en práctica sus ideas. Después de todo, por parte de padre descendía de Codrus, uno de los primeros reyes de Atenas, y por parte de madre estaba emparentado con Solón, un importante reformador de la constitución ateniense y uno de los Siete Sabios cuyas máximas figuraban en el Templo de Apolo, en Delfos.

La historia de Solón tiene especial relevancia para comprender la filosofía política de Platón. A Solón (630-560 a.C.) se le encomendó la difícil tarea de mediar entre la aristocracia y el pueblo, que en aquel momento se hallaba al borde de una guerra civil que tenía sus raíces en la extrema desigualdad reinante. Aprobó entonces una serie de leyes que probablemente representaran una justa solución intermedia, dado que no las consideró satisfactorias ninguno de los dos bandos en conflicto.

El que las leyes de Solón lograran el resultado que se deseaba fue debido, en parte, a ciertas reformas constitucionales que establecieron medidas para garantizar un equilibrio de poder entre las facciones, de modo que ni una ni otra pudieran imponerse. El acuerdo resultante se basaba en lo que hoy llamaríamos contrapesos y salvaguardias, a la vista de los diversos intereses en juego. Es importante destacar que el sistema de Solón no se fundamentaba en el concepto moderno de justicia distributiva, sino en una noción de equidad basada en el reconocimiento y el respeto de las diferencias entre clases sociales. Como veremos, Platón propuso algo muy similar en sus tratados políticos.

La naturaleza de la filosofía política

Platón escribió cuarenta y un *Diálogos*,[9] en los que trata prácticamente todos los temas filosóficos imaginables; tanto es así que el filósofo del siglo XX Alfred North Whitehead hizo el siguiente famoso comentario jocoso: «Sin riesgo a equivocarnos, podemos decir que la filosofía occidental consiste íntegramente en una serie de notas a pie de página referentes a Platón». Sin embargo, solo tres de los *Diálogos* están dedicados a lo que podríamos llamar su filosofía política: *República*, *Político* y *Leyes*.[10] Curiosamente, la *República* se considera un diálogo platónico de la etapa «intermedia», mientras los otros dos se clasifican como *Diálogos* tardíos, lo que significa que los tres reflejan el pensamiento maduro de Platón, no las influencias tempranas de Sócrates, a pesar de que «Sócrates» sea el personaje principal de la *República* y aparezca en el *Político* (pero no en las *Leyes*).

Según Platón, la filosofía política se define por tres tareas, que son especialmente evidentes en la *República*. Comienza con un análisis conceptual, por ejemplo, una indagación sobre la naturaleza de la justicia; a continuación, a partir de ese análisis, se articula una evaluación crítica de las distintas creencias pertinentes a la estructura de la buena sociedad, y el proceso culmina con la formulación de un marco dentro del cual pueda lograrse una sociedad deseable y justa.

Veamos, por ejemplo, el análisis conceptual de una de las ideas esenciales de la *República*: la justicia.[11] En el transcurso del diálogo, se nos dan cuatro definiciones diferentes, empezando por «decir la verdad y devolver lo que se ha recibido».[12] Sócrates no está de acuerdo y responde que a veces devolver algo que se ha tomado prestado –por ejemplo, devolverle un cuchillo a alguien que en la actualidad está deprimido y tiene tendencias suicidas– no es un acto de bondad.

Bueno, entonces, ¿qué tal «dar beneficios a los amigos y perjuicios a los enemigos»?[13] Esto tampoco nos lleva a ninguna parte, ya que, como señala Sócrates, podemos equivocarnos al juzgar a los demás y terminar por perjudicar a la gente buena. Pero tal vez, teniendo en cuenta esta crítica, se pueda modificar la definición de justicia y decir que «es justo hacer bien al amigo que es bueno y perjudicar al enemigo que es malo».[14] Esta vez, Sócrates responde que no puede ser justo perjudicar a nadie, amigo o enemigo. La única definición que no se rechaza en el curso de la discusión es que la justicia es «dar a cada uno lo que le corresponde»,[15] lo que se aproxima bastante a las concepciones modernas de la justicia como equidad.[16]

En este momento de la indagación, interviene uno de los personajes más detestables de todos los *Diálogos* platónicos: Trasímaco, un sofista que vivió entre los años 459 y 400 a.C. Está enfadado con Sócrates y con toda su palabrería sobre la justicia, que desestima diciendo: «Afirmo que lo justo no es otra cosa que lo que conviene al más fuerte».[17] La cuestión ocupa gran parte del resto de la *República*, y todavía está presente en los actuales debates de filosofía moral: ¿cómo rechazamos el relativismo moral, y, en concreto, la idea de que la fuerza hace la ley?

La respuesta final, que ofrecen tanto Platón como la mayoría de las escuelas grecorromanas, es que los seres humanos son por naturaleza animales prosociales, y que su bienestar individual depende de la cooperación y la armonía con otros seres humanos. En palabras de Platón: «La injusticia produce entre los hombres discordias, odios y disputas; la justicia, en cambio, concordia y amistad».[18] La «justicia» al estilo de Trasímaco no conviene, por tanto, a nadie, ni siquiera a los fuertes y poderosos.

Platón, como había hecho Solón antes que él, reconoce las diferencias entre clases sociales y busca la manera de lograr la armonía, en lugar de la igualdad. Por consiguiente, la libertad se entiende como libertad para tratar de alcanzar la felicidad dadas las características de cada clase. A este respecto, Platón ofrece dos soluciones distintas al problema de cómo establecer un Estado justo. En la *República*, la tarea de evitar las luchas y mantener la armonía se deja en manos de los dirigentes políticos, los famosos reyes-filósofos. El sistema resultante es claramente aristocrático, en el sentido original del término: «el gobierno de los mejores». Por el contrario, en las *Leyes*, es tarea de la buena legislación lograr el mismo resultado, y el sistema resultante es una constitución mixta, con elementos monárquicos, aristocráticos y democráticos, más cercana a la idea moderna del equilibrio de poderes.

La centralidad de la naturaleza humana

Al igual que en casi todas las demás escuelas, la propuesta de Platón se basa en última instancia en su concepción de la naturaleza humana. A pesar de que a menudo se tache a Platón de ingenuo e idealista, la realidad es que le preocupaba que muchas personas fueran inevitablemente irracionales y se dejaran llevar por las pasiones y las falsas creencias. No obstante, también pensaba que los seres humanos no somos intrínsecamente malos, y que el hecho de que seamos, por instinto, seres sociales capaces de razonar es un buen augurio para la perspectiva de construir una sociedad justa y equitativa.

Varios elementos de su filosofía son optimistas e incluso coinciden con los puntos de vista progresistas modernos. Por ejemplo, creía en el valor de la educación, así como en el progreso y en la posibilidad de un futuro mejor para la humanidad. Creía, en concreto, que la vida sería mejor para todos cuando los seres humanos comprendieran finalmente el valor y la necesidad de la armonía y la cooperación.

Aunque con frecuencia se ha acusado a Platón de proponer en la *República* una forma de totalitarismo, debemos tener en cuenta que la mayoría de las restricciones que propone están referidas a los gobernantes, no a los gobernados. Su invariable y firme defensa de la libertad, la amistad y la virtud no es lo que cabría esperar de un Stalin o un Pol Pot. Cuando habla de que los «filósofos» estén al mando, no se refiere a académicos teóricos, sino a hombres y mujeres «de bien», formados para el liderazgo, y que ejerzan su papel en la sociedad no porque disfruten con ello, ni mucho menos porque quieran acumular poder y ventajas materiales, sino porque es su deber.[19] Así, Platón prohíbe a su líder político ideal tener propiedades, pues le preocupa la potencial corrupción. Considéralo una versión extrema de nuestras leyes modernas destinadas a disminuir la influencia del poder y el dinero en la política. La razón de ser de un gobierno, según Platón, es beneficiar a los ciudadanos de todas las clases sociales, lo que probablemente requiera mediar en el potencial conflicto de intereses. Como es sabido, no tenía una opinión demasiado buena de nuestra forma de gobierno más preciada: la democracia.

Ahora bien, debemos tener en cuenta una serie de factores para entender su perspectiva. En primer lugar, a nivel personal, la democracia había matado injustamente a su amigo y maestro Sócrates. En segundo lugar, y lo que es más sustancial, las críticas de Platón estaban expresamente enfocadas en el modelo griego de democracia, que estipulaba que una mayoría simple de votos bastaba para decidir el destino de los individuos o de toda la sociedad (como cuando los atenienses votaron a favor de la desastrosa expedición a Sicilia). Esto se asemeja más al gobierno de la turba, o a la tiranía de la mayoría, y está bastante lejos del concepto de representación moderno en una *República* constitucional. (En todo caso, la concepción moderna se acerca mucho más al modelo republicano romano, que se había desarrollado en paralelo con el griego al otro lado del mar Jónico).

La crítica de Platón a la democracia se basa en dos ideas cardinales. Para empezar, aunque Platón valora explícitamente la libertad, piensa que la democracia de estilo griego concede, en cierto sentido, una libertad exagerada, lo cual presenta el peligro de que la sociedad caiga en la anarquía. La igualdad, uno de los principios fundamentales de la democracia, afirma que todo el mundo –con independencia de su educación, medios…– tiene derecho a gobernar y, por tanto, se da por sentado que tiene capacidad para hacerlo; Platón pensaba que esto podía llevar fácilmente a que asumieran el poder demagogos que, con el tiempo, hicieran de la democracia una tiranía. Por mucho que nos desagraden estas ideas, la historia reciente le ha dado la razón en repetidas ocasiones.

Además, para ser gobernante se requiere una habilidad especial, fundamentada en la virtud y el buen juicio, que no todo el mundo posee.[20] Encontramos un ejemplo práctico de esto en uno de los *Diálogos* atribuidos a Platón, el *Primer Alcibíades* (o *Alcibíades Mayor*), que también deja muy claro que la aristocracia es el gobierno de los mejores («mejores» entendido como aquellos que poseen sabiduría). Siendo así, ¿quién no querría que los «mejores» estuvieran al mando? Echemos un vistazo rápido al diálogo.

Para contextualizar, Alcibíades (450-404 a.C.) era amigo y alumno de Sócrates y un hombre muy muy ambicioso».[21] Justo antes de iniciar su carrera política, cuando tenía veinte años y Sócrates unos cuarenta, Alcibíades acudió a su tutor para pedirle consejo: ¿debía perseguir su sueño de convertirse en líder político y militar de Atenas?

El joven pensaba indudablemente que sí. Destacó que era fuerte, bien parecido, rico, valiente y descendía de una de las familias más nobles y antiguas de la ciudad. Sócrates tuvo que hacer un esfuerzo para no reírse de su joven compañero y decirle que esas no eran cualidades relevantes para el puesto; que lo único esencial era precisamente aquello que no poseía Alcibíades: sabiduría. De hecho, Sócrates reprendió a su amigo con bastante dureza:

> «¡Ay, Alcibíades, qué desgracia la tuya! Aunque yo vacilaba en calificarla, sin embargo, como estamos solos, debo hablar. Porque estás conviviendo con la ignorancia, querido, con la peor de todas, tal como te está delatando nuestro razonamiento, e incluso tú mismo. Por eso te lanzas a la política antes de recibir formación en ella».[22]

Por «ignorancia», Sócrates se refiere a la insensatez, la falta de conocimiento; y, de hecho, continúa diciendo que Alcibíades no es el único que padece este mal, sino que es una desgracia que aqueja a la mayoría de los políticos (excepto, tal vez, el famoso estadista ateniense Pericles). Aquí vemos el marcado contraste entre las dos versiones del concepto de «mejor», que es el primer componente de la palabra aristocracia, y que tiene sus raíces en el término griego *áristos*: «el mejor de su clase, el más noble, el más valiente, el más virtuoso».[23]

Alcibíades se considera un aristócrata –uno de los mejores hombres– en el sentido en el que la mayoría de la gente interpreta el concepto aún en la actualidad: de ascendencia «noble», lo que normalmente significa ser también rico y poderoso. Platón y Sócrates, por el contrario, consideran que los mejores son los más sabios. Y, como decíamos, ¿quién se opondría a que fueran las personas más sabias las que se ocuparan de dirigirlo todo?

Es importante señalar que uno de los aspectos más interesantes de la filosofía política de Platón es la conexión directa que establece entre la sociedad justa y el individuo justo. La *República* comienza con la pregunta de qué es la justicia y qué cualidades determinan que una persona es justa. En cierto momento, Sócrates sugiere que tal vez facilitaría la indagación observar el panorama general, es decir, la sociedad en su conjunto. Al fin y al cabo, las sociedades están formadas por individuos, son un macrocosmos que engloba múltiples microcosmos.

Vive como Platón

Cada capítulo de esta sección ha ido sentando las bases para ayudarte a crear una sociedad más justa. El capítulo 3 se centraba en el concepto de virtud de Aristóteles, y probaste a aplicar en la práctica el «término medio» ideal. Los ejercicios del capítulo 4 tenían como tema principal la resiliencia, y aplicaste la regla fundamental de Epícteto para «vivir de acuerdo con la naturaleza», que en la práctica significa ser racional y, lo que es igual de importante, prosocial. Y el capítulo 5 trataba sobre el concepto cínico de la libertad, y el consiguiente compromiso a poner en evidencia lo absurdo de las convenciones sociales inútiles y dañinas, así como de bajarles los humos a quienes se creen superiores. Aunque todo lo que has practicado en esta sección puede beneficiarte en cierta medida, esas habilidades solo alcanzan su plenitud cuando se utilizan, al mismo tiempo, para beneficiar y fortalecer a la sociedad, tal y como trató de hacer Platón.

Nos hemos centrado en las excursiones políticas de Platón más que en su filosofía completa porque su filosofía es muy vasta y a veces poco práctica. Ha llegado el momento de que adentres un poco el pie en las aguas de la acción política, y veamos ahora cómo puedes aplicar lo que has entendido en el capítulo siracusano de la vida de Platón para dar un pequeño paso en favor de una sociedad más justa.

Día 1: Piensa en una causa política

Lo primero que vas a hacer esta semana es encontrar una causa. A Platón le resultaba fácil porque sufría en propia carne los desatinos de los gobiernos. Vio cómo la tiranía se apoderaba de la Atenas de posguerra, y cómo la democracia que la sustituyó sentenció a muerte a su amigo y maestro. Lo que vio después en otras sociedades no le pareció mucho más encomiable que lo había vivido en Atenas; «llegué a comprender –dice– que todos los Estados actuales están mal gobernados».[24]

Al igual que a Platón sus vivencias lo llevaron a pensar en mejores formas de gobierno y a tratar de que se pusieran en práctica, es posible que también tú veas cosas que están mal en nuestra sociedad. Tal vez haya una causa que ya te mueve auténticamente, o colabores con algún grupo para corregir alguna injusticia que se esté cometiendo en el mundo. Si es así, puedes pasar al final del ejercicio de hoy y escribir en qué causa vas a trabajar esta semana. Si no se te ocurre nada –o si quieres probar a trabajar por alguna otra causa política además de la que ya te ocupa en la actualidad–, te proponemos que te metas un poco en la piel de Platón para ver qué le hizo a él adoptar la reforma política como su principal empresa.

De joven, Platón tenía la clara intención de dedicarse a la política.[25] Desgraciadamente, alcanzó la mayoría de edad en la época de los Treinta Tiranos. Al principio, Platón confiaba en que gobernarían con justicia, pero sus esperanzas se desvanecieron rápidamente.[26] Y ya hemos visto por qué el gobierno democrático que los sustituyó no fue mucho mejor. Esto sugiere que la reforma política fue para Platón la caus*a priori*taria por dos razones:

- La frustración personal: en un principio, Platón había querido participar en la esfera pública, pero las circunstancias políticas frustraron sus deseos.
- La injusticia: dondequiera que mirara, veía que los gobiernos perpetuaban la injusticia.

Tanto sus frustraciones personales como cada caso particular de injusticia tenían su origen en un mal gobierno. Esto es lo que posiblemente motivó su interés por reformar la política y, al cabo de los años, por viajar a Siracusa. Tal vez estas dos mismas fuentes de motivación te sirvan también a ti para encontrar una causa en la que te gustaría trabajar a lo largo de esta semana.

En las páginas siguientes encontrarás espacio para examinar tus pensamientos sobre estos dos temas, junto con preguntas que te ayudarán a reflexionar. Dedica cinco minutos (puedes poner un cronómetro) a escribir lo que te venga a la mente sobre cualquier frustración que tengas relacionada con la esfera política, así como sobre medidas o situaciones que consideres injustas. Escribe tus pensamientos sin filtro; simplemente anota lo que se te ocurra. Da lo mismo si son temas de mucha o de poca trascendencia, vagos o específicos.

Frustración personal

- ¿Hay alguna ley, norma o reglamento concretos –en cualquier nivel de gobierno– que te hayan afectado negativamente?
- ¿Te ha resultado difícil hacerte oír en la esfera pública?
- ¿Tú, o alguien cercano a ti, os habéis encontrado en situaciones difíciles que se podrían haber mejorado con una buena política pública o una ley más justa?
- ¿Hay alguna ley, proyecto de ley o idea de ámbito local o regional que se esté estudiando actualmente y de la que estés a favor porque crees que mejorará tu vida?
- ¿Hay alguna causa o partido político con los que estés sustancialmente de acuerdo basándote en tu experiencia personal?

____

____

____

____

____

Injusticia

- ¿A quién (o quiénes) se trata injustamente en la zona donde vives, ya sea por parte de la gente de la localidad o por medidas de ámbito nacional? ¿Cómo podrían recibir un trato más justo?
- ¿Hay abusos de poder dentro o fuera del gobierno que creas que pueden cambiarse?
- ¿Qué problema actual te parece más acuciante, y crees que encontrarle solución ayudaría a la mayoría de la gente, ya sea de tu localidad, a escala nacional o mundial?
- ¿Quiénes son las personas más vulnerables de tu zona, y cómo se podría mejorar su situación?

- ¿Cuándo fue la última vez que presenciaste un acto de injusticia? ¿En qué consistió y qué podría haberlo corregido?

____

____

____

____

____

____

____

Cuando hayas terminado de escribir, dedica un par de minutos más a pensar si hay algún tema que te interese especialmente y en el que te gustaría trabajar el resto de la semana. En caso de que siga sin ocurrírsete ninguno, dedica un poco más de tiempo a establecer posibles vínculos entre tus frustraciones y la injusticia: por ejemplo, algún proyecto de ley del que hayas oído hablar que mejoraría tu vida, pero que posiblemente ayudaría también a muchas otras personas vulnerables. Parece probable que la confluencia de injusticia y frustración personal fuera el motivo por el que Platón decidió ir a Siracusa; la combinación de estos dos factores puede ayudarte a elegir una causa que sea adecuada para ti. Y si no has dado aún con ninguna, simplemente elige aquella por la que creas que te resultaría más fácil hacer algo.

En el espacio que sigue, escribe sobre la causa en la que te gustaría trabajar la semana entrante.

____

____

____

____

No te preocupes todavía por qué vas a hacer concretamente en defensa de esa causa política; en eso consistirá tu tarea de los dos próximos días.

Día 2: Edúcate

Platón valoraba mucho la educación, y lo demostró educándose a sí mismo, fundando la Academia e intentando procurar a Dionisio la formación filosófica que consideraba imprescindible para poder gobernar bien. Recordemos que Sócrates reprendió a Alcibíades por querer lanzarse a la política antes de tener la formación necesaria. El ejercicio de hoy consiste en que, para no cometer el error de Alcibíades y Dionisio, te eduques en los fundamentos de la causa política que elegiste ayer.

Afortunadamente, vives en una época en la que no hace falta que un tutor haga un largo viaje por mar para ir a educarte. Puedes enseñarte personalmente los conceptos básicos haciendo una investigación sobre el tema en internet y leyendo artículos relacionados.

Hoy, tu única tarea es esa: sacar un poco de tiempo para aprender más sobre tu causa. La metodología para la investigación va a depender en gran medida del tema que hayas elegido, y también de lo mucho o lo poco que sepas ya sobre él en estos momentos. Sin embargo, podemos darte algunas orientaciones que te ayudarán a enfocar el trabajo.

La primera sugerencia es que limites tu investigación al ámbito natural, o más fácil, de la causa que hayas elegido. Algunas, como la pobreza en el mundo, son por definición de escala mundial. Otras, como la corrupción política, no tienen una escala natural, ya que la corrupción puede ser de ámbito local, nacional o incluso internacional. En este último caso, te sugerimos que elijas el ámbito más sencillo de investigar y en el que te resulte también fácil actuar. No hay necesidad de que investigues la política nacional si lo que te preocupa es de carácter local, y viceversa.

Una segunda sugerencia es que te centres en investigar cuestiones fundamentales sobre el tema, de modo que puedas tener respuestas básicas al final de la investigación.

- Piensa en algunos problemas concretos derivados directamente de la causa que estás investigando. ¿Cómo se manifiesta en la práctica?

    Por ejemplo, «corrupción política» es un término bastante general. ¿Cómo se manifiesta la corrupción política en la región que te interesa? En algunos países, el soborno descarado no es la norma, pero sí pueden serlo las ofertas de trabajo de «puerta giratoria» después de que un funcionario abandone su cargo.

- En tu investigación habrás descubierto aspectos concretos del tema. ¿Qué posibles soluciones se proponen para cada uno de ellos?

  Siguiendo con el ejemplo de la corrupción, limitar la duración de las legislaturas podría ser una solución. Sin embargo, algunos estudios han revelado que esto puede ser un arma de doble filo.[27] Intenta reunir algunas de las soluciones que se proponen, y acompaña cada una de ellas de sus pros y sus contras más obvios.

- ¿Qué entidades o personas están intentando poner en práctica las soluciones propuestas, o dedican sus esfuerzos a la causa?

  Este es un paso crítico, y que te dará la información necesaria para hacer el ejercicio siguiente. ¿Hay organizaciones sin ánimo de lucro que aboguen actualmente por soluciones relacionadas con la causa? Tal vez algún político ha propuesto leyes que han abordado ya el problema (o que lo han *exacerbado*) y puedas saber más al respecto haciendo una búsqueda de proyectos de ley a nivel local, regional o nacional. ¿Hay grupos en tu localidad (asociaciones de donantes, clubes políticos, grupos de activistas...) que se dediquen a esta causa y a los que podrías contactar o afiliarte para obtener más información y coordinarte con ellos? Haz una pequeña lista de personas que ya estén trabajando en el tema y con las que podrías colaborar, o que puedan indicarte cómo hacer una donación a la causa».

Este ejercicio probablemente sea el que más tiempo te lleve de todos. Tómate la libertad de posponerlo hasta que encuentres el momento en el que puedas dedicarle toda tu atención. Pero ten en cuenta que tu principal objetivo esta semana es conseguir suficiente información para poder emprender una única y sencilla acción política; ¡no hace falta que te conviertas en una experta o experto en cuestiones de orden público! Si te parece abrumador a pesar de todo, procura poner límites al tiempo de investigación: dedícale una o dos horas y, luego, déjalo. La educación es importante, pero no necesariamente fácil ni rápida.

Día 3: Elige con quién (o contra quién) vas a trabajar

Platón se retiró de la vida política tras la ejecución de Sócrates. Sin embargo, cuando vio la oportunidad de cambiar la situación en Siracusa porque estaba gobernada por un monarca al que parecía posible educar, se lanzó a la acción. Uno de los objetivos del ejercicio de ayer era descubrir oportunidades de cambio similares, en este caso relacionadas con la causa que habías seleccionado. Hoy vas a elegir un objetivo para tu acción.

Lo mismo que ayer, los detalles dependerán en gran medida de la causa que hayas elegido y de la información que encuentres. Y, lo mismo que ayer, aunque esto significa que no podemos hacerte recomendaciones detalladas, sí podemos orientarte un poco sobre cómo planificar el avance. Confiamos en que la respuesta que diste a la tercera pregunta, relativa a los individuos o entidades más relevantes o visibles del ámbito asociado con tu causa política, te haya revelado tu objetivo. Quizá esos participantes eran «aliados» o quizá «adversarios» potenciales. Aliado es cualquiera que tenga la posibilidad o el poder de promover un cambio que esté en la misma línea de lo que a ti te gustaría que ocurriera, y adversario es cualquiera que actúe en contra de tu causa. Es posible que el participante más comprometido con la causa sea un político, o tal vez una organización local o nacional, o un grupo de amigos que tienen verdadero interés por un tema similar al que a ti te interesa.

Desde la perspectiva de Platón, Dionisio entraba en la categoría de político y potencial aliado. Sin embargo, es posible que tu objetivo potencial sea un adversario; en este caso, puedes elegir entre actuar directamente contra él o trabajar con grupos que tengan el propósito de oponerse a ese individuo o entidad, o a sus ideas. Por ejemplo, si en tu investigación has descubierto que el representante de tu localidad no se toma demasiado en serio las leyes anticorrupción,* puedes elegir a ese político como objetivo para intentar influir directamente en sus puntos de vista. Otra posibilidad es que apoyes a sus oponentes en las próximas elecciones, o a organizaciones sociales de base que luchen contra la corrupción en la zona donde vives; o podrías incluso ponerte en contacto con amistades tuyas que tengan ideas afines y crear vuestro propio grupo anticorrupción.

Si la investigación no te ha revelado con claridad a ningún potencial aliado o adversario, nuestra sugerencia es la siguiente: haz de tu representante político local o nacional el objetivo de tu acción política. Su razón de ser es representarte en el gobierno, por lo cual expresar tus opiniones y preferencias con conocimiento de causa es un buen punto de partida si lo que quieres es promover un cambio.

* Por «representante» se entiende a cada uno de los 435 integrantes de la Cámara de Representantes del Congreso de Estados Unidos (la cámara baja) que, junto con el Senado (la cámara alta), conforma el poder legislativo. (*N. de la T.*).

En el espacio que sigue, anota con quién –o contra quién– has decidido trabajar para defender tu causa.

Día 4: Elabora un plan de acción

Es probable que Platón supiera con claridad qué rumbo iba a tomar su acción política, puesto que tenía fundamentos sólidos. Su causa estaba bien definida: era la reforma política, y la decisión de promoverla estaba fundada en la frustración personal unida a un sentimiento de injusticia. Gracias a lo que había estudiado, Platón tenía conocimiento de la teoría y la práctica políticas. Y, además, conocía a los principales protagonistas de la esfera política, lo cual le permitió definir como objetivo de su causa a la persona de Dionisio.

En los últimos tres días, has sentado unas bases similares a las de Platón, solo que de menor hondura. Aun así, esperamos que el trabajo intensivo de los días pasados te haya servido para ver con claridad el camino que vas a seguir. Si durante la investigación has descubierto a algún grupo con el que te gustaría trabajar, el paso para empezar a actuar podría ser asistir a su próxima reunión pública o hacerte miembro de pago. Si tienes amigos o conocidos que estén interesados en tu causa, ponte en contacto con ellos para planificar una reunión e intercambiar ideas sobre pasos concretos que podríais dar. Si te has enterado de que hay una organización sin ánimo de lucro que lleva tiempo trabajando con seriedad en el ámbito que te interesa, podrías hacerle una donación o reunir y coordinar un grupo de donantes a fin de potenciar su influencia. Como decíamos, los detalles de la acción que emprendas dependerán mayormente de la causa que hayas elegido y de lo que hayas descubierto acerca de ella durante la investigación. El principal requisito de tu plan de acción es que sea SMART (¡inteligente!): Specific (eSpecífico), Measurable (Medible), Achievable (Asequible), Relevant (Relevante) y Timed (programado en el Tiempo).

- Específico: tu plan es lo bastante preciso como para que puedas actuar de inmediato.
- Medible: estará clarísimo que has realizado la acción.
- Asequible: la acción puede hacerse con facilidad.
- Relevante: la acción está directamente relacionada con la causa que has elegido.
- Programado en el tiempo: has establecido exactamente cuándo llevarás a cabo la acción.

Por ejemplo, si tu plan es «reducir la corrupción», solo cumple el factor de relevancia, pero falla en los demás. Sin embargo, si tu plan es «escribir al senador X el próximo jueves para pedirle que copatrocine el proyecto de ley Y relacionado con la lucha contra la corrupción», cumple los cinco factores SMART. Ten particularmente en cuenta que sea «asequible»: tu objetivo durante esta semana no es resolver el problema, sino dar un pequeño paso factible en la dirección indicada.

Si te cuesta idear los detalles concretos de tu acción, te sugerimos que le escribas a tu representante hablándole de tu causa. Hemos tenido ocasión de comprobar personalmente lo efectivo que puede ser establecer contacto con nuestros representantes.[28] Uno de nosotros, Gregory, ha conseguido influir en la acción política al lograr que dos miembros de la asamblea estatal respalden un proyecto de ley –y que un representante del Congreso de Estados Unidos tome las medidas pertinentes– para congelar los activos de oligarcas extranjeros corruptos. Por su parte, Massimo convenció a su jefe para que lo enviara a Washington D. C. a presionar directamente a senadores y representantes para que aumentaran la financiación de la enseñanza superior. En cuanto a Meredith, junto con estudiantes de su localidad, se dirigió al Departamento de Seguridad Pública pidiendo más medidas de seguridad para los peatones. Cuando no obtuvieron ningún resultado, los estudiantes crearon una serie de vídeos educativos para informar a los más jóvenes sobre cómo circular del modo más seguro posible. Aunque, como demuestra el caso de Platón, no todos los intentos de influir en «los que mandan» tienen el resultado que desearíamos, esta no es razón suficiente para no intentarlo. Además, al dirigirte a tu representante hablándole de tu causa estarás dando un pequeño paso para, como Platón, intentar convertir a un gobernante en filósofo.

En el espacio que sigue, escribe tu plan de acción y, luego, marca una a una las casillas SMART para asegurarte de que cumple los cinco requisitos. Si no cumple alguno de ellos, reescribe el plan hasta que lo cumpla.

Mi plan de acción:

____

____

____

____

____

____

¿Es...

- específico (lo bastante preciso como para que puedas actuar de inmediato)?;
- medible (sabrás con claridad si has realizado la acción o no)?;
- asequible (podrás ponerlo en práctica con facilidad)?;
- relevante (es una acción directamente relacionada con la causa que has elegido)?;
- programado en el tiempo (has establecido exactamente cuándo llevarás a cabo la acción)?

Día 5: Actúa

El objetivo de hoy es muy simple: pon en marcha el plan SMART que trazaste ayer.

Por supuesto, es posible que la acción no dé frutos. Los planes que tenía Platón para Siracusa, al final, quedaron en nada. Pero recuerda el lema de esta sección: tan importante es mejorar el mundo como forjar el carácter. Aunque lo ideal sería que tus acciones fueran un éxito, los resultados no dependen en última instancia de ti, como aprendiste en el capítulo 4. Incluso aunque tus acciones fracasen, has hecho todo lo que has podido y, con cada paso del proceso, te has dado además una gran oportunidad para mejorar el carácter. Independientemente de cuáles sean los resultados externos, hacer cuanto está en tu mano por mejorar el mundo tiene de por sí el efecto de mejorarte a ti también mientras lo haces, tanto si tu acción es al final visiblemente fructífera como si no.

Reflexión

Ahora que has completado tu plan de acción, dedica un poco de tiempo a reflexionar. ¿Sientes que te gustaría seguir emprendiendo acciones concretas para crear una sociedad más justa? Si es así, ¿qué te gustaría hacer en el futuro? De entre las habilidades que habías practicado en capítulos anteriores, ¿hay alguna que hayas podido utilizar estos días para forjar tu carácter o regular tus emociones mientras intentabas hacer algo bueno? ¿Cómo te sentiste después?

III. El puerto de la duda

El último puerto de nuestro viaje es el de la duda, poblado por cuatro filosofías: el socratismo (capítulo 7), el sofismo (capítulo 8), el escepticismo académico (capítulo 9) y el pirronismo (capítulo 10). El escepticismo, en el que pueden englobarse las cuatro, tiene una larga historia, y su papel sigue siendo crucial en la actualidad.[1]

Primero nos encontraremos con Sócrates, el filósofo antiguo más conocido, que fue un punto de referencia fundamental para muchos escépticos, así como para muchos de los filósofos con los que nos hemos encontrado hasta ahora. Sin embargo, los sofistas –en especial Protágoras–, que fueron o anteriores a Sócrates o contemporáneos suyos, no eran «escépticos» en el mismo sentido que él. De hecho, Platón escribió varios famosos *Diálogos* –entre ellos, el titulado precisamente Protágoras– en los que vemos a Sócrates librar una seria batalla intelectual con uno u otro sofista.

Las dos filosofías que trataremos después, que generalmente se consideran variedades del escepticismo, también son bastante diferentes entre sí. Los pirrónicos pensaban que el objetivo de la vida es la ataraxia, es decir, la serenidad, y estaban convencidos de haber encontrado el camino para alcanzarla: la *epojé*, o suspensión del juicio.

Los otros escépticos, a los que se conoce como «académicos» porque, al menos teóricamente, pertenecían a la tradición de la Academia de Platón (y, por tanto, de Sócrates), estaban de acuerdo con muchas otras escuelas helenísticas en que una buena vida es una vida que aspira a la virtud. No obstante, subrayaban, los seres humanos difícilmente podemos tener certeza sobre nada, puesto que tanto nuestros sentidos como nuestra capacidad de razonar son falibles. En consecuencia, tenemos que contentarnos con sacar conclusiones provisionales basadas en lo que parece más probable.

El resultado, lo mismo en el caso del escepticismo académico que en el del pirronismo, es una filosofía de vida cuyos seguidores se ven obligados en todo momento a admitir, con la mayor humildad, que no saben nada, o casi nada, sobre ningún asunto. ¿No sería estupendo que hubiera un poco más de esto en nuestro mundo actual?

¿O no? Como buenos escépticos, podemos dudar también de que ser humildes y admitir nuestra ignorancia garantice que vayamos a vivir una buena vida. Sabemos que elegir el placer tiene una recompensa inmediata, y parece bastante probable que forjarnos un buen carácter pueda reportarnos serenidad y, además, hacer del mundo un lugar mejor; pero no está muy claro que el escepticismo tenga suficiente sustancia como para ser una filosofía de vida en toda regla. Además, incluso si lo que deseamos es serenidad, nada indica que el escepticismo sea una vía más acertada para lograr ese objetivo que, por ejemplo, el epicureísmo hedonista o el estoicismo orientado a la *areté*.

Ahora que emprendemos viaje hacia nuestro próximo puerto de escala, tengamos presentes estas dudas. Quizá debamos ser escépticos sobre el escepticismo. ¡O quizá no!

7. Cuestiónalo todo con Sócrates

Sócrates fue el primero que hizo descender la filosofía del cielo, la colocó en las ciudades, la introdujo también en las casas y la obligó a ocuparse de la vida y de las costumbres, del bien y del mal.

CICERÓN, *Disputaciones tusculanas*, Libro V

El séptimo día del mes délfico –el del nacimiento de Apolo–, el ateniense Querofonte llegó finalmente a Delfos, el ombligo del mundo, situado en lo alto de las brumosas laderas del monte Parnaso. Se preparó, según lo establecido, para formular una pregunta al famoso Oráculo.

Entretanto, el Oráculo, una sacerdotisa conocida como la Pitia, bebió a pequeños sorbos de un manantial sagrado. Después, sentada en el templo sobre un trípode de bronce, masticó hojas de laurel del árbol sagrado de Apolo mientras inhalaba los embriagadores gases que emanaban de la tierra –metano y etileno, entre otros– y entró en estado de éxtasis, dispuesta a canalizar al dios Apolo.[1] Se le permitió entonces a Querofonte que formulara su pregunta. ¿Quería saber sobre la naturaleza del cosmos? ¿Sobre sus éxitos futuros? Nada de eso. Lo que preguntó fue lo siguiente: «¿Hay alguien más sabio que Sócrates?». La respuesta de la Pitia fue clara: «Nadie». Se dibujó en el rostro del ateniense una gran sonrisa: sentía poco menos que adoración por su amigo de infancia. Querofonte se apresuró a volver a Atenas para contar lo que le había dicho el Oráculo.[2]

En aquellos momentos, Sócrates tenía alrededor de cuarenta años. Había nacido en el 469 a.C. en una familia ateniense de clase media; su padre era cantero y escultor y su madre, partera. Unos años antes, nuestro sabio –un hombre fornido e invulnerable a las inclemencias del tiempo– había luchado con valentía en la guerra de Atenas contra Esparta. No era bien parecido; tenía la nariz respingona y unos ojos que le sobresalían de la cara y apuntaban hacia los lados, por lo cual era objeto de innumerables mofas (entre ellas, comparaciones poco halagadoras con cangrejos y cerdos). Aun así, se casó dos veces y tuvo hijos.[3]

Tras su época militar, Sócrates no siguió, como era habitual en Atenas, la carrera de político, de comerciante o de oficial del ejército. En vez de eso, se convirtió en un filósofo callejero que importunaba a ciudadanos influyentes y a jóvenes por igual con preguntas inquisitivas. El «tábano» filosófico acostumbraba a poner en evidencia las incoherencias lógicas o la hipocresía de sus interlocutores. Pero no se detenía ahí, sino que los seguía interrogando, en un intento por encontrar respuestas a las preguntas fundamentales: ¿qué es la sabiduría, el valor, la piedad, la justicia?

Por eso se sorprendió, y divirtió un poco a la vez, al oír contar a Querofonte el episodio del Oráculo. «Amigo mío, ¡me asombras!», le dijo, frotándose el vientre, que sentía un poco vacío (no tenía una fuente estable de ingresos y dependía de sus amigos para comer).

«¿Has tenido la audacia de preguntarle al Oráculo acerca de *mí*? ¿Y cómo podría el dios Apolo –que nunca miente– pensar que soy sabio? ¡Sé con certeza que no lo soy!». Negó con la cabeza, pero la conversación lo impulsó a iniciar una nueva indagación: se propuso descubrir si otros atenienses eran más sabios que él.

Sócrates fue en primer lugar a casa de un político al que muchos tenían por sabio y le hizo algunas preguntas. Sus respuestas no le parecieron satisfactorias, lo cual enfureció al político. Al día siguiente, cuando Sócrates se reunió con sus alumnos, les dijo: «¡Por los pelos, me salvé de una paliza! En ese rincón no hay sabiduría que valga».

Y continuó: «Al retirarme de allí razonaba a solas que yo era más sabio que aquel hombre. Es probable que ni uno ni otro sepamos nada que tenga valor, pero este hombre cree saber algo y no lo sabe, en cambio yo, así como, en efecto, no sé, tampoco creo saber. Parece, pues, que al menos soy más sabio que él en esta misma pequeñez, en que lo que no sé tampoco creo saberlo».[4]

Cuanto más avanzaba en su investigación, más descubría que lo mismo ocurría en todas partes. En cierto momento, recuerda la famosa inscripción del Oráculo de Delfos, «Conócete a ti mismo», y en una conversación con su alumno Eutidemo le explica lo que significaban estas palabras: «Los que se conocen a sí mismos saben lo que es adecuado para ellos y disciernen lo que pueden hacer y lo que no –dice–. Haciendo únicamente lo que saben, se procuran lo que necesitan y son felices, mientras que se abstienen de lo que no saben, con lo cual no cometen errores y evitan ser desgraciados. Gracias también a ello son capaces de juzgar a los demás hombres y por el partido que sacan de ellos se procuran bienes y evitan perjuicios».[5]

Y a continuación habló de lo opuesto a conocerse a sí mismo: «En cambio, los que no se conocen y se engañan sobre sus propias posibilidades se encuentran frente a las demás personas y situaciones humanas en la misma situación que consigo mismos, y ni saben lo que necesitan ni lo que tienen que hacer ni de quiénes se pueden valer, sino que se equivocan en todos estos asuntos, fracasan en la consecución de bienes y se precipitan en las desgracias».[6]

Sócrates pasó el resto de su vida cuestionándolo todo. Quería saber hasta dónde alcanzaba su conocimiento y profundizar en la comprensión del bien. (No está de más comentar que, en medio de tanta incertidumbre, Sócrates contaba con un arma secreta: aseguraba tener una voz interior de naturaleza divina, un *daimonion*, que le decía lo que no debía hacer. Imagínalo como una versión personificada de su conciencia).[7]

El propósito de Sócrates era que sus conciudadanos atenienses se dieran cuenta ellos también de que lo que creían cierto acababa socavado por las incoherencias. Iniciaba el diálogo con ellos reconociendo su propia ignorancia, y, a medida que avanzaba la conversación, se iba revelando lo poco que sabían en realidad sus interlocutores.

Según Jenofonte, Sócrates decía que «los hombres se hacían mejores y más felices y más capaces de dialogar» practicando la dialéctica, que entendía como «reunirse en común para reflexionar clasificando las cosas en sus géneros». Esta era una aptitud que se debía valorar y cultivar al máximo, pues por este procedimiento se formaban «los mejores hombres» y «los más aptos dirigentes».[8] Y eso era justamente lo que Sócrates quería enseñar a hacer a los atenienses.

Sócrates acabó por convertirse en un elemento más del ágora de Atenas, el mercado de productos e ideas de la ciudad, donde mantenía sesiones de preguntas y respuestas con una multitud de jóvenes que lo escuchaban con asiduidad. Sin embargo, ni la relación que mantenía con sus alumnos ni el tono de los diálogos inquisitivos que se empeñaba en entablar con los políticos de su época eran del gusto de todos. Sus preguntas incómodas y su profundo análisis crítico de las cuestiones morales le hicieron impopular entre muchos hombres poderosos. En la *Apología* de Platón, Sócrates cuenta que los Treinta Tiranos, cuando gobernaban Atenas, les ordenaron a él y a otros arrestar a un hombre al que el gobierno había decidido ejecutar. Sócrates no estaba de acuerdo con los cargos que se le imputaban, de modo que, en lugar de obedecer, se fue a casa.[9] Actuó con ética, arriesgando la vida.

La mala sangre que dominaba la política ateniense tras el restablecimiento de la democracia se cebó con Sócrates, que acabó por ser arrestado. Cuando en el 399 a.C. se acusó al filósofo de corromper a la juventud de Atenas y de impiedad (no creer en los dioses de la ciudad e introducir otros nuevos), él no intentó escabullirse ni engatusar al tribunal. Fue muy sincero. Dijo que, si se le eximía de los cargos, tenía la intención de continuar entablando conversaciones inquisitivas en busca de conocimiento; que no pensaba reducir sus actividades ni huir. Incluso tuvo el valor de añadir que había sido «ofrecido por el dios» a los atenienses: pues «no parece humano que yo tenga descuidados todos mis asuntos y [...] esté siempre ocupándome de lo vuestro, acercándome a cada uno privadamente, como un padre o un hermano mayor, intentando convencerle de que se preocupe por la virtud».[10]

Sócrates murió por orden de la corte ese mismo año, bebiendo cicuta, rodeado de amigos. Fue celebrado tras su muerte, y Platón lo proclamó «el más justo de los hombres de este tiempo».[11] Aunque Sócrates no escribió ningún libro, inspiró la obra de sus discípulos Platón y Jenofonte, así como la de muchos otros que estaban deseosos de cuestionar las ideas que la sociedad les había inculcado sobre lo que es bueno y correcto.

Filosofía por refutación

Sócrates es tan importante en la historia de la filosofía occidental que a todos los filósofos que lo precedieron, desde Tales de Mileto hasta Demócrito, desde Heráclito hasta Pitágoras, se los sigue llamando «presocráticos», aunque lo único que tienen en común es que estuvieron en activo antes o en tiempos del «tábano» de Atenas.[12] Uno de los rasgos distintivos de Sócrates y su expresión formal de la filosofía es que, en lugar de escribir, se pasaba el día entero dialogando con sus alumnos o con cualquier persona que demostrara interés. Esta forma de hacer filosofía suele denominarse método socrático, aunque lo cierto es que Sócrates puso al servicio de su amor por la sabiduría una serie de procedimientos interrelacionados. Veámoslos con más detalle.

Tal vez el más conocido de estos procedimientos sea el *elenchus*, o refutación. Lo típico es que Sócrates indague sobre un tema concreto, por ejemplo, la naturaleza de la piedad, como es el caso en el diálogo platónico que conocemos como el *Eutifrón*. Empieza por recabar la opinión de sus interlocutores sobre el tema. A continuación, formula preguntas dirigidas a sondear la respuesta inicial que propone alguno de ellos, tras lo cual demuestra que dicha respuesta lleva implícita una contradicción, o que no es tan clara y convincente como podía parecer en un principio. Al final, se refuta la respuesta y el interlocutor propone, en su lugar, otra que cree más acertada. El proceso se reanuda entonces repetidamente hasta que se han descartado las diversas respuestas y todo el mundo ha logrado, mediante el proceso *elénquico*, una comprensión más profunda del asunto en cuestión. Al fin y al cabo, incluso descartar las ideas equivocadas es una forma de avanzar.

Sócrates suele comenzar el proceso planteando una pregunta del tipo «¿Qué es...?». Por ejemplo: «¿Qué es la piedad?». No busca ejemplos concretos, como «Sacrificar a los dioses es piadoso o impío». Lo que busca es una exposición completa del concepto que se está examinando, en este caso, la piedad.

Consideremos lo que sucede en el *Eutifrón*, uno de los mejores diálogos socráticos escritos por Platón. Sócrates está a punto de presentarse ante el tribunal porque ha sido convocado por el alto magistrado para responder a las acusaciones de impiedad y de corrupción de la juventud, formuladas contra él por Meleto, Anito y Licón. A punto de entrar en la sala del tribunal, Sócrates se encuentra con Eutifrón, un sacerdote que se dirige también allí, para denunciar a su propio padre por el delito de homicidio que ha cometido contra un trabajador.

Sócrates interpela a Eutifrón, preguntándole en qué se basa para tener tal seguridad en que está haciendo lo correcto. Por lo común, le dice, la gente piensa que actuar contra el propio padre es un acto impío, y que los dioses no favorecen a quienes se vuelven contra sus padres. A esto, Eutifrón responde que tiene interés en saber lo que es y lo que no es piadoso. Se abre así la indagación en la naturaleza de la piedad, que constituye el núcleo del diálogo, un tema que, dice Sócrates, es para él de máxima relevancia, dado que está a punto de enfrentarse a una acusación de impiedad y, posiblemente, se le condene a la pena capital.

A lo largo de la conversación que sigue, Eutifrón propone la friolera de cinco definiciones de piedad, a las que Sócrates añade la suya propia. A medida que se expone cada una de ellas, juntos la examinan, Sócrates la refuta, y esto da pie a la siguiente propuesta. La primera definición que propone Eutifrón es que «lo pío» es lo que él está haciendo en ese momento («acusar al que comete delito y peca»).[13] Pero Sócrates señala que eso no es una definición, sino solo un ejemplo que no entra en la esencia de la cuestión.

La segunda definición es que «pío es lo que agrada a los dioses».[14] Eso está mejor, dice Sócrates, porque es una definición, no solo un ejemplo. Sin embargo, continúa, no es suficiente, pues es sabido que los dioses tienen distintos pareceres, y lo que unos y otros consideran agradable puede ser incluso opuesto.

Eutifrón hace entonces un tercer intento: en este caso, dice, lo pío es lo que quieren todos los dioses, y lo que todos los dioses odian es impío.[15] Ahora, Sócrates plantea con su respuesta una pregunta crucial, que desde entonces se conoce como el dilema de Eutifrón: «¿Acaso lo pío es querido por los dioses porque es pío, o es pío porque es querido por los dioses?». Eutifrón elige primero una respuesta y, luego, la otra, y en ambos casos acaba en un callejón sin salida.

Si algo es piadoso simplemente porque es querido por los dioses, eso significa que la piedad es arbitraria: los dioses son caprichosos y pueden (y suelen) cambiar de opinión sobre lo que les gusta y lo que no.* Por otro lado, si algo es querido por los dioses porque es piadoso, esto significa que el criterio de piedad es en realidad independiente de los propios dioses; es decir, que ellos también tienen que someterse a un criterio externo.† A Eutifrón, que es sacerdote, no le gusta ninguna de las dos posibilidades.

* Lo mismo puede decirse del dios abrahámico, que, en el Antiguo Testamento, primero crea a la humanidad y, luego, decide que ha sido una mala idea, y envía un diluvio universal para purificar el mundo.

† El dilema de Eutifrón ha irritado desde entonces a filósofos y teólogos. En pocas palabras, defiende la conclusión de que, incluso en el caso de que los dioses existan, o bien no tienen nada que ver con la piedad y, posiblemente, con la moralidad (primera posibilidad), o bien la piedad y la moralidad son arbitrarias (segunda posibilidad).

En un momento posterior del diálogo, es Sócrates quien toma la iniciativa y propone la cuarta definición: tal vez la piedad sea un aspecto de la justicia.[16] Pero, acto seguido, él mismo plantea una objeción a lo que acaba de proponer: la piedad puede ser parte de la justicia, en el sentido de que las acciones piadosas son también, al mismo tiempo, justas. Pero sin duda hay acciones que son justas y no son piadosas, por ejemplo, cuidar del bienestar de otras personas. La pregunta por tanto es: ¿qué diferencia la acción piadosa de otras acciones justas pero no piadosas?

Para responder, Eutifrón articula la quinta definición: la esencia de la piedad es «el cuidado de los dioses».[17] La idea de que los dioses necesiten «cuidados» implica que tienen carencia de algo, una noción igual de impía y arrogante para los grecorromanos que para nosotros los modernos.

Eutifrón, exhausto, propone entonces la definición sexta y última: la piedad es un arte que consiste en el sacrificio y la oración. Es una especie de conocimiento de cómo tener interacción con los dioses: cómo pedirles cosas adecuadamente (oración) y cómo hacer cosas adecuadamente por ellos (sacrificio).[18] ¡Un momento!, replica Sócrates, parece que estés hablando de una especie de arte «comercial», un *quid pro quo*, por así decir, lo cual de nuevo se acerca peligrosamente a la impiedad. ¡No, no!, responde un perturbado Eutifrón, y de inmediato retorna a la idea, mucho menos arriesgada, de que la piedad tiene que ver con lo que les gusta a los dioses.

Pero volvemos a estar casi al principio de todo, ya que esta no es sino la segunda definición que ya hemos comentado. Sócrates acusa ahora a Eutifrón de cambiar continuamente de idea: «Parezca que tus razonamientos no permanecen fijos [...] pues los haces andar en círculo».[19] Y, dado que están otra vez aquí, Sócrates dice que tendrán que empezar de nuevo, momento en el cual Eutifrón emprende la retirada más presurosa de la historia de la filosofía: «En otra ocasión, Sócrates; ahora tengo prisa y es tiempo de marcharme».[20]

Es importante entender que lo que a Sócrates le inquieta –en el *Eutifrón* y otros *Diálogos*– no es solo la tesis que exponen sus interlocutores, sino la propia forma de ser de sus interlocutores, es decir, su carácter. No es tanto una inquietud de naturaleza epistemológica (referente a la tesis que se discute) como ética (referente a la persona que la defiende).

Las inconsistencias de carácter ético son para Sócrates más fundamentales que las epistemológicas: en última instancia, quiere ayudar a los demás a ser mejores seres humanos, y, para que alguien pueda madurar éticamente, es imprescindible que sea capaz de pensar con claridad, lo que a su vez le hará avanzar en el camino del autoconocimiento. Cuando Sócrates refuta los argumentos de Eutifrón, en cierto sentido refuta al propio Eutifrón, e intenta mostrarle que el problema no está solo en lo que piensa concretamente sobre la piedad, sino en su forma de pensar completa, que no es virtuosa.

Quizá resulte chocante considerar que la capacidad de razonar con claridad sea una virtud, no digamos ya una virtud que conduce al desarrollo ético. Pero recordemos que la palabra «virtud» viene del término griego *areté*, que significa simplemente excelencia (de cualquier tipo).

La filosofía de Sócrates, al igual que la de los estoicos que le siguieron (de los que hablamos en el capítulo 4), es intelectualista: gracias a la claridad de pensamiento, se nos hace evidente el camino hacia la virtud moral, y gracias a la claridad de pensamiento, nos mantenemos en ese camino. Los estoicos incluso fueron un paso más lejos y añadieron a la lista de virtudes la comprensión del mundo natural (lo que hoy llamaríamos ciencia), basándose en que, si vivimos de acuerdo con nociones erróneas sobre la naturaleza del mundo y de nosotros mismos, es muy probable que vivamos mal.

El método socrático

Los *Diálogos* socráticos suelen terminar en lo que se denomina *aporía*, que suele traducirse como confusión. Esto puede sonar más que extraño: ¿por qué querría Sócrates confundir a sus interlocutores, mostrándoles primero que están equivocados en lo que piensan y dejándolos luego sin una respuesta alternativa? Porque la sabiduría empieza en el acto de darnos cuenta de que no sabemos tanto como creemos (ese era el significado del extraño pronunciamiento del Oráculo de Delfos acerca de Sócrates). Además, cualquier buen profesor sabe que no basta con dar a los estudiantes las respuestas correctas, sino que hay que guiarlos indirectamente para que madure su forma de razonar y sean capaces de encontrar por sí mismos las respuestas. Este fue precisamente uno de los principales propulsores del giro «escéptico» que dio la Academia de Platón, como veremos dentro de unos capítulos.

He aquí una estructura formal del método socrático, expandido por Platón y que es como se presenta por lo general en contextos modernos.

1. Planteas una pregunta, como por ejemplo: «¿Qué es el conocimiento?».
2. Tu interlocutor ofrece una primera respuesta: «El conocimiento es una creencia verdadera».
3. Haces avanzar la indagación investigando la respuesta provisional de la otra persona y sacando a la luz posibles suposiciones

implícitas no declaradas. Por ejemplo: «Podemos tener una creencia verdadera sin que sea conocimiento propiamente dicho, por ejemplo, porque hemos tenido suerte y hemos acertado».

4. Tu interlocutor reconoce que la primera definición que dio presenta algunos problemas, de modo que propone una nueva, actualizada: «El conocimiento es una creencia verdadera justificada».
5. Repites los pasos 3 y 4, con el objetivo de afinar tu comprensión del concepto que se está investigando, en este caso, el conocimiento.
6. Ahora, tienes la posibilidad, o de conformarte con una explicación provisional suficientemente satisfactoria, o de reconocer que aún no tienes una comprensión suficiente de la cuestión.

Hasta ahora hemos visto a Sócrates hacer principalmente el papel de refutador de argumentos. Sin embargo, en el curso de los *Diálogos*, lo vemos desempeñar al menos dos papeles más: uno es el de constructor, que lleva a cabo mediante el ejercicio dialéctico, y otro es el de «partero» filosófico. Empecemos por el primer papel.

La palabra «dialéctica» viene del griego *dialegesthai*, que significa «conversar». Cuando Sócrates practica la dialéctica, entabla dinámicas interlocuciones estructuradas en forma de preguntas y respuestas; esto es muy diferente de lo que hacían los sofistas, cuya práctica consistía en dar largos discursos ante el público.

El orador romano Cicerón dirá, tiempo después, que estas dos formas de exposición y penetración filosófica no son mutuamente excluyentes, y los estudios modernos de pedagogía le dan la razón. Todo depende de la audiencia y de los objetivos inmediatos. Los discursos de estilo sofista son una forma eficaz de transmitir mucha información a un gran número de personas, como se sigue haciendo actualmente en muchas aulas y conferencias. La dialéctica socrática es, en cambio, más apropiada para el filosofar activo de un pequeño grupo de personas, donde los participantes tienen libertad para iniciar diferentes líneas de investigación, y todo transcurre de una manera menos estructurada y más interactiva. También esta forma de investigación sigue practicándose en las aulas y las salas de juntas, así como en determinado tipo de sesiones de psicoterapia, y se conoce, de hecho, como diálogo socrático.

Darnos cuenta de que el *elenchus* (la refutación) y la dialéctica son modos de hacer que se sustentan mutuamente nos ayuda a entender que el Sócrates-refutador es un complemento necesario del Sócrates-constructor. En primer lugar, mediante el *elenchus* desechamos las líneas de pensamiento confusas a fin de despejar el camino; esto nos conduce a la *aporía* (una desconcertante situación de imposibilidad), que obliga a la mente a abrirse a posibilidades nunca antes contempladas; finalmente, estamos en condiciones de entablar un diálogo constructivo para llegar a una comprensión global más precisa.

El tercer papel que desempeña Sócrates en los *Diálogos* es el de «partero» filosófico, que él mismo explica detalladamente en el *Teeteto*, donde el tema que se investiga es cómo definir el conocimiento. En cierto momento del diálogo, Sócrates le cuenta a su interlocutor, el matemático *Teeteto*, que su madre, Fenáreta, es partera. Le dice que su función es facilitar que nazcan las criaturas de otras mujeres –criaturas que, por supuesto, ella no ha concebido–, y que, de forma análoga, él es un partero de ideas filosóficas, y su función es ayudar a otras personas –que tienen ya el conocimiento necesario, a menudo sin saberlo– a «dar a luz» sus pensamientos filosóficos.

Encontramos un conocido ejemplo de su función de partero en otro diálogo, el *Menón*, en el que se discute si puede enseñarse la virtud. Sócrates invita a un esclavo de *Menón* a resolver una incógnita matemática; el muchacho va siguiendo las sucesivas indicaciones que Sócrates le da y, finalmente, resuelve el problema, algo que él solo no habría sido capaz de hacer. Este es un caso muy elocuente de partería intelectual, ya que Sócrates conduce con paciencia al muchacho a un punto en el que, una y otra vez, ha de hacer su propio razonamiento, y al final aparece la solución.

En principio, este es el método que nos gustaría que utilizara el sistema educativo moderno. Es bien sabido que embutirles información a los estudiantes y pedirles luego que la regurgiten en el momento del examen es, desde el punto de vista pedagógico, bastante improductivo, y fomenta la pasividad en los estudiantes (no hablemos ya de lo que significa inculcarles la idea de que su objetivo más importante es triunfar en el examen, en lugar de desarrollar el entendimiento). La investigación guiada, por el contrario, les ofrece indicaciones al tiempo que les permite resolver por sí mismos el problema o cuestión. La respuesta, entonces, sienten que es suya, porque la han buscado activamente, y eso ha ido formando, reformando y afinando su comprensión durante todo el proceso.

La naturaleza del conocimiento

Es importante señalar que en el *Teeteto* se propone la definición de conocimiento aceptada más comúnmente: «creencia verdadera justificada».[21] Supongamos que digo que sé que el planeta Saturno tiene un sistema de anillos que lo rodean. ¿Qué significa que lo «sé»? Según Sócrates/Platón, para que eso sea verdadero conocimiento debe cumplir tres condiciones. En primer lugar, y esto es básico, debo creer de verdad lo que afirmo saber; sería bastante extraño que dijera que sé algo que no creo. En segundo lugar, y esto también es bastante obvio, mi creencia tiene que ser cierta (en la medida en que pueda determinarlo): si digo que Saturno tiene anillos, mi afirmación será cierta solo si, efectivamente, hay unos anillos que rodean este planeta.[22] Sin embargo, según leemos en el *Teeteto*, para que algo pueda considerarse conocimiento no basta con que yo lo crea y con que ese algo demuestre ser cierto. Esto podría haber sido fruto de un golpe de suerte: alguien quiere saber qué planeta tiene anillos alrededor, y me aventuro a decir que es Saturno –en lugar de decir, por ejemplo, que es Júpiter– y resulta que he acertado, pero no es que mi respuesta tenga una base cierta. ¿Qué elevaría mi afortunada proposición a la categoría de conocimiento? Poder justificar con razones lo que he dicho.

En otras palabras, si digo que sé que Saturno tiene anillos, tú tendrías derecho a preguntarme: «¿Y cómo lo sabes?». Si te respondo «Me lo dijo alguien que sabía mucho», o incluso «Lo leí en un libro de astronomía», esto no lo elevaría a la categoría de conocimiento. Mi afirmación sería un simple testimonio de oídas, algo que repito porque confío en la autoridad de la persona que me lo dijo o del libro en el que lo leí.

En el caso concreto de los anillos de Saturno, el conocimiento fáctico podría provenir de las observaciones hechas con el telescopio. Da la casualidad de que uno de nosotros (Massimo) ha apuntado un telescopio en dirección a Saturno varias veces a lo largo de su vida y, efectivamente, ha observado los anillos. O podría provenir de haber visto fotografías tomadas por telescopio, o incluso por naves espaciales, y de tener además conocimiento de cómo se tomaron dichas fotografías y lo que representan. O, si Massimo fuera astrónomo, es posible que tuviera otras formas de justificar su creencia verdadera en los anillos de Saturno.

Conviene que nos demos cuenta de que, si aceptamos esta idea de que el conocimiento es una creencia verdadera justificada, resulta que todos sabemos mucho menos de lo que imaginamos saber. Es posible que, si investigamos un poco, descubramos que algunas de nuestras creencias no son ciertas y que no tenemos posibilidad de ofrecer una justificación razonable que avale muchas otras. Por ejemplo, Massimo «sabe» que los quarks son partículas subatómicas fundamentales, pero solo porque lo ha leído en un libro de física y se lo han confirmado varios físicos conocidos suyos. En realidad, estrictamente hablando, Massimo no lo «sabe», puesto que no puede justificar de una forma convincente su afirmación.

Y esto nos lleva de vuelta a una de las actitudes socráticas fundamentales: la humildad. Recordemos de nuevo que el Oráculo de Delfos dijo que Sócrates era el hombre más sabio de Grecia porque sabía que no sabía mucho (o quizá nada). Sócrates inició entonces una investigación (bastante impía, para ser francos) decidido a demostrar que el Oráculo estaba equivocado, y que le sirvió para confirmar una vez tras otra que sus conciudadanos atenienses no tenían conocimientos, pero pensaban que los tenían. Algunos de ellos lo admitieron y aprendieron así su lección de humildad epistémica (y moral). Otros se enfadaron y acabaron por condenar a Sócrates a beber la cicuta.

Antes de terminar esta exposición y pasar a la práctica de cómo vivir una vida socrática en el día a día, no está de más comentar que a veces la humildad de Sócrates es una pose y no debe tomarse como tal. Por ejemplo, cuando le dice a *Teeteto* que, como en el caso de una auténtica partera, el propio Sócrates es «estéril» en ideas filosóficas, no podemos tomárnoslo en serio: está claro que, si el esclavo consigue resolver la incógnita matemática siguiendo las indicaciones que él le da, es porque Sócrates debía de saber exactamente cuál era la solución; por tanto, no es «estéril» en absoluto.

O pensemos en su conversación con el sacerdote Eutifrón. A pesar de que Sócrates insiste repetidamente en que quiere escuchar las opiniones de su interlocutor porque tal vez le ayuden a defenderse de la acusación de impiedad, en varios momentos del diálogo queda claro que Sócrates se está burlando de Eutifrón. He aquí un ejemplo.

> EUTIFRÓN: Ciertamente no valdría yo nada, Sócrates, y en nada se distinguiría Eutifrón de la mayoría de los hombres, si no supiera con exactitud todas estas cosas.
> SÓCRATES: ¿No es acaso lo mejor para mí, admirable Eutifrón, hacerme discípulo tuyo y, antes del juicio frente a Meleto, proponerle estos razonamientos?[23]

En este diálogo, un Eutifrón vano alardea de sus capacidades e incluso habla de sí mismo en tercera persona. La respuesta de Sócrates solo puede considerarse un ejemplo de sarcasmo filosófico.

Vive como Sócrates

Aunque podemos interpretar que en esta respuesta de Sócrates a Eutifrón hay un fondo de sarcasmo, también cabe la posibilidad de que su intención fuera otra: es posible que, al percibir la vanidad de Eutifrón, decidiera alimentarla para animarlo al diálogo. Tal vez Sócrates tenía sus motivos. Recordemos que iba camino del tribunal ,en el que se presentarían formalmente las acusaciones en su contra, cuando se encontró con el sacerdote, y es posible que quisiera hacer tiempo. Además, dado que uno de los cargos que se le imputaban era el de impiedad, quizá pensó que Eutifrón le podría aconsejar sobre cómo defenderse de la acusación. Esto no significa que Sócrates fuera sincero al alabar a Eutifrón; significa que, en este caso, su intención no habría sido asestarle un golpe, sino engatusarlo haciendo uso de una astuta retórica para inducirlo a participar con él en el diálogo filosófico.

Pero lo más probable es que Sócrates no entablara aquella conversación ni para demorar el momento de presentarse ante el tribunal ni para recibir el consejo de un supuesto experto en temas piadosos. Más bien, el principal objetivo de Sócrates pudo haber sido disuadir hábilmente a Eutifrón de que él denunciara a su padre ante los tribunales. De hecho, este es el efecto que el biógrafo Diógenes Laercio nos dice que tuvo Sócrates sobre Eutifrón: al parecer, lo «desanimó», finalmente, y no testificó contra su padre en el juicio por homicidio involuntario.[24] Esta lectura de los hechos concuerda, por otro lado, con el carácter de Sócrates: la obra de Jenofonte *Recuerdos de Sócrates* está llena de episodios en que lo vemos tratar de ayudar a alguien. Sócrates no tenía interés en discutir por discutir: utilizaba la conversación filosófica para beneficio de los demás. Diógenes Laercio dice que era igualmente hábil para desanimar a alguien que para animarlo: por ejemplo, a Teeteto, con el que había dialogado sobre el conocimiento, «lo despidió lleno de entusiasmo»; el que no hubieran llegado a una conclusión firme sobre qué es el conocimiento pudo haberle infundido a Teeteto un fuerte interés por aprender e indagar. En definitiva, Sócrates ayudó tanto a Eutifrón como a Teeteto a ser mejores personas; en el caso del primero, disuadiéndolo de traicionar su vínculo familiar, y en el del segundo, avivando su deseo por descubrir.

Así pues, el «método socrático» (que, como ya hemos dicho, en realidad no es un único método) era más que una técnica de enseñanza (o un conjunto fluido de técnicas): se utilizaba con el propósito de hacer que los individuos fueran mejores seres humanos. Sin embargo, si era este su objetivo, quizá te preguntes por qué no hemos encontrado a Sócrates en el Puerto del Carácter, que es el que está íntimamente vinculado al concepto de la virtud. En definitiva, practicar la «virtud» (*areté*) significa en el sentido literal convertirse en la versión más excelente de uno mismo.

Veamos, si bien es cierto que a Sócrates le importa mucho la virtud, la razón por la que se le ha incluido en el Puerto de la Duda es porque él tiende un puente conceptual entre la virtud y la duda. Saber lo poco que en realidad sabes (y lo poco que saben los demás) te acerca a la sabiduría y, por tanto, a ser mejor persona.

Para vivir como Sócrates, no basta con que domines las tres funciones socráticas principales (refutador, constructor y partero) utilizando dos de sus métodos principales (el *elenchus* y la dialéctica), sino que además tienes que saber «leer» al público y ser hábil con la retórica, todo ello mientras sirves al bien común y mejoras como persona. ¡No es cualquier cosa emular a este maestro!, o, como dice la frase inglesa, «llenar sus zapatos» (si es que los llevaba, porque, como hemos visto, solía ir descalzo).

Aunque sería difícil llevar una vida completamente socrática, hay algunas ideas que puedes aplicar a tu día a día para vivir de un modo semisocrático. Una vida de este estilo podría resumirse en tres acciones principales:

- **Duda:** no confíes en tus supuestos conocimientos y cuestiona los de la gente altiva y poderosa.
- **Indaga:** examina lo que alguien afirma y entabla conversaciones dinámicas en forma de preguntas y respuestas en lugar de largas disertaciones a favor o en contra de una idea. Puedes hacerlo con otras personas, como hacía normalmente Sócrates. Pero, como pronto verás, también puedes aplicar esta técnica a tus propias creencias.

  Además, aunque Sócrates a menudo recurría a la ironía o posiblemente al sarcasmo, sus conversaciones siempre intentaban llegar a la verdad. Por tanto, las discusiones socráticas son un esfuerzo cooperativo destinado a alcanzar un mejor entendimiento; no son una técnica retórica para convencer a los demás de una conclusión predeterminada. La dialéctica da más relevancia a plantear buenas preguntas que a encontrar respuestas.
- **Haz el bien:** no intentes emular a Sócrates solo para ser tú también un tábano o porque te gusta la discusión filosófica. Hazlo para beneficiar a los demás y para fortalecer tu propio carácter moral.

Una vida moderna que pone en práctica estas tres acciones tiende hacia lo socrático. Ha llegado el momento de que pruebes cómo es vivir así.

Día 1: Autoexamen, primera parte

La versión que Platón nos presenta de Sócrates lo retrata sobre todo dialogando con otros individuos. Sin embargo, hay también algunos momentos en que lo vemos utilizar la dialéctica consigo mismo, por así decir. Durante su conversación con Eutifrón, por ejemplo, hemos visto a Sócrates aportar al diálogo su propia definición de piedad y refutarla acto seguido (página 223). Esto demuestra que es factible aplicar el método socrático a nuestras propias opiniones e ideas.

El método dialéctico requiere un poco de práctica, y quizá no te resulte fácil aplicarlo entero de sola vez, así que el principal objetivo de hoy es superar el paso 2 (en el que tu interlocutor da una respuesta a tu primera pregunta).

Recuerda que el primer paso es que plantees una pregunta. Por ejemplo: «¿Qué es el conocimiento?».

Por supuesto, puedes formular esa pregunta sobre cualquier tema. Sin embargo, algunas cuestiones son más trascendentes que otras. Dado que el concepto de conocimiento es importante, preguntar qué significa en verdad el «conocimiento» da pie a una indagación potencialmente reveladora, mientras que preguntar «¿Qué es el almuerzo?», probablemente no.

Para Sócrates, uno de los principales terrenos de indagación es el de la terminología ética; lo hemos visto preguntar, por ejemplo, «¿Qué es la justicia?». Entender qué es la justicia podría tener una importante repercusión en tu vida (como tal vez el haber explorado en la práctica el Puerto del Carácter), porque, si uno de tus valores es ser una persona justa, ¿cómo sabes que estás viviendo de acuerdo con él cuando no entiendes del todo qué hace que algo sea justo? Por este motivo, te sugerimos que te limites a formular una pregunta sobre términos *morales* o de *significado trascendente*. Por ejemplo, «¿Qué es la bondad?», «¿Qué significa ser valiente?» o «¿Qué hace que algo sea "bueno"?» son preguntas válidas.

Sin embargo, puede que no todas las preguntas signifiquen algo *para ti*. La mejor manera de dar con una pregunta que te interese realmente es partir de un valor o una opinión de carácter ético que tengas en la actualidad. Por ejemplo, lo más seguro es que tengas una mala opinión de alguien que te parece cruel. En ese caso, pensarás: «La persona X es cruel». A partir de aquí, puedes preguntarte: «¿Qué es la crueldad?».

En el espacio que sigue, escribe una opinión moral que tengas sobre algo o alguien.

Ahora, formúlate una pregunta sobre tu opinión, de la siguiente manera: «¿Qué es [la opinión]?».

Ahora podemos continuar al paso 2. Tu interlocutor da la primera respuesta: «Conocimiento es una creencia verdadera».

Hoy, tú serás tu propio interlocutor. Fíjate en la forma de la respuesta. No es un caso más de algo que ya crees saber (como que París es la capital de Francia, o que 2 + 2 = 4). Una definición socrática adecuada no se limita a ofrecer una lista de ejemplos, sino que establece las condiciones para que algo, *sea lo que sea*, cuente como «conocimiento». Por tanto, la definición afirma que todo lo que cuente como conocimiento tiene que ser tanto creído como verdadero (o también podríamos decir que toda creencia verdadera cuenta como conocimiento). En lenguaje moderno, diríamos que estas son las *condiciones necesarias y suficientes* para que algo pueda considerarse conocimiento. Esto significa que, según esta definición, toda afirmación que sea verdadera y creíble debe ser conocimiento, y toda afirmación de conocimiento debe ser verdadera y creíble.

Puedes utilizar las *condiciones necesarias y suficientes* como lista de comprobación. Para que algo pueda considerarse conocimiento, tiene que cumplir *todas* las condiciones.

- ☐ Es una creencia.
- ☐ Es verdad.

«La luna está hecha de queso verde» no se consideraría conocimiento según esta definición, ya que no es verdad. «George Washington, cuando murió, solo tenía en la boca un diente que fuera suyo» es verdad, y contará o no como conocimiento dependiendo de si lo creías antes de leerlo ahora. «2 + 2 = 4» es verdad y probablemente lo creas, por lo que cuenta como conocimiento según la definición que estamos aplicando.

Ahora te toca a ti hacer una lista similar de condiciones necesarias y suficientes para la pregunta que acabas de formular. Puedes empezar por donde quieras, aunque sea una tontería o un error evidente. Eso es lo que hizo Sócrates con Teeteto para llegar a una definición de conocimiento. Empezó por interpretar (sin la menor consideración) la afirmación de Protágoras de que «Tal como las cosas se me muestran, tales son para mí; tal como se te presentan, tales son para ti» como «el conocimiento es creencia». Sócrates probablemente pensó que era una afirmación tonta, pero le sirvió de punto de partida. Después, fue capaz de mejorarla, al ver dónde se equivocaba la afirmación, y añadió que no tratamos todas las opiniones por igual, y aquellas a las que damos más peso tienden a ser las verdaderas. Así, Sócrates mejora la definición original e imperfecta de conocimiento. La nueva definición pronto será también refutada, ¡pero sigue siendo una mejora!

En el espacio que sigue, reescribe tu pregunta anterior y haz una lista de las condiciones que deben cumplirse.

¿Qué es _____?
Para poder considerarla _____, debe cumplir *siempre todas* las siguientes condiciones:

- ☐ ____________________
- ☐ ____________________
- ☐ ____________________
- ☐ ____________________
- ☐ ____________________
- ☐ ____________________

Día 2: Autoexamen, segunda parte

Hoy, tu objetivo será encontrarle fallos a la definición que diste ayer y tratar de perfeccionarla. Como estás trabajando con tus propios pensamientos, condensaremos y simplificaremos los pasos 3, 4, 5 y 6 del método socrático (páginas 227 y 228).

Paso 1: pon pegas a tus condiciones necesarias y suficientes.
Paso 2: revisa tu definición para ver si presenta algún problema.

Puedes repetir estos dos pasos hasta que llegues a una definición que no presente ningún problema obvio, o hasta que te hartes y llegues a una situación de *aporía* (confusión e imposibilidad de encontrar salida), como les ocurría a muchos de los interlocutores de Sócrates. No hay razón para avergonzarse de esto último, así que no te desanimes si llegas a la *aporía*; mañana tendrás ocasión de explorar más a fondo este sentimiento.

Aquí tienes algunos consejos para ejecutar el paso 1.

- **Pon a prueba tu afirmación original utilizando la lista de condiciones necesarias y suficientes.** Volviendo al ejemplo relativo a la crueldad, recuerda que la pregunta surgió a partir de la creencia de que la persona X es cruel. Puedes utilizar a esa persona como caso de prueba y preguntarte si has incluido en la lista *todo* lo que te hace pensar que la persona X es cruel. ¿Cumple todas las condiciones que estableciste en la lista de ayer? Si no es así, revisa la lista. Si es así, imagina que puedes agitar una varita mágica y eliminar de la persona todas las características que has enumerado. ¿Haría eso que la persona dejara de ser cruel? Si no es así, tienes más condiciones que añadir a la lista.

- **Propón contraejemplos.** Esfuérzate un poco por encontrar ejemplos en los que se cumplan todas las condiciones de tu definición, pero en los que no creas que se cumpla la definición. Esto es lo que hace Sócrates con la definición de «conocimiento» como creencia verdadera; pone el ejemplo de un buen abogado que convence a un juez de un delito utilizando la retórica. El delito ocurrió (por lo que es verdad), y el juez ahora cree que ocurrió, pero no tiene una *razón* fundada para creer que ocurrió y, por tanto, no tiene *conocimiento* del delito.
- **Descubre qué afirmaciones hay implícitas en tu definición y comprueba si son verdad.** Sócrates utiliza esta técnica en su diálogo con Laques para rebatir la afirmación de que el «coraje» consiste en «no huir del enemigo durante la batalla». Sócrates señala que esta definición implica necesariamente que luchar a caballo nunca es valeroso, puesto que requiere inevitables retiradas rápidas, además de lanzarse al ataque. A caballo, el combatiente no se queda quieto en un sitio.

Aquí tienes una tabla en la que poner a prueba tu definición de ayer.

¿Qué es ______________________________?

<table>
<tr><th>Lista de condiciones necesarias y suficientes para ____________</th><th>Comprueba tus condiciones necesarias y suficientes</th><th>¿Ha superado la prueba tu definición? En caso de que no, ¿en qué ha fallado?</th></tr>
<tr><td>Definición original
☐
☐
☐
☐
☐</td><td></td><td></td></tr>
<tr><td>Revisión 1
(o definición original si superó la 1.ª prueba)
☐
☐
☐
☐
☐</td><td></td><td></td></tr>
<tr><td>Revisión 2
(o definición original si superó la 2.ª prueba)
☐
☐
☐
☐
☐</td><td></td><td></td></tr>
</table>

Por último, cuando hayas terminado de poner a prueba tu definición, escribe en el espacio que sigue *por qué* das la prueba por terminada. ¿Es porque consideras que tu definición es satisfactoria? ¿Porque has desistido de seguir intentando que cumpla las condiciones? ¿Porque el ejercicio te ha resultado demasiado difícil? ¿Por alguna otra razón? Mañana examinarás qué sentimientos te provoca la reacción que hayas tenido a este ejercicio.

Día 3: Investiga tu reacción al método socrático

Después de dos días de entrenamiento riguroso, es un buen momento para que le des al cerebro un poco de descanso y reflexiones tranquilamente sobre cuál está siendo tu experiencia del método socrático. Hemos dejado el siguiente espacio para que escribas sobre ella. Puedes escribir cualquier pensamiento que te venga a la mente, pero, si quieres, para orientarte, aquí tienes varias preguntas sobre las que reflexionar.

- ¿Cómo te has sentido mientras hacías el ejercicio? ¿Has trabajado con interés? ¿Te ha producido frustración, confusión…?
- Ahora que has terminado de hacerlo, ¿tienes más interés por saber si tus creencias tienen fundamento, como le ocurrió a Teeteto, o ha sido una experiencia frustrante y se te han quitado las ganas de investigar más, como le pasó a Eutifrón?
- Si la frustración o la *aporía* fueron la razón por la que ayer abandonaste el ejercicio sin haber llegado a una definición satisfactoria, ¿cómo afecta esto a la certeza que tenías sobre tu afirmación original?
- Si llegaste a una definición aceptable, ¿qué efecto tiene esto sobre la certeza que ya tenías acerca de la afirmación original?
- ¿Cómo crees que puedes emplear esta técnica en el futuro? ¿Qué grado de interés tienes en emplearla?

Día 4: Dialéctica y *elenchus* con otra persona

Hasta aquí, te has estado aplicando el método socrático en solitario. Ahora ha llegado el momento de que hagas participar a otra persona. El objetivo del ejercicio de hoy es que encuentres a un amigo o amiga que quiera participar contigo en la práctica del método socrático. Hemos reproducido a continuación los seis pasos del proceso, pero esta vez te hemos dejado espacio para que, a medida que avanza el diálogo, puedas tomar notas que te ayuden a guiar la conversación y a mantenerla en el buen camino.

1. Planteas una pregunta: ______________________________

____

2. Tu amiga o amigo ofrece una primera respuesta: __________

____

3. Haces avanzar la indagación investigando su respuesta provisional y sacando a la luz posibles suposiciones implícitas no declaradas con las que ni tú ni esa persona estáis de acuerdo. Escribe aquí cuáles son.

____

____

4. Tu amiga o amigo reconoce que la primera definición que dio presenta algunos problemas, de modo que propone una nueva, actualizada: ______________________________

____

____

5. Repites los pasos 3 y 4 una serie de veces, con el objetivo de afinar tu comprensión del concepto que estáis investigando. Escribe aquí debajo las nuevas versiones de los pasos 3 y 4.

Nueva definición	Problemas de la nueva definición

6. Después de unas cuantas rondas, ¿por qué habéis parado? ¿Habéis llegado a una definición provisional que os ha parecido suficientemente aceptable? ¿O habéis admitido que no tenéis todavía una comprensión suficiente de la cuestión, pero habéis abandonado por *aporía*?

Día 5: Intento de practicar la dialéctica y el *elenchus* con una persona desconocida

Ahora que ya has practicado un poco con una persona cercana, es hora de que pruebes a poner en práctica el método socrático con alguien que no haya aceptado expresamente tomar parte en la indagación y a quien le vendría bien que hubiera un poco más de *aporía* en su vida, bien por su excesiva petulancia, o por la posición de poder que ocupa. Recuerda que Sócrates no debatía porque sí: ¡lo hacía para hacer el bien! Hoy, tú deberías intentar hacer lo mismo.

Las redes sociales pueden ser un buen lugar para intentarlo, aunque significará tener que adaptar el planteamiento a su naturaleza asíncrona. Puedes escribirle a un político, o a alguien que parezca estar siempre excesivamente seguro de lo que dice, en respuesta a alguna declaración suya, e intentar aplicar los seis pasos para entablar con esa persona una dialéctica socrática. Te ayudará a mantener la conversación dentro de los cauces socráticos basarla más en preguntas que en afirmaciones. Por ejemplo, si un político afirma que defiende la justicia por encima de todo, en lugar de protestar diciendo: «No, no es verdad, puesto que acaba usted de proponer la ley X», puedes decirle: «La ley X me parece injusta, pero quizá he malinterpretado los términos. Puesto que el experto aquí es usted, ¿qué entiende por "justicia"?». Este planteamiento termina con una pregunta, y aplica también algún ligero elogio para intentar que esa persona se involucre en el diálogo: estarás haciendo lo que Sócrates con Eutifrón.

Si las redes sociales no son lo tuyo, puedes intentar hablar con alguien que no sea un desconocido, pero que no sepa que tu intención es mantener con él un diálogo socrático. Podrías hacerlo en una reunión presencial o un grupo de lectura, o quizás con alguien de tu familia.

Lo mismo si intentas hacerlo en internet que fuera de internet, es muy probable que la gente con la que intentes dialogar socráticamente no coopere. Esto en sí mismo es una buena lección. Por otro lado, quizá no sea lo más adecuado para ti en este momento intentar entablar una conversación con alguien desconocido en internet, y menos aún en persona. Si te parece que es exigirte demasiado, ya sea porque te incomoda la perspectiva, o simplemente porque no encuentras fácilmente una oportunidad, sáltate este ejercicio y prueba a repetir alguno de los anteriores.

Reflexión

Ahora que has probado el método socrático, dedica un poco de tiempo a reflexionar sobre tu experiencia. ¿Te ha resultado más fructífero practicarlo en solitario, con una persona cercana que ha accedido a participar o con un desconocido? Si has llegado a hacer la prueba de practicarlo con alguien desconocido, es probable que no te haya ido tan bien como a Sócrates en los *Diálogos* de Platón. ¿Qué lecciones has aprendido sobre el tipo de personas con las que merece la pena entablar un diálogo socrático y en qué circunstancias? ¿Qué aspectos del método de Sócrates crees que pueden serte útiles para utilizarlos de nuevo en el futuro, y cuáles crees que dejarás atrás?

___

___

Ya conoces los fundamentos del método socrático, así que es hora de que exploremos un nuevo método escéptico: el de uno de los interlocutores de Sócrates, el sofista Protágoras.

8. Practica el relativismo con Protágoras

De todas las cosas, la medida es el hombre, de las que son en cuanto son, y de las que no son en cuanto no son.

PROTÁGORAS, en Diógenes Laercio, *Vidas y opiniones de los filósofos ilustres*, 9.51

Los pies calzados con sandalias iban golpeando rítmicamente el suelo de piedra bajo la columnata, mientras los hombres caminaban con determinación aquella mañana del año 434 a.C. La casa que los rodeaba, una de las mejores de Atenas, estaba llena de jóvenes adinerados que habían acudido para aprender de un famoso maestro: el filósofo sofista Protágoras de Abdera. Él iba a la cabeza de la manada, guiándola mientras caminaba y hablaba. Sus discípulos lo seguían y, cada vez que el maestro daba media vuelta para cambiar de dirección, se apartaban rápidamente a los lados y volvían a colocarse detrás de él.[1]

Aquellos jóvenes anhelaban recibir la clase de educación que ofrecían los sofistas: la habilidad para elaborar un buen argumento y pronunciar un discurso convincente sobre prácticamente cualquier tema. Esa destreza podía hacerlos avanzar en sus carreras políticas, y les sería de gran utilidad en la asamblea popular o en los tribunales de justicia.[2] Era requisito indispensable que los estudiantes fueran adinerados, ya que, de lo contrario, no habrían podido pagar las tasas de Protágoras, que eran notoriamente altas. Solo aquellos que disponían de tiempo y dinero podían asistir a la escuela itinerante de Protágoras en su recorrido por Grecia.[3] Entre ellos se encontraba el que era su anfitrión en Atenas, Calias (hijo del hombre más rico de Grecia, Hipónico),[4] junto con sus invitados y los estudiantes que habían seguido a Protágoras desde otras ciudades. En la parte opuesta del pórtico, solían sentarse a disertar otros admirados maestros sofistas, como Hipias de Elis y Pródico de Ceos, y los jóvenes prestaban mucha atención a sus palabras.

Algunos atenienses se mantenían lejos de la guarida de los sofistas. Percibían las palabras de los sofistas como *deinós*, término griego que significaba «diestro y admirable» a la vez que «terrible».[5] Consideraban que su lenguaje pulido era extraordinariamente poderoso y representaba también un peligro. Sin embargo, los sofistas eran asimismo muy respetados por las altas esferas. En la cima de su carrera política, el gobernador ateniense Pericles se hizo admirador de Protágoras y, en el año 444 a.C., le pidió que redactara la constitución para la nueva colonia panhelénica de Turios, en el sur de Italia.[6]

Protágoras nació alrededor del año 490 a.C. en la ciudad tracia de Abdera, en la costa norte del mar Egeo.[7] Los detalles de su vida temprana son un misterio, pero hay relatos que ofrecen alguna pista. Algunos de ellos dicen que trabajaba como porteador de cargas de leña cuando conoció al filósofo Demócrito, también de Abdera. Cuentan que Demócrito, conocido por su teoría atómica, se sorprendió al ver el complejo nudo geométrico que había hecho Protágoras para sujetar un haz de leña y decidió que el joven era lo bastante inteligente para aprender filosofía. Otros dicen que su familia hospedó al rey persa Jerjes durante su estancia en Grecia, y que Jerjes dispuso que Protágoras fuera educado por los Magos (*Magi*), maestros espirituales persas.[8]

Por el hecho de haber nacido en la Tracia, Protágoras era un extranjero en Atenas. Su reputación y sus deseos de hacer fortuna lo colocaban en una posición un tanto precaria cada vez que ponía el pie en esta ciudad de tendencia xenófoba, a pesar de la calurosa acogida que le dispensaban los jóvenes que se reunían en torno a él. Pero su popularidad entre ellos atendía a una buena razón: Protágoras podía dar a estos ambiciosos atenienses la oportunidad de triunfar en la vida. Vivían en una sociedad muy litigiosa, en la que los propios dirigentes acababan a menudo en los tribunales, y los discursos públicos influían enérgicamente en las decisiones del gobierno democrático. Saber presentar un buen argumento a favor de tu bando podía darte riquezas y poder en Atenas, y ser capaz de exponer bien un caso podía salvar tus propiedades o incluso salvarte la vida.[9]

Mientras Protágoras caminaba por la columnata aquel día del año 434 a.C., dirigiéndose a su grupo de discípulos les dijo: «Me complace veros a todos hoy aquí, a vosotros que habéis decidido aprender el arte del sofista. Nosotros, los maestros de este arte, seguimos los pasos de grandes poetas y profetas: Homero, Hesíodo e incluso Orfeo. En el pasado, por desgracia, muchos pensadores famosos ocultaron su sofismo, temerosos de que otros los envidiaran y despreciaran por eso sus bellos argumentos.[10] Pero yo no. Reconozco que soy un sofista y que educo a la humanidad. Llevo trabajando ya muchos años en este oficio, y me es muy agradable hablar con todos los que quieran progresar hacia lo mejor». Al oír esto, un hombre le susurró a su amigo: «Sí, por un buen precio», lo cual provocó una carcajada. Protágoras no se inmutó. «Y, si aprendéis de mí, el primer día volveréis a casa mejores hombres de lo que vinisteis, y mejores el segundo día que el primero, y cada día mejores de lo que erais el día anterior», añadió con una leve sonrisa. Dirigió una mirada seria a los que se habían reído, y la poblada barba le tembló ligeramente mientras asentía en su dirección. «Con mis enseñanzas, seréis un día dirigentes formidables. Haréis de Atenas la polis más fuerte que el mundo haya visto jamás».

En la escuela de Protágoras, sus alumnos hablaban de muy diversos temas, entre ellos la política, la virtud y la guerra. Protágoras tenía facilidad para ver las dos caras de cualquier argumento y ayudaba a sus alumnos a que las vieran ellos también y aprendieran a defender cada cual su punto de vista. La idea de Protágoras de que «el hombre es la medida de todas las cosas» le granjeó renombre como pensador que proponía una interpretación del mundo centrada en el ser humano y para quien la destreza y el progreso humanos eran la prioridad.[11]

Sin embargo, el que pusiera en tela de juicio creencias que la mayoría de la gente consideraba inamovibles fue tal vez un poco excesivo para los gobernantes de Atenas. Después de que escribiera las polémicas líneas de su libro *Acerca de los dioses*, hoy desaparecido, en las que decía: «Acerca de los dioses, no puedo saber ni cómo son ni cómo no son», la asamblea ateniense lo desterró de la ciudad y del país, según cuentan algunos comentaristas. Se envió a un pregonero a pedir que todos los que poseyeran libros de Protágoras los entregaran; todos los volúmenes se llevaron al ágora, y, allí, se quemaron públicamente.[12]

Protágoras escribió muchos libros que no han llegado hasta nosotros. Además de *Sobre los dioses*, escribió *La verdad*, *Antilogías*

(Sobre la contradicción), *Sobre la ambición de honores*, *Sobre las acciones incorrectas de los hombres*, *Sobre las cosas del Hades*, *Sobre las ciencias*, *Sobre las virtudes* y varios más. Vivió al menos hasta los setenta años, y es posible que llegara a los noventa. Hay quienes dicen que murió en un naufragio, huyendo de un juicio en Atenas en el que debía comparecer, o durante un viaje a Sicilia,[13] pero otros dicen que murió pacíficamente, con su reputación del todo intacta.[14]

La antipatía de Platón

Platón sentía una profunda antipatía por los sofistas. Incluso hoy, la palabra tiene connotaciones fuertemente negativas debido al tratamiento que Platón da a la sofística en sus *Diálogos*. Una definición de diccionario dice que un sofista es «una persona que razona con argumentos ingeniosos pero falaces».

Hay dos razones que explican la aversión de Platón y la campaña que montó contra los sofistas a lo largo de toda su vida. En primer lugar, Platón intentaba establecer una distinción entre el tipo de filosofía que él practicaba en la Academia (véanse las páginas 227 y 228) y lo que los sofistas enseñaban,[15] un ejemplo temprano de competencia entre intelectuales, por así decir. Según Platón, los sofistas no hacían verdadera filosofía, sino que vendían sus técnicas al mejor postor, y enseñaban así habilidades retóricas destinadas a obtener ventajas personales, lo que hoy llamamos sofistería (o, dándole un giro un poco más positivo, abogacía).

En segundo lugar, Platón culpaba indirectamente a los sofistas del injusto juicio y muerte de su maestro, dado que, por error, se había asociado a Sócrates con el sofismo. El caso es que el dramaturgo

Aristófanes había escrito una obra, *Nubes,* en la que se burlaba de los sofistas: los representaba enseñando que los valores morales son relativos, que los dioses no existen, y que cualquiera que se aplique puede ganar un debate apelando a la astucia en lugar de a la razón. Y el personaje sofista de Aristófanes se llamaba Sócrates.

Pero el movimiento sofista era más complejo e interesante que la caricatura sesgada que presenta Platón. Para empezar, era un movimiento, no una escuela. Los sofistas eran maestros itinerantes independientes que no compartían necesariamente un conjunto fundamental de doctrinas, aunque algunas de sus ideas fueran similares. Por eso, la presentación que hacemos aquí de Protágoras de Abdera (490-420 a.C.), posiblemente el primer sofista, no es tanto la de un representante de un grupo de pensadores, sino sobre todo la de un hombre de ideas propias.

Entendimiento entre humanos

La filosofía de Protágoras giraba en torno a tres cuestiones principales:[16] 1) pronunciar el discurso correcto, *orthoepeia* (literalmente «palabras correctas»), que implicaba el estudio del significado de las palabras, la semántica (*semantikós*), y de su correcta dicción, u ortoepía propiamente dicha; 2) la noción de que el ser humano es la medida de todas las cosas, y 3) agnosticismo acerca de los dioses y escepticismo general acerca de la religión. Examinemos por separado cada uno de estos elementos.

El dominio de la ortoepía, y por supuesto de la semántica implícita, es indispensable para entender lo que quieren decir los demás y para poder expresar nosotros lo que queremos decir. Incluso hoy, sigue siendo algo que a menudo no se valora como merece. Es frecuente oír la frase «Bah, pero eso son cuestiones semánticas», como si la semántica –¡lo que las palabras significan!– no fuera de importancia crucial en todo tipo de discurso humano. Muchos de los malentendidos, e incluso enfados, que se producen en las conversaciones, sobre todo cuando tratan de asuntos delicados o complejos, son debidos a que las personas no se entienden cuando hablan, porque utilizan las mismas palabras pero con significado diferente.

Pero ¿cuál es el objetivo general de aprender ortoepía? En el Protágoras de Platón, un diálogo en el que participa principalmente nuestro sofista, lo oímos decir que se dedica a enseñar a cada hombre «la buena administración de los bienes familiares –de modo que pueda él dirigir óptimamente su casa–, y acerca de los asuntos políticos, para que pueda ser él el más capaz de la ciudad, tanto en el obrar como en el decir». No solo eso, sino que además promete «hacer a los hombres buenos ciudadanos».[17] Curiosamente, ese era también el propósito de Sócrates, cuando deambulaba por las calles de Atenas entablando diálogo con los jóvenes con los que se encontraba. En cierto sentido, lo que Protágoras quería conseguir era más o menos lo mismo que se proponía *toda* escuela helenística –hacer florecer la bondad humana–, aunque, por supuesto, cada una lo hacía a su manera.

Es revelador que Protágoras[18] piense que ser un buen ciudadano consiste en ejercer el autodominio y practicar la justicia. Además, añade que estas actitudes son naturales en los seres humanos, puesto que somos animales sociales. Por tanto, para prosperar como especie –dice Protágoras– debemos preservar el orden social y trabajar en cooperación con nuestros semejantes. Esto no se aleja demasiado de la postura que articularon los estoicos –a los que no suele asociarse con el movimiento sofista– mediante su famoso concepto de *telos*, o «vivir de acuerdo con la naturaleza» (véase la página 27).

¿Relativismo moral?

Posiblemente el aspecto por el que más se conoce a Protágoras sea su supuesto relativismo, especialmente en cuestiones de ética. Dijo, como es bien sabido, que «De todas las cosas la medida es el hombre, de las que son en cuanto son, y de las que no son en cuanto no son».[19] En otras palabras, todo puede medirse por criterios humanos. Pero ¿qué trataba de decir exactamente con esto?

Un ejemplo clásico de este principio es la percepción de cosas como la temperatura. Jen dice que hace frío, mientras que Beth insiste en que hace calor. Un termómetro puede establecer la verdad objetiva sobre la temperatura, pero no resolverá la cuestión de si está justificado que Jen o Beth (¡o ambas!) sientan lo que sienten. Sabemos que, en una habitación que esté a determinada temperatura, alguien puede tener frío y alguien, calor, dependiendo de su fisiología individual, o incluso de si está sana o enferma.

La idea de que los hombres (o las mujeres, o, sencillamente, los seres humanos) somos la medida de todas las cosas no tiene por qué considerarse una afirmación universal sobre la naturaleza del mundo. Podemos entenderla como la simple observación de que, en los asuntos humanos, nuestras percepciones subjetivas determinan cuáles son nuestros valores y prioridades, que a su vez impulsan nuestras acciones.

Si los seres humanos somos realmente la medida de las cosas, en el sentido que acabamos de explicar, de esto se deduce que la propia ley humana (*nomos*, que significa «costumbre») no es universal e inmutable, sino que evoluciona con el tiempo y está sujeta a modificaciones como resultado de los continuos debates entre los individuos. Esto significa contemplar desde una perspectiva radicalmente distinta la naturaleza de las leyes y las costumbres: ¿son arbitrarias y están en constante proceso de cambio, o se derivan de hechos objetivos referentes al mundo y al ser humano (*phusis*, naturaleza)? La respuesta de muchos sofistas es: ¡ambas cosas!

Algunos sofistas pensaban que las leyes humanas son arbitrarias, y a menudo perjudiciales, porque nos obligan a rechazar el único y verdadero dictado de la naturaleza, que es que nos cuidemos ante todo a nosotros mismos. Este es el modelo que propone Glaucón, pariente lejano de Platón, en el segundo libro de la obra magna de Platón, la *República*. Glaucón desafía a Sócrates; sugiere que los seres humanos son fundamentalmente egoístas, y añade que el verdadero significado de la justicia es poder hacer lo que uno quiera. Cualquier ley que se interponga en ese camino es, por tanto, inequívocamente injusta.*

Pero hemos visto que Protágoras rechaza esta clase de «egoísmo ético», basándose en la noción (que tanto nos recuerda a los estoicos) de que los seres humanos somos *por naturaleza* cooperativos, dado que dependemos unos de otros para sobrevivir y prosperar. *Nomos* y *phusis* están, por tanto, conectados, según Protágoras, pero en el sentido de que la ley humana intenta reflejar e implementar la verdadera ley natural. Esta contraposición de perspectivas de la naturaleza humana –fundamentalmente egoísta versus fundamentalmente cooperativa– es una de las principales razones por las que no podemos

* Esta es esencialmente la filosofía de los objetivistas modernos como Ayn Rand.

hablar de una Escuela de Sofística cohesionada, sino más bien de un grupo de pensadores individuales vagamente conectados.

A pesar de que Protágoras discrepara de las perspectivas de otros sofistas, también la suya resultó ser muy controvertida. Su opinión de que «lo que a cada ciudad le parece justo y recto, lo es, en efecto, para ella, en tanto lo juzgue así» hizo que,[20] una vez más, se malinterpretaran sus palabras y se le considerara un relativista moral, y, si alguien es relativista respecto a la ley, entonces no cuesta mucho extender ese relativismo también al adulterio, la impiedad, el robo y el asesinato. El hecho, no obstante, es que incluso Platón dijo claramente que Protágoras era un ciudadano honrado y una persona cortés y generosa.

Por otra parte, Protágoras fue supuestamente el primero en decir que, en cualquier asunto, hay «dos razonamientos opuestos» que pueden ser del mismo modo convincentes,[21] la misma tesis que encontraremos tanto en los escépticos académicos (capítulo 9) como en los pirrónicos (capítulo 10). Sin embargo, Protágoras defendía su propia perspectiva por considerarse experto en ciertos temas, lo cual parece contradecir la noción de que siempre hay dos o más líneas de argumentación igualmente razonables en cualquier controversia.

Protágoras cuadró este particular círculo proponiendo que ninguna «representación» (lo que las cosas parecen) es más verdadera que cualquier otra, pero algunas de tales representaciones son «mejores que las otras» para propósitos pragmáticos concretos.[22] Por ejemplo, cuando al propio Protágoras se le encargó, hacia el 444 a.C.,[23] que redactara una constitución para la colonia ateniense de Turia (cerca de la moderna Sibari, en el sur de Italia), probablemente no argumentara que una constitución era «más verdadera» que otra, sino simplemente que la que él había redactado era la mejor, dadas las necesidades específicas de la ciudad de Turia.

Dioses y religión

Sobre el tema de dios, Protágoras era agnóstico. «Acerca de los dioses –dijo– no puedo saber ni cómo son ni cómo no son. Porque muchos son los impedimentos para saberlo: la oscuridad del tema y lo breve que es la vida humana».[24] Esta es una declaración de agnosticismo todo lo clara y fundada que puede ser una declaración. Protágoras no fue el primero en dudar de la existencia de los dioses. El presocrático Jenófanes observó que la gente hace a sus dioses a su propia imagen y especuló que, si los bueyes y los caballos tuvieran dioses, ¡se asemejarían a los bueyes y a los caballos![25] Otro presocrático, Anaxágoras, decía que el sol era una roca incandescente («más grande que el Peloponeso»), dando a entender que no creía que el astro fuera un dios.[26]

Y esto no es todo. Demócrito, el creador de la doctrina del atomismo que más tarde fue adoptada por los epicúreos (capítulo 2), fue casi contemporáneo de Protágoras, y él decía que la religión surgió cuando los pueblos primitivos, «aterrorizados» ante fenómenos celestiales y atmosféricos «tales como truenos, rayos y relámpagos, conjunciones de astros y eclipses de sol y de luna», buscaron una explicación.[27] Y Critias, pariente de Platón, en una obra titulada *Sísifo* escribió que los seres humanos inventaron leyes para regular sus vidas; pero como la gente seguía teniendo con demasiada frecuencia comportamientos antisociales, alguien tuvo la brillante idea de inventar a los dioses como ayuda suplementaria para refrenar los impulsos humanos.[28]

Sin embargo, la afirmación clara y contundente que hizo Protágoras sobre los dioses debió de tocar una fibra particularmente sensible del pueblo ateniense, ya que, atendiendo a algunas fuentes, a raíz de ella se le encausó y se quemaron sus libros. No deja de ser irónico que tuviera que abandonar Atenas para librarse de un final similar al de Sócrates. Algunos cuentan que se ahogó mientras escapaba por mar. Pero tal vez no fue así, ya que Platón afirma que Protágoras, a lo largo de toda su vida, nunca cesó «de gozar de renombre».[29] En cualquier caso, el hecho de que exista esa otra versión de lo sucedido significa que algunos autores de la Antigüedad consideraron muy controvertidas las ideas que expresó Protágoras sobre los dioses.

Los demás sofistas

Aunque, por supuesto, Protágoras no fue el único sofista, probablemente fue el primero en utilizar este término y, sin duda, uno de los sofistas más influyentes. Otros miembros de este movimiento un tanto indefinido son Gorgias de Leontini, Hipias de Elis, Pródico de Ceos y Eveno de Paros.

Gorgias enseñaba retórica, que consideraba análoga a las artes marciales: se podía utilizar para el bien o para el mal, pero era el aprendiz, y no su maestro, el responsable de tal elección. Esto puede parecer una excusa para eludir las críticas de Sócrates y Platón, pero tiene sentido. Hoy en día seguimos enseñando todo tipo de habilidades –ciencias, matemáticas, escritura– dando implícitamente por sentado que quienes las aprenden las utilizarán para el bien, por lo cual la analogía con las artes marciales es acertada.

Hipias era famoso por su destreza para el debate y por competir en los concursos de erística (de *eristikós*, discutidor) de los Juegos Olímpicos ¡y ganar premios! Imaginemos una sociedad en la que la competición atlética por excelencia, los Juegos Olímpicos, estaba abierta a filósofos y debatientes, que podían ganar laureles igual que los corredores y los luchadores. Esta tradición, dicho sea de paso, continuó en la época romana. Los *Ludi Capitolini* (Juegos Capitolinos) se instituyeron en el año 387 a.C. en honor de Júpiter Capitolino (el Capitolio es una de las famosas siete colinas de Roma) para conmemorar una importante victoria del semilegendario estadista y general Marco Furio Camilo contra los galos. Los juegos comenzaron el 15 de octubre y duraron dieciséis días. El emperador Domiciano (51-96 d.C.) reestableció la práctica y la asemejó a los Juegos Olímpicos: la competición se celebraba cada cuatro años y premiaba a poetas, comediantes, historiadores, músicos y oradores, además de a los atletas.

El último sofista al que vamos a mencionar brevemente es Pródico, cuyas clases eran tan caras que Sócrates dice que asistió a una charla suya, que costaba un dracma, pero no pudo permitirse hacer el curso completo, que costaba cincuenta.[30] En aquella época, un dracma era lo que ganaba en un día un artesano cualificado. Así pues, no es exagerado decir que los principales sofistas eran las celebridades de la época; estaban muy cotizados y muy bien pagados. Hipias, por ejemplo, se jactaba de haber ganado la increíble suma de quince mil dracmas, es decir, el salario de treinta años de un artesano cualificado, ¡en una sola visita a Sicilia![31] Era frecuente también que una polis u otra contrataran los servicios de un sofista, o incluso que su propia ciudad natal lo contratara como diplomático y, ocasionalmente, como en el caso de Protágoras, para que redactara la constitución de una colonia.

Vive como Protágoras

Aunque las prácticas de los sofistas eran diversas, un hilo común a todos eran las charlas públicas y el compromiso de mejorar la vida de sus clientes. A primera vista, esto hace pensar que un sofista moderno sería similar a los actuales gurús de la autoayuda. Sin embargo, un aspecto importante del método sofista, que lo diferencia de la autoayuda que es común en nuestra sociedad moderna, es que estaban comprometidos con la política, así como con la formación de una próxima generación de ciudadanos para que tuvieran un fuerte compromiso político. Por supuesto, podríamos hacer una interpretación inclemente del tutelaje político sofista y decir que consistía en satisfacer, a cambio de importantes sumas de dinero, las necesidades narcisistas de los trepas políticos. Una interpretación más caritativa sería que los sofistas pretendían mejorar su polis formando a las personas para que sirvieran mejor a la sociedad.

De acuerdo con esta interpretación más moderada de su propósito, un sofista moderno ayudaría a forjar mejores ciudadanos enseñándoles a tomar decisiones políticas sensatas. Sin embargo, hubo sofistas que fueron un paso más lejos. Recordemos que, al principio de este capítulo, hemos oído a Protágoras decir «educo a la humanidad» y «me es muy agradable hablar con todos los que quieran progresar hacia lo mejor». Esto hace pensar que las tres prioridades filosóficas de Protágoras (la semántica-ortoepía, o discurso correcto, el ser humano como medida de todas las cosas y el agnosticismo teológico) podrían constituir la columna vertebral de una filosofía de vida.

Los ejercicios de los próximos días te orientarán sobre cómo aplicar las ideas de Protágoras a tu vida para que veas personalmente si lo que él propone es verdad para ti. A fin de cuentas, ¡tú eres la medida de todas las cosas!

Día 1: Descubre qué obstaculiza el conocimiento

El escepticismo acerca de los dioses era una característica fundamental de cómo concebía Protágoras el mundo. Y lo que resulta particularmente interesante de su planteamiento no es su escepticismo teológico *per se*, sino las razones que aduce para justificarlo: «Muchos son los impedimentos para saberlo: la oscuridad del tema y lo breve que es la vida humana».

Estas razones son interesantes porque pueden aplicarse a otros ámbitos además de a la teología. Por ejemplo, quienes investigan cuestiones muy técnicas tienen que dedicar años, o incluso décadas, a examinar, poner a prueba y desarrollar las teorías científicas. La ciencia se ha especializado tanto que un físico del estado sólido tendría dificultad para comentar con conocimiento de causa detalles de cosmología. Y este grado de especialización no está restringido a la ciencia, sino que se extiende al funcionamiento de las economías modernas. No hay persona en el mundo que pueda aprender y llevar a la práctica todo lo que hace falta saber e implementar para construir un automóvil moderno: se necesitan demasiados conocimientos técnicos, ¡más de los que puede aprender y aplicar un solo individuo en una sola vida! Como dice Protágoras, nuestra vida es tan breve, y algunos temas son tan «oscuros», que no tiene sentido que nos aferremos excesivamente a nuestras perspectivas y opiniones, excepto en los escasos ámbitos en los que somos expertos.

Dado que la vida es tan corta y el conocimiento oscuro, es razonable ser escéptico sobre la mayoría de las cosas, no solo sobre los dioses. Pero es posible que Protágoras tuviera en realidad otras razones, además de estas, para ser escéptico, ya que él mismo comenta explícitamente que los dos «impedimentos» que expuso como justificación de su agnosticismo eran dos de «muchos».

Para comprender mejor los fundamentos generales del escepticismo, el ejercicio de hoy consiste en que, a las razones que adujo Protágoras para ser escéptico, añadas las tuyas propias. Utiliza la siguiente tabla para averiguar y anotar qué te impide a ti tener un conocimiento cierto. Al lado, escribe una breve justificación explicando cómo actúa en la práctica eso que te impide tener conocimiento, partiendo de las dos razones de Protágoras.

¿Qué impide tener conocimiento?	¿Por qué impide tener conocimiento?
La oscuridad de ciertos temas	
La brevedad de la vida	

Día 2: Estudia ambos lados de una persona

Ahora que ya sabes *por qué* deberías dudar más, el ejercicio de hoy te enseñará *cómo* tener una actitud más dubitativa. Aunque es probable que tengas muchas creencias que podrían ponerse en duda, hoy vamos a centrarnos en el respeto o desprecio que sientes por una persona en particular.

En primer lugar, piensa en una persona concreta sobre la que tengas una opinión fuertemente positiva o negativa y escribe su nombre en el espacio que sigue. En una escala del 1 al 10, valora lo mucho que te gusta o te disgusta esa persona, siendo 1 el desprecio más profundo y 10 el mayor respeto, y escribe la puntuación al lado de su nombre.

____

A continuación, escribe un párrafo defendiendo tu opinión. Si admiras mucho a esa persona, elógiala todo lo posible. Si la desprecias profundamente, escribe un párrafo condenándola.

____

____

____

____

____

Ahora llega la parte difícil. Protágoras les enseñaba a sus alumnos a «alabar y culpar al mismo hombre».[32] Basándonos en los textos que se conservan, no podemos decir con certeza cuál era su motivación para hacer esto. Sin embargo, está claro que se trata de un caso especial de una idea suya que ya hemos comentado, y que en este caso sí está bien documentada: la de que ambas partes de una discusión pueden exponer argumentos con la misma fuerza, por así decir. También es muy posible que esta técnica esté relacionada con el papel que concedía a la ortoepía, de la que también hemos hablado, y que analizaremos con más detalle en los próximos ejercicios.[33]

Parece probable que los escépticos posteriores adoptaran la técnica de la alabanza y la culpa simultáneas con el propósito, bien de intentar evaluar cuáles eran las versiones más sólidas de ambas partes de una discusión, a fin de tener una idea más clara de lo que era «correcto» (véase el capítulo 9, especialmente la ilustración de Carnéades y el ejercicio del día 5), o bien como ejercicio para infundir mayor duda (véase el capítulo 10, especialmente los ejercicios de los días 2 y 4). Es posible que también Marco Aurelio utilizara una técnica similar para aplacar su enfado al pensar en las maldades de la gente, o lo que él percibía como maldades.[34]

El siguiente paso es comprobar si, en tu experiencia, la técnica de Protágoras da frutos similares. En el espacio que sigue, escribe un párrafo condenando a la persona que empezaste alabando, o alabando a la persona que empezaste despreciando. Defiende lo mejor que puedas la opinión contraria a la que tenías al principio sobre esa persona.

Por último, en una escala del 1 al 10, valora cuánto te agrada o desagrada esa persona después de hacer este ejercicio, siendo 1 el desprecio más profundo y 10 el mayor respeto. ¿Ha cambiado tu opinión? En caso de que no, ¿por qué crees que no ha cambiado? En caso de que sí, ¿qué crees que te ha hecho cambiar de parecer? Escribe aquí tu nueva valoración, así como las respuestas a estas preguntas.

____
____
____
____
____
____
____

Día 3: Estudia los diversos lados de un suceso

Protágoras no aplicaba su método solo a las impresiones sobre las personas, sino también a los acontecimientos. Encontramos una de estas aplicaciones en *Vidas paralelas* de Plutarco, que cuenta cómo, después de que un atleta muriera accidentalmente al ser herido por una jabalina, Protágoras pasó un día entero sentado con Pericles tratando de determinar qué factor era el «responsable» de su muerte.[35] Analizaron si, «conforme a la razón más correcta», los responsables habían sido la jabalina, el hombre que la había lanzado o los árbitros de la competición.

Una interpretación cínica de por qué mantuvieron esta prolongada conversación sería que Protágoras vio en ella la excelente oportunidad de poderle facturar unas cuantas horas de trabajo al acaudalado político ateniense. Pero la interpretación, más caritativa, que hacen algunos estudiosos es que se trata de un ejemplo de cómo ponía en práctica Protágoras su escepticismo.[36] Aunque los hechos están claros, quién o qué fue «responsable» de la muerte del atleta varía en función de nuestra perspectiva y nuestro objetivo. Decir de qué o de quién es la responsabilidad de lo ocurrido requiere un «razonamiento correctísimo», o el discurso correcto, es decir, ortoepía.

Por ejemplo, imaginemos que alguien está paseando con su perro, el perro se escapa, muerde a una persona y le causa una herida de gravedad moderada. ¿Qué (o quién) ha causado la herida? Desde la perspectiva del médico, lo más práctico es pensar que ha sido el perro, ya que esto le indica cómo tratar médicamente la herida. Desde la perspectiva de la víctima, el causante de la herida es el dueño, que es un irresponsable, puesto que tiene el deber de controlar a su perro en espacios públicos. Este razonamiento es el adecuado cuando el objetivo es poner una denuncia por lo ocurrido. En pocas palabras: cuál es la «causa» depende de la perspectiva.

El relativismo de Protágoras no permite una flexibilidad infinita. A su entender, hay una conexión entre *nomos* (la costumbre) y *phusis* (la naturaleza humana). Probablemente él pensaba que un razonamiento «correcto» conducía a una respuesta clara o, al menos, reducía el número de posibles respuestas «correctas». Sin embargo, la respuesta es relativa a cada persona, su perspectiva y sus objetivos. Por ejemplo, si fuera el médico quien dijera que la causa de la herida ha sido la irresponsabilidad del dueño del perro, esto no se consideraría un «discurso correcto», puesto que no resuelve la situación desde el punto de vista médico. El objetivo del médico es hacer lo posible por curar la herida, no determinar la culpabilidad moral o legal. En resumen, lo «correcto» depende de quién seas y de cuáles sean tus objetivos. La ortoepía no tiene tanto que ver con la verdad objetiva como con la adecuación subjetiva.

Con todo esto presente, volvamos al ejemplo de la jabalina. Para el ejercicio de hoy, intenta «ajustar correctamente» la perspectiva de una persona a cada uno de los tres posibles culpables de la muerte del atleta: la jabalina, el hombre que lanzó la jabalina y los árbitros. ¿Desde qué perspectiva sería *ortoépica* (el discurso correcto) cada una de estas tres posibles causas? Nosotros daremos nuestras respuestas en el párrafo siguiente, ¡pero no mires hasta haber tratado de dar las tuyas!

¿Qué o quién es responsable?	**¿Desde la perspectiva de quién, estaría «correctamente razonado» que es responsable? ¿Por qué?**
La jabalina	
El hombre que lanzó la jabalina	
Los árbitros	

Aunque hay muchas respuestas posibles, las siguientes son algunas que pueden considerarse válidas. Si fuéramos forenses, el «razonamiento correcto» concluiría que la causa de la muerte es la jabalina, ya que es el objeto que causó la herida y el consiguiente fallecimiento del atleta. En el caso de los organizadores de la prueba atlética, es probable que responsabilizaran a los árbitros, ya que forma parte del trabajo de un árbitro asegurarse de que el campo está despejado y velar por la seguridad de los atletas; formar o sustituir a los árbitros quizás reduciría el número de lesiones en la siguiente prueba. Sin embargo, los árbitros tal vez tuvieran una opinión distinta y consideraran que el culpable es el lanzador de jabalina, puesto que era responsabilidad suya asegurarse, antes de lanzar, de que no iba a poner en peligro a sus compañeros. Pericles, por su parte, es posible que considerara culpables tanto a los árbitros como al lanzador, ya que lo más probable es que esto le fuera de utilidad para prevenir accidentes similares en futuras competiciones: castigar públicamente al uno y a los otros podría servir de ejemplo para que, en el futuro, atletas y árbitros tuvieran más cuidado.

Día 4: Profundiza en el relativismo cultural

El relativismo de Protágoras va más allá de las perspectivas individuales y puede aplicarse también a las culturas. Así lo afirma en una cita que ya hemos visto en este capítulo: «Lo que a cada ciudad le parece justo y recto, lo es, en efecto, para ella, en tanto lo juzgue así».

De nuevo, date cuenta de que el relativismo de Protágoras no permite una flexibilidad infinita. En caso de que una polis (ciudad) no «lo juzgue así», no es correcto decir (ortoepía) que esas cosas son realmente buenas o justas, ¡aunque la gente de otras ciudades piense que lo son! Por ejemplo, es probable que la ciudad de Esparta «juzgara» que someter a los ilotas (*heilotes*, el estrato social de los siervos) era por el bien de la ciudad y, por tanto, se consideraba que era algo justo, por aborrecible que pudiera parecerle a cualquiera que tuviera un punto de vista más compasivo sobre el trato que se les daba.* El número de revueltas ilotas que tuvieron que sofocar los espartanos obliga a poner en duda, incluso desde una perspectiva protagórica, si es válida esa afirmación: ¿realmente era por el bien de Esparta someter a los ilotas, teniendo en cuenta la cantidad de esfuerzos y sangre que le costó a la ciudad mantener aquella subyugación?

No obstante, puede haber casos más claros de comportamientos que ciertas culturas o subculturas «juzgan» correctos y que efectivamente las ayudan a sobrevivir y prosperar. El ejercicio de hoy consiste en proponer algunos ejemplos.

En el espacio que sigue, escribe una lista de conductas que una cultura (por ejemplo, una nación o un pueblo) o una subcultura (un subgrupo específico dentro de una cultura: digamos, los conservadores políticos o los roqueros punk) ponga en práctica porque «juzga» que son «rectas» o «justas» y que en efecto contribuyen a que esa cultura o subcultura se mantenga. No tienes por qué estar de acuerdo con esas prácticas ni considerarlas «rectas» o «justas»; de hecho, puede ser interesante que hagas una lista de las que no te gustan particularmente. El único requisito que deben cumplir es que ayuden a mantener esa (sub)cultura.

* Aunque el relativismo protagórico no deja espacio para una flexibilidad infinita, sigue estando bastante lejos del Puerto de Carácter del que zarpamos en la última sección. Desde la perspectiva de la ética de la virtud, tratar a alguien con crueldad intencionada en beneficio propio es señal de debilidad de carácter, se mire como se mire.

(Sub)cultura	Acción o práctica que considera «recta» o «justa»	¿En qué sentido obvio ayuda esto mantener la (sub)cultura?

Día 5: Atemos cabos

Esperamos que ahora tengas una idea más clara del escepticismo, el relativismo y la ortoepía protagóricos. Hoy, tu objetivo es unir estos conceptos utilizando el ejemplo de Platón y Protágoras. Como ya has leído en este capítulo, Platón no tenía una opinión particularmente buena de los sofistas en general ni de Protágoras en particular, por razones que ya hemos explicado. Sin embargo, tal vez a ti te parezca que Protágoras dijo algunas cosas interesantes y le tengas un poco más de simpatía. O tal vez no.

¿Qué opinión tienes de Protágoras, favorable o desfavorable?

____

____

Ahora que has explicado la opinión que te merece y por qué, haz que se sienta orgulloso de ti y defiende la opinión contraria. Es decir, si Protágoras te cae bien, ahora vas a atacarlo; si te cae mal, lo vas a defender, y si eres neutral, lanza una moneda al aire y elige un bando al azar.

Primero, vuelve a los ejercicios del día 1, repasa brevemente las razones para dudar y aplícalas a tu opinión actual de Protágoras en el espacio que sigue.

Suponiendo que ya tengas una perspectiva de Protágoras un poco más flexible, escribe un párrafo elogiándolo si no sientes demasiada admiración por él, o condenándolo si te gusta su forma de pensar.

En estos momentos, es posible que los prejuicios que tuvieras sobre Protágoras se hayan reducido un poco después de haber tenido en cuenta su otro lado. Ahora llega el último paso: teniendo en cuenta quién eres y qué objetivos pretendes alcanzar practicando una filosofía de vida, piensa en si sería o no ortoépico (correcto decir) que adoptar una perspectiva protagórica como filosofía de vida te sería «útil». Al responder a esta pregunta, expón claramente lo que quieres obtener de una filosofía de vida, y trata de averiguar si la versión del sofismo que formula Protágoras te ayudaría a alcanzar tu objetivo.

Como repaso rápido, estos son los pasos que debes seguir si en el futuro quisieras abordar una cuestión del modo en que lo hacía Protágoras.

1. Instiga la duda examinando las razones que hay para dudar o argumentando desde ambos lados.
2. Considera diferentes opciones y perspectivas.

3. Elige la respuesta más adecuada desde el punto de vista que de verdad te interese y que sea más útil para el fin o fines de esa perspectiva.

Reflexión

Ahora que has tenido ocasión de probar el relativismo protagórico, ¿echas de menos la brújula moral que ofrecían las filosofías del Puerto del Carácter? ¿Crees que el enfoque protagórico es suficiente base en la que fundamentar una filosofía de vida? ¿Crees que una perspectiva más relativista te haría más tolerante con el paso del tiempo? En la forma de sofismo que propone Protágoras, ¿hay aspectos que te resulten atractivos y aspectos que no? ¿Cuáles son?

9. Abraza la incertidumbre con Carnéades

No conviene mostrarse demasiado confiado acerca de nada.

CICERÓN, *Disputaciones tusculanas*, I.32

El sol caía de plano sobre la multitud que se había congregado aquella tarde del año 155 a.C. en el Foro de Roma. Esperaban con impaciencia la aparición del filósofo griego Carnéades, director de la Academia fundada por Platón, que había viajado desde Atenas, en compañía de otros dos filósofos, como delegación enviada para defender ante el Senado romano los argumentos de su ciudad contra una onerosa multa que se le había impuesto. Los tres, cuando no estaban ocupados en ese asunto, daban charlas públicas.

Muchos de los jóvenes cultos de Roma se sintieron atraídos por la novedad de escuchar a un pensador griego pronunciar un discurso.[1] Los romanos acababan de descubrir lo entretenidos que podían llegar a ser estos filósofos griegos, con sus inteligentes argumentos que tomaban direcciones inesperadas.

Y Carnéades, de casi sesenta años, tenía fama de ser el mejor orador del grupo. A juzgar por la charla que había pronunciado el día anterior ante una multitud romana pendiente de cada palabra suya, valía la pena estar aquí esta tarde para oírlo hablar. Algunos senadores romanos, entre ellos el influyente tradicionalista Catón el Viejo, habían acudido también.[2] Al frente del auditorio, un nutrido grupo de jóvenes bien vestidos se reunieron en torno al filósofo mientras se ajustaba el manto y se preparaba para dirigirse a la audiencia con una mirada penetrante.

«La justicia –comenzó en griego el filósofo,[3] hablando ante la multitud de cientos de personas con una voz excepcionalmente alta– no es natural».[4] Varias personas del público se comentaban en susurros unas a otras su sorpresa. Lo que Carnéades acababa de decir era exactamente lo contrario de lo que había defendido en su conferencia del día anterior.[5]

«Si fuera natural, sería igual para todos. Pero no. La justicia y la injusticia son muy diferentes en las distintas naciones y ciudades. –Carnéades se detuvo para mirar a su auditorio y, luego, prosiguió–. En Egipto, un toro es adorado como un dios y otros animales son considerados sagrados. En Grecia y Roma, los santuarios están llenos de estatuas de dioses con forma humana, algo que los persas invasores consideraban maligno. El rey persa Jerjes mandó quemar todos los templos atenienses porque decía que era un sacrilegio mantener encerrados entre muros a los dioses, cuyo hogar es todo el universo –explicó Carnéades–. ¡Es más, los galos y los cartagineses creen que el sacrificio humano es piadoso y agradable a los dioses!».

Se oyeron voces entre la multitud, y algunos gritaron: «¡Sí!» y «¡Eso es!».

Carnéades respiró hondo y continuó. «La justicia no solo es diferente en los distintos lugares, sino que también cambia de miles de maneras en una misma ciudad, incluso en el curso de unos pocos años. En Roma, por ejemplo, el derecho de la mujer a heredar propiedades y dinero se ha limitado desde la aprobación de la ley Voconia.[6]

Esa ley favorece a los hombres y está llena de injusticias para las mujeres. ¿Por qué no habría de tener una mujer propiedades o dinero propios?». El público murmuraba e intercambiaba comentarios entre sí. ¿Era aquello un ataque a la forma en que se administraba la justicia en Roma?

«Si las leyes nos las hubiera dado Dios, entonces todos obedeceríamos las mismas leyes, y las leyes de un pueblo no cambiarían de una época a otra. Pero la realidad es que las leyes no emanan de un sentido natural de la justicia dado por Dios, sino que nos las imponen los gobiernos, y las cumplimos por miedo al castigo. La justicia natural no existe, y, por tanto, nadie es justo por naturaleza».

El público empezó a inquietarse. ¿No había sido este mismo filósofo griego el que la tarde anterior, en el mismo lugar, había hablado *a favor* de la justicia? ¿Cuál de los dos argumentos era verdad?

Carnéades aún no había terminado. «Sin ir más lejos, ved el caso de Roma, que se ha hecho con un imperio a base de cometer injusticias contra los dioses y contra la gente. Una política fundamentada en la justicia la revertiría a lo que fue tiempo atrás: un miserable poblacho». Algunos de los presentes refunfuñaron en tono más sonoro. Muchos estaban indignados porque se atacara así a su ciudad. A Catón se le había agriado el rostro. Aun así, Carnéades continuó.

«Eso a lo que se da generalmente el nombre de justicia consiste en realidad en sacrificar los propios intereses en beneficio de otros, lo cual es resultado de la debilidad. Los gobernantes gobiernan en beneficio propio, no en interés de los gobernados, porque, en definitiva, no es juicioso ser justo. La sensatez nos impulsa a gobernar sobre el mayor número posible de súbditos, a disfrutar placeres, a enriquecernos, a ser los amos de los demás; la justicia, en cambio, nos invita a ser ecuánimes, a considerar los intereses de todo el género humano, a dar a cada cual lo que le corresponde, y a no tocar los bienes sagrados o públicos o los que pertenecen a otros. ¿Cuál es, pues, el resultado si se obedece a la sensatez? Propiedades, poder, riquezas, cargos públicos, mandos militares y autoridad regia, tanto si hablamos de individuos como de naciones. ¿Y el resultado de ser justos? Pobreza, impotencia, sumisión, oscuridad».

Cuando terminó de hablar, algunos de los presentes aplaudieron la elocuencia del filósofo, pero otros lo abucheaban, agitados, y daban voces. «¡Carnéades, te has pasado de la raya! –chilló un joven, protegido de Catón, que temía que Roma estuviera recibiendo ya demasiada influencia griega–.[7] ¡Ayer mismo dijiste que la verdadera ley es la recta razón, y que es acorde a la naturaleza. Hablabas de una ley eterna para todas las naciones y todos los tiempos, y de que Dios era su autor y juez. ¿No recuerdas ya esos argumentos? Y ahora, ¡hablas contra la justicia y calumnias al gobierno de Roma!».

«Claro que me acuerdo –respondió Carnéades, sin miedo a enfrentarse al oyente sublevado–. Y esto no es una calumnia. Entiendo que te pueda resultar molesto darte cuenta de que quizá no sabes tanto como creías. Te estoy mostrando las dos partes, para que puedas considerar los argumentos a favor de cada postura y decidir cómo de convincentes son unos y otros. Solo así podrás empezar a ver lo que probablemente sea verdad, amigo mío. De hecho, ¡te invito a que investigues por tu cuenta! Encontrarás mucho que te informará sobre la justicia aquí, en Roma, y en las provincias romanas –dijo, como si estuviera hablándole a uno de sus alumnos–. A fin de cuentas, mis colegas filósofos y yo hemos venido aquí al Senado para reclamar que se haga justicia con Atenas, así que espero que todos seamos capaces de entender que hay más de un punto de vista válido en esta historia».[8]

Otros expresaron su apoyo al filósofo. Un hombre gritó: «¡Ojalá hablemos todos con una lengua como la de Carnéades!». Muchos de los jóvenes presentes juraron que se dedicarían al estudio de la filosofía, tras escuchar la charla. La multitud se dispersó y todos se fueron alejando, pero este discurso dejó una impresión indeleble en cuantos habían asistido, y en la historia del escepticismo académico.

Carnéades era un orador y profesor nato. Estaba dotado de una voz poderosa y de una mente en consonancia. El filósofo había nacido en el año 214 a.C. en Cirene, la ciudad mediterránea de habla griega (situada en la actual Libia) de la que era originario también Aristipo, y en la que tuvo sus orígenes la escuela cirenaica (como vimos en el capítulo 1). Abandonó su ciudad natal para estudiar filosofía en Atenas, el centro del saber helenístico.[9]

Carnéades fue alumno de la Academia de Platón y también estudió con Diógenes de Babilonia, el escolarca (director o líder) estoico y alumno del influyente lógico estoico Crisipo. El pensamiento estoico influyó en Carnéades y, con el tiempo, le hizo oponerse también a algunos de sus principios. Solía decir a sus alumnos: «De no haber existido Crisipo, tampoco existiría yo» (parodia del famoso verso sobre la enorme influencia de Crisipo en el estoicismo: «Si no hubiera Crisipo, no habría Estoa»).[10]

Carnéades, un joven diligente cuyo mayor interés era la filosofía ética, estudiaba con tan intensa concentración que a veces «no tenía tiempo para cortarse la cabellera y se dejaba crecer las uñas». Se dio a conocer como un notable orador, hasta el punto de que otros profesores terminaban las clases antes de hora para que sus alumnos pudieran asistir a sus conferencias. El pensamiento de Carnéades estaba conformado por la tradición escéptica académica, defendida, entre otros, por un anterior director de la Academia, Arcesilao de

Pitane.[11] Carnéades, por su parte, fue nombrado escolarca de la Academia antes del 155 a.C., año en el que fue llamado a viajar a Roma como embajador de Atenas, junto con Critolao de Faselis, filósofo peripatético, y Diógenes de Babilonia, estoico. El asunto en cuestión provenía de una multa impuesta a Atenas después de que los soldados atenienses saquearan una ciudad aliada de Roma. Los tres filósofos griegos llegaron a la capital del Imperio romano en calidad de diplomáticos oficiales; los atenienses sabían el poder retórico del que estos filósofos podían hacer uso para impugnar la multa. Al final, los tres llevaron a cabo con éxito su misión ante el Senado, que accedió a reducir sustancialmente la multa a una quinta parte de los quinientos talentos originales. (De hecho, al final, Atenas no pagó nada).[12]

Aunque Carnéades y sus colegas suscitaron entre los romanos un nuevo interés por la filosofía, pronto fueron expulsados de la ciudad ante la insistencia de Catón el Viejo, temeroso de la influencia que podían tener en los jóvenes romanos. Según el biógrafo, historiador y filósofo griego Plutarco, Catón vio que los jóvenes de Roma «apartándose de otros placeres y ocupaciones, se entusiasmaban por la filosofía», y temió que «tras alejarse de lo que hasta entonces era el amor a la gloria, amaran la fama por la elocuencia más que la que procede de acciones y expediciones militares». Argumentaba que los filósofos griegos podían persuadir con suma facilidad a los romanos para que hicieran lo que a Atenas le convenía. Así que presionó al Senado para que los expulsaran de Roma.[13]

Cuando Carnéades regresó a Atenas, continuó impartiendo clases como director de la Academia. No escribió nada, y vivió hasta una edad avanzada enseñando y diciendo a menudo: «La naturaleza que nos compuso también nos descompondrá».[14] Murió en el año 129 a.C., a la edad de ochenta y cinco años.[15]

Con el tiempo, su alumno Clitómaco, un filósofo de Cartago, lo sucedió como escolarca de la Academia y continuó desarrollando las ideas de Carnéades. De este modo, Carnéades influyó en los pensadores escépticos durante el resto de la historia de la Academia, hasta el saqueo de Atenas, tomada por el general romano Sila en el año 86 a.C. Los argumentos de Carnéades influyeron igualmente en el filósofo y político Marco Tulio Cicerón, el pensador escéptico más célebre de Roma.[16]

Breve historia de la Academia

Hoy en día, la palabra «académico» designa toda una serie de asuntos relacionados con las facultades y universidades, desde las normas académicas establecidas para los estudiantes hasta las revistas académicas donde los profesores publican sus trabajos técnicos. A veces, la palabra se usa incluso en tono despectivo, para indicar irrelevancia, como en «eso es puramente académico».

La Academia (como vimos en el capítulo 6) fue fundada por Platón hacia el 387 a.C. junto a un olivar sagrado dedicado a Atenea, a menos de un kilómetro al noroeste de la propia Atenas. El lugar debía su nombre a un héroe mítico griego, Academo (Akademos), del que se decía que había salvado a Atenas de una guerra con Esparta (aunque solo temporalmente, ya se sabe).[17] Como centro de estudio e investigación filosóficos, la Academia experimentó lógicamente una serie de transformaciones durante sus más de novecientos años de existencia, hasta que fue clausurada por el emperador cristiano Justiniano en el año 529 d.C.

Tras la muerte de Platón, en el 347 a.C., la Academia pasó a manos de su sobrino Espeusipo, que inauguró el periodo que los eruditos denominan la Academia antigua. Espeusipo, Jenócrates, Polemón, Crates y otros escolarcas (directores) continuaron durante este periodo el trabajo de Platón, fieles a su sistema de aprendizaje: no había un conjunto establecido de doctrinas que debían aceptarse, sino un diálogo abierto y constante entre profesores y alumnos y entre los propios profesores. La Academia antigua enseñaba e investigaba las mismas áreas de la filosofía en las que había trabajado Platón, principalmente metafísica, epistemología, filosofía política y ética.

A la Academia antigua le siguió una fase denominada «Academia nueva», que es en la que se produjo el giro escéptico que nos ocupa. El iniciador de la nueva línea de pensamiento fue Arcesilao de Pitane, nombrado escolarca en torno al año 266 a.C. Le siguieron otros, entre los que destacan Carnéades de Cirene (que se hizo cargo de la escuela en 155 a.C.) y Filón de Larisa (escolarca a partir de 110 a.C.).[18]

La fase escéptica de la Academia terminó en el año 90 a.C., cuando el nuevo escolarca, Antíoco de Ascalón, rechazó el escepticismo e inició el proyecto de forjar un enfoque sincrético que fusionara el platonismo, el aristotelismo y el estoicismo. Comienza entonces el periodo conocido como «platonismo medio», que concluye con Plutarco de Queronea (46-119 d.C.), uno de los filósofos más importantes de la Edad Moderna.

Por último, la aportación de Plotino de Licópolis (204-270 d.C.) marcó el advenimiento de lo que se conoce como neoplatonismo (capítulo 13), una perspectiva híbrida, religioso-filosófica, que influyó en el judaísmo, el cristianismo y el islam durante toda la Edad Media.

El debate con los estoicos

Retornemos al periodo escéptico de la Academia, entre Arcesilao y Antíoco. El escepticismo –tanto el de tipo académico que estamos examinando en este capítulo como la versión pirrónica, que trataremos en el capítulo siguiente– está mucho más interesado en la epistemología (cómo conocemos las cosas) que en la metafísica (cómo son las cosas), lo cual tiene sentido, ya que para poder hacer cualquier afirmación sobre cómo funciona el mundo (metafísica) necesitamos tener antes suficiente conocimiento de las pruebas de tales afirmaciones (epistemología). Las demás filosofías que hemos examinado hasta ahora –el estoicismo y el epicureísmo, por ejemplo– tienen también sus respectivas nociones epistemológicas, pero en lo que realmente se basan es en sus respectivas versiones de la metafísica. El escepticismo se distingue de ellas porque, o bien hace que la metafísica dependa en gran medida de la epistemología (escepticismo académico), o bien acaba por rechazar incluso la posibilidad de una metafísica (pirronismo).

Los nuevos académicos pensaban que hay dos –y solo dos– fuentes de conocimiento: los sentidos y la razón. En esto, la perspectiva escéptica no se diferenciaba de la estoica, con una importante salvedad: si los estoicos pensaban que era posible el conocimiento absoluto e infalible, al menos en el caso del sabio (su ser humano ideal), los escépticos rechazaban esta noción, con el argumento de que es bien sabido que tanto la razón como los sentidos son falibles, y no tenemos forma de saber con certeza cuándo fallan y cuándo no. No hay ninguna marca o criterio, dicen los escépticos, que diferencie las «impresiones» verdaderas de las falsas (como, por ejemplo, el juicio que hacemos inicialmente de una percepción o una idea).

El debate entre escépticos y estoicos aparece resumido en uno de los libros del filósofo romano Marco Tulio Cicerón, acertadamente titulado *Academica*, que es también una de nuestras principales fuentes de información sobre la filosofía de la Academia escéptica. Es allí donde Cicerón nos ofrece esta memorable síntesis de la postura estoica, atribuida al fundador de la secta, Zenón de Citio.

> Zenón lo demostraba [la teoría estoica] mediante un movimiento, pues cuando, extendidos los dedos, había mostrado la palma de la mano: «De este modo –decía– es la representación [o percepción]»; después, cuando había contraído un poco los dedos: «De este modo, el asentimiento»; luego, cuando los había cerrado del todo y formado el puño, decía que esa era la aprehensión [o comprensión] (por esta similitud, puso también el nombre de *katálepsis*, que antes no había existido, a este proceso). Mas cuando había acercado la mano izquierda y apretado el puño estrecha y fuertemente, decía que tal era la ciencia, de la cual nadie es poseedor, sino el sabio.[19]

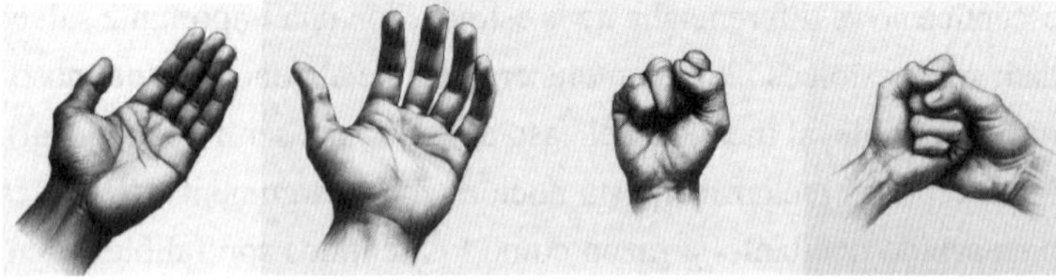

Lo que Zenón explica aquí es que hay grados de comprensión. El menos fiable es la simple percepción, como cuando veo lo que parece ser una persona al otro lado de la calle. De aquí pasamos al asentimiento, es decir, a un juicio sobre si una percepción dada es cierta o no: lo que percibo es, de hecho, una persona, ¡y resulta que es mi hermano! Mejor aún es tener «aprehensión» de las cosas; los estoicos llaman a esto impresión *kataléptica*, es decir, una impresión que es innegable, como salir de día a la calle y saber al instante que, de hecho, es de día, y que no puede haber ningún error al respecto. Por último, hablan del conocimiento, que le está reservado al sabio porque requiere un razonamiento infalible basado en las propias percepciones. El sabio es, por alguna razón (que nunca aclaran del todo), capaz de discernir lo que diferencia las impresiones aparentes de las auténticas impresiones *katalépticas*, y por eso puede llegar al conocimiento real.

¡Tonterías!, responden los escépticos (estamos parafraseando). No hay ninguna marca, ningún criterio de la verdad, dicen, y, por tanto, ni siquiera el sabio puede llegar a saber nada con total certeza. Su argumento es que cualquier impresión verdadera concebible puede ser igualada por una impresión que parezca igual, pero que no sea verdadera. Como consecuencia, incluso las impresiones aparentemente *katalépticas* pueden ser falsas.

Por ejemplo, puedo *creer* que es mi hermano el que está al otro lado de la calle, pero resulta que es su *doppelgänger*, alguien que se parece muchísimo a él, su doble, podríamos decir, de cuya existencia yo no sabía nada. Puede que ahora me parezca que es de día, pero resulta que en realidad me he topado con el plató de una película que utiliza luces muy potentes para hacer que lo parezca. O puede que simplemente esté alucinando porque tengo fiebre o he ingerido alimentos en mal estado. La cuestión es que no hay una forma absoluta y fiable de saberlo.

El criterio de la probabilidad

¿Entonces qué? ¿No podemos saber nunca si algo es realmente verdad? Aquí entra el concepto de *pithanon* que propone Carnéades, término que significa algo similar a «persuasión» o «probabilidad», y que Cicerón tradujo al latín –en un instante de pura genialidad– como *probabilis*, de donde proviene la palabra moderna probabilidad.[20]

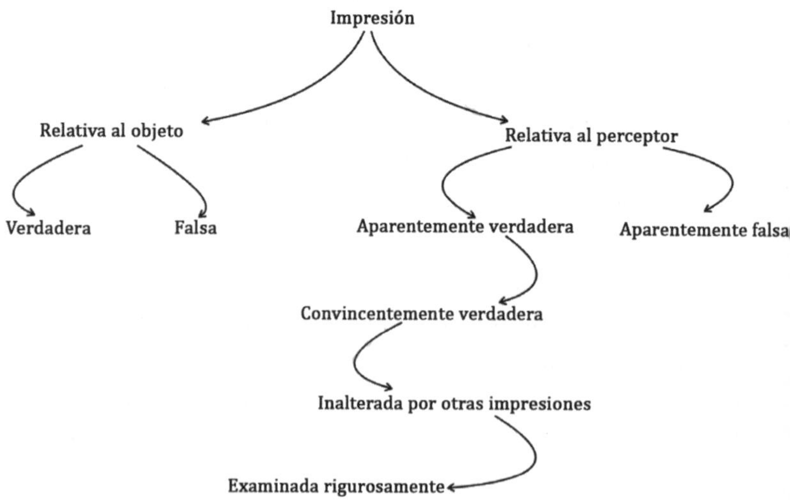

Esto funciona de la siguiente manera. El punto de partida es, una vez más, cualquier impresión. Consideremos, por ejemplo, la impresión (es decir, nuestro juicio precognitivo preliminar) de que las vacunas son eficaces contra las cepas del virus causante de la COVID-19. Objetivamente, esta idea es o verdadera o falsa. Punto. (El lado izquierdo del diagrama anterior, «relativa al objeto»). Pero, por desgracia, no tenemos acceso a una visión objetiva y divina del mundo; solo podemos basarnos en nuestras creencias subjetivas. La cuestión, entonces, es si debemos creer, o no, que las vacunas contra la COVID-19 son eficaces, basándonos en lo que sabemos sobre el tema. (La parte derecha del diagrama, «relativa al perceptor»).

A primera vista, la noción puede parecernos «aparentemente verdadera» o «aparentemente falsa», utilizando la terminología del diagrama. Vamos a suponer que nos decantamos por «aparentemente verdadera». Esto significa que, después de reflexionar, lo que sabemos sobre las vacunas y los virus nos hace inclinarnos ligeramente más hacia la aceptación que hacia el rechazo de la idea que estamos considerando. Para mayor precisión, vamos a decir que creemos que hay un poco más del cincuenta por ciento de probabilidades de que las vacunas sean eficaces contra la COVID-19.

Puede que esta cifra no nos mueva a levantarnos del sofá y pedir cita con el médico para vacunarnos. Así que, diría Carnéades, necesitamos investigar el asunto un poco más. De modo que hablamos por teléfono con el médico y leemos algunos artículos sobre el tema en medios de comunicación fiables. Después de esto, la idea que teníamos ha variado ligeramente; se ha fortalecido, y ha pasado de ser solo «aparentemente verdadera» a ser «convincentemente verdadera». Si queremos cuantificar (más o menos) nuestra nueva creencia, digamos que ha pasado de poco más del cincuenta por ciento a un porcentaje relativamente sólido, de entre el setenta y el ochenta por ciento.

Esto podría ser suficiente para motivarnos a pedir cita y vacunarnos. Pero entonces nos enteramos por las redes sociales de la polémica que hay sobre las vacunas contra la COVID-19 y, en especial, sobre las que se han desarrollado recientemente. Algunos de nuestros amigos y familiares nos cuentan historias aterradoras sobre las vacunas, contra ellas, o incluso sobre las vacunas en general. Así que decidimos investigar un poco más sistemáticamente el tema. Pero no somos virólogos ni epidemiólogos, ¡ni siquiera biólogos! ¿Qué hacemos? Hablar con un amigo que *sí* es un experto en el tema. Lo llamamos, y él nos asegura que ha estudiado a fondo los resultados de todos los estudios científicos que se han realizado hasta la fecha y no solo hay pruebas contundentes de que las vacunas contra la COVID-19 funcionan, sino que, de hecho, todo lo que sabemos sobre los virus y las vacunas concuerda con esa conclusión. Por utilizar la terminología de Carnéades, la impresión subjetiva ha alcanzado ahora un grado más alto de fiabilidad, puesto que permanece «inalterada», es decir, hasta la fecha no hay ningún hecho que la contradiga y la haga divergir de lo que parecía en principio. Si tuviéramos que apostar por ella, nuestra confianza se ha elevado ahora a más del noventa por ciento, lo cual es más que suficiente para vacunarnos.

De todos modos, es posible que nuestro amigo biólogo esté aún más seguro que nosotros, y con razón, pues cuenta con la base de un profundo conocimiento de las investigaciones técnicas. Sabe que la cuestión ha sido, como dice Carnéades, «examinada rigurosamente». Muchos laboratorios independientes han hecho experimentos controlados y han confirmado que, en general, las vacunas contra la COVID-19 son eficaces y seguras. Por eso nuestro amigo ya se ha vacunado y también toda su familia. Se podría decir que su nivel de confianza es superior al noventa y nueve por ciento.

Una ecuación muy útil

Decíamos que Cicerón tradujo el término griego *pithanon* de Carnéades como *probabilis*. De hecho, existe incluso un método moderno muy parecido al concepto que propuso Carnéades de grados crecientes de confianza en la evaluación de nuestras impresiones, y que hemos aplicado en la descripción anterior cuando hemos ido asignando porcentajes aproximados a los cuatro niveles de análisis que contemplaba Carnéades.

El procedimiento en cuestión se conoce como método bayesiano,[21] y tiene su origen en un breve artículo del matemático inglés Thomas Bayes publicado póstumamente en 1763. En él se presenta un método para actualizar la evaluación de la probabilidad de un acontecimiento (o noción) a partir de nueva información (datos, argumentos). De forma simplificada, la relación de Bayes adopta esta forma:

$$P(T|E) \sim P(E|T) \times P(T)$$

En ella, P son las probabilidades, T es una teoría dada (por ejemplo, que las vacunas contra la COVID-19 son eficaces) y E son las pruebas en que se fundamenta esa teoría. El símbolo ~ significa «es proporcional a». Existe una versión ligeramente más complicada de la ecuación, que incluye un denominador por el que se divide el lado derecho, lo que convierte «es proporcional a» en «es exactamente igual a». Pero no necesitamos complicarnos demasiado para los fines que nos ocupan.

¿Qué significa esta ecuación y qué tiene que ver con Carnéades, que vivió dos milenios antes que Bayes? Si se leyera en voz alta, la relación bayesiana sería: «La probabilidad de una teoría dada la evidencia disponible (también conocida como probabilidad posterior) es proporcional a la probabilidad de observar dicha evidencia si la teoría fuera verdad (también conocida como verosimilitud) multiplicada por la probabilidad *a priori* (basada en información previa) de que la teoría sea cierta (también conocida como probabilidad previa). Es decir: posterior ~ verosimilitud x previa.

En la práctica, esto funciona así: normalmente disponemos de información previa sobre cualquier impresión. Por ejemplo, tenemos conocimientos básicos sobre virus y vacunas. Esa información previa se cuantifica como «prior» o «probabilidad *a priori*» en un marco bayesiano. Digamos que el prior actual de que las vacunas funcionan, como herramienta profiláctica general, es del ochenta por ciento, análogo a «convincentemente verdadera» de Carnéades.

Ahora, ante las nuevas pruebas relacionadas específicamente con las vacunas contra la COVID-19 vemos que parecen apuntar a la conclusión de que, de hecho, funcionan; es decir, su probabilidad es alta. Esto significa que nuestra probabilidad posterior, obtenida combinando la probabilidad *a priori* y la probabilidad *a posteriori*, será mayor que la propia probabilidad *a priori*, digamos, del noventa y cinco por ciento. Nuestra evaluación de la noción de que las vacunas son eficaces ha pasado del territorio de «convincentemente verdadera» al de «inequívoca». Si la probabilidad, por el contrario, hubiera sido menor, la probabilidad posterior podría haber disminuido en comparación con la probabilidad *a priori*, y nuestra confianza en la eficacia de las vacunas sería un poco menor. Gráficamente, se parecería a esto.

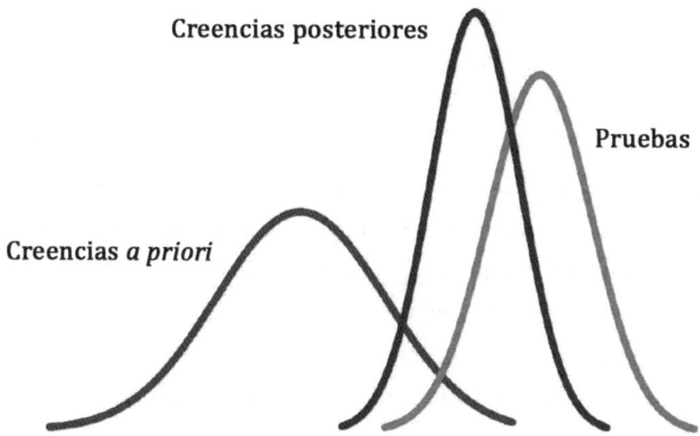

Vemos que las pruebas «arrastran» las probabilidades (o creencias) posteriores más hacia arriba (o más hacia abajo) que las probabilidades (o creencias) *a priori*, como debe ser: es lógico que las pruebas y argumentos cambien nuestra evaluación de lo persuasiva (*pithanon*) que es una noción particular, tal y como propuso Carnéades.

Conviene dejar claro que no estamos sugiriendo que Carnéades se anticipara de algún modo al método bayesiano. Los dos marcos son significativamente diferentes, y el primero es cualitativo, mientras que el segundo es cuantitativo. No obstante, hay suficientes paralelismos satisfactorios como para pensar que un escéptico moderno de la tradición académica podría utilizar el enfoque de Carnéades, como herramienta aproximativa, o el enfoque bayesiano, como herramienta precisa y cuantitativa.

Pero... ¿es una filosofía, o una actitud?

Ahora que sabemos un poco sobre el escepticismo académico, es posible que nos preguntemos si se trata realmente de una filosofía de vida, análoga a las que hemos estudiado hasta ahora, o si debería caracterizarse como un enfoque filosófico que orienta la filosofía de vida de un individuo. Cicerón, que se inspiró en las enseñanzas de Carnéades y fue alumno de Filón de Larisa, la consideraba sin duda una filosofía de vida, como vemos con claridad al leer algunos de sus principales tratados, especialmente *Del supremo bien y del supremo mal*, *De los deberes* y *Disputaciones tusculanas*.[22]

Por otra parte, la filosofía específicamente ciceroniana, tal y como se desprende de estas y otras obras, era en esencia una versión del estoicismo. Las *Disputaciones tusculanas* y *Las paradojas de los estoicos* están explícita y profundamente inspiradas en la filosofía estoica, y en *De los deberes* reconoce una fuerte influencia del maestro estoico Panecio. En términos generales, Cicerón encontraba pocas diferencias entre las que, a su entender, eran las tres principales filosofías de su tiempo: platonismo, aristotelismo y estoicismo, y, de hecho, intentó activamente conciliarlas en el tipo de sincretismo que ya se había propuesto conseguir otro de sus maestros, Antíoco de Ascalón.

Cicerón era crítico con los estoicos cuando lo consideraba necesario. En *Sobre la adivinación*, rechaza la creencia estoica en la posibilidad de leer el futuro observando las entrañas de los animales o el vuelo de los pájaros, rechazo que los estudiosos modernos consideran que fue el primer ataque firme y persistente contra la pseudociencia.[23] Esta capacidad para discernir con sentido crítico lo que tiene sentido aceptar y lo que no de entre cualquier repertorio de ideas es lo que diferencia la actitud escéptica de los célebres «dogmatismos» de los que hablaron los pirrónicos.*

Dice Cicerón:

> Pero nosotros, así como los demás afirman que unas cosas son ciertas y otras inciertas, separándonos del parecer de estos, decimos que unas cosas son probables y que otras no lo son [...] A nosotros, nuestra Academia nos da una gran libertad para que podamos defender por cuenta propia lo que se presente como probable.[24]

A fin de cuentas, la filosofía no es una religión y no tendría por qué estar constreñida por la aceptación de unas enseñanzas rígidas. Dado que la verdad última no parece estar al alcance de la razón humana, lo mejor y más sincero que podemos hacer es asentir provisionalmente a lo que es probable y dejar abierta la posibilidad de cambiar de opinión en un futuro.

Vive como Carnéades

Se puede debatir (¡tal como lo querría Carnéades!) si el escepticismo académico es una filosofía de vida propiamente dicha o una actitud ante el mundo. Con independencia de la postura que se adopte, ser un escéptico académico en el mundo actual requiere cierto entrenamien-

* De todos modos, desde la perspectiva pirrónica –como veremos en el próximo capítulo–, incluso los escépticos académicos eran «dogmáticos», pues hacían afirmaciones que, según los pirrónicos, no estaban justificadas.

to deliberado. Y al igual que las demás filosofías de vida que hemos tratado hasta ahora, el entrenamiento en el escepticismo académico tiene un objetivo concreto, que Cicerón sintetiza muy bien en la cita con la que comenzábamos el capítulo: «No conviene mostrarse demasiado confiado acerca de nada». En lugar de aspirar a la certeza, el mundo iría mejor –piensa él– si no nos aferráramos demasiado a nuestras creencias y actuáramos basándonos en *pithanon*, más que en *katalepsis* (más en la probabilidad que en la certeza). Carnéades practicó esto de dos maneras: por un lado, «predicando el evangelio» de la incertidumbre con su persuasiva argumentación bilateral, y, por otro, debilitando su propio impulso de aferrarse con firmeza a cualquier creencia, para lo cual adoptó el hábito de medir la fuerza persuasiva de las impresiones.

Practicar en la actualidad el escepticismo académico requeriría, primero, dominar la epistemología escéptica y, segundo, tener claro que el propósito de nuestra habilidad retórica es infundir la duda en nuestros interlocutores, no persuadirlos de una tesis específica. El objetivo de los próximos cinco ejercicios es ayudarte a ser un poco más flexible en tus creencias, para lo cual profundizarás con más detalle en cómo aplicar la epistemología escéptica; pero también tendrás ocasión de experimentar brevemente con la retórica escéptica al final del capítulo.

Día 1: Trata de reconocer los cuatro tipos de impresiones

Empecemos con una prueba sorpresa para que te familiarices con la clasificación de las impresiones que estableció Carnéades. Recuerda que clasificó nuestras impresiones de las cosas en cuatro niveles, atendiendo a su mayor o menor grado de *pithanon* (probabilidad). Como hizo él, las hemos enumerado en orden creciente.

1. Aparentemente verdadera: una creencia fundamentada en pruebas muy débiles.
   - Estas creencias son confusas y podrían ser erróneas.
   - Algunos ejemplos serían oír cierta información de una fuente poco fiable, pero que en ocasiones comunica información correcta, o ver de lejos a alguien que se parece a tu amigo, pero que podría ser otra persona.
2. Convincentemente verdadera: creencia que parece clara a primera vista.
   - Por ejemplo, estar caminando al aire libre y ver que se te moja la ropa porque caen gotas del cielo es una impresión convincente de que está lloviendo.
3. Inequívoca: creencia que se fundamenta en múltiples pruebas de distinta índole.
   - Por ejemplo, si estás sudando bajo el sol abrasador de Memphis, Tennessee, y el calendario dice que es 2 de agosto, tienes una impresión inalterada de que es un día de verano, ya que la temperatura, el sol que brilla en lo alto y el calendario respaldan juntos esa impresión.
4. Examinada rigurosamente: creencia que se apoya en múltiples pruebas de distinta índole tras un examen intencional, metódico y riguroso.
   - Alguien que se ha doctorado en biología evolutiva tendrá una creencia rigurosamente examinada en la teoría de la selección natural.

He aquí un par de aclaraciones importantes que debes tener en cuenta al trabajar con estos cuatro niveles de impresiones.

Los niveles se refieren a la *justificación* de una impresión. No se refieren al grado de *convicción* que tú tengas sobre una creencia, sino al grado en que esa creencia esté *justificada*. Es posible que creas algo con firmeza y que, a pesar de ello, sea una creencia infundada si no tienes pruebas suficientemente persuasivas que la respalden. Vivir como Carnéades se traduce en tratar de alinear tu grado de convicción con el *pithanon* (la probabilidad) de cada impresión.

Esos niveles son *relativos al perceptor*. Dado que los niveles que estableció Carnéades no hacen referencia a la *veracidad* de una creencia determinada, sino al grado en que esta parece estar fundamentada, cada persona puede tener acceso a pruebas más o menos sólidas, o incluso evaluar razonablemente de forma distinta las mismas pruebas. Un escolar al que se le dice por primera vez que Washington DC es la capital de Estados Unidos tiene menos motivos para creerlo que un senador estadounidense en activo.

Ten en cuenta estas puntualizaciones mientras colocas las siguientes impresiones en sus categorías correspondientes. Cuando hayas terminado, te daremos las respuestas.

¿Impresión?	Perceptor	¿Aparente, convincente, inalterada o examinada rigurosamente?
Hay cervezas en la nevera	Alguien que recuerda vagamente que tal vez queden un par de cervezas en la nevera, pero no tiene plena seguridad	
Hay cervezas en la nevera	Alguien que –en este mismo momento– está viendo dos botellas de cerveza en la nevera y acaba de alargar el brazo y tiene ya una en la mano	
La carga de un electrón es 1.602×10^{-19} C	Una estudiante de física que utiliza este valor en un cálculo después de haberlo buscado en un manual de prestigio*	
La carga de un electrón es 1.602×10^{-19} C	Una estudiante de física que ha medido este valor con un grado aceptable de error en un experimento de laboratorio	
La idea de que es una falta de ética consumir carne producida en granjas industriales	Alguien que se sintió asqueado la primera vez que fue a un matadero	

* Esto fue antes de que la carga fundamental se definiera con precisión en 2019.

He aquí nuestras respuestas.

1. Este es un buen ejemplo de impresión aparente. La persona que piensa que tal vez queden cervezas en la nevera lo hace basándose en un recuerdo impreciso y no tiene ninguna prueba que corrobore su creencia.
2. Esta es una impresión inalterada. La persona tiene pruebas visuales y táctiles de que hay cervezas en la nevera, ya que las ve y toca una de ellas. ¡Ganará unos cuantos puntos epistémicos más cuando abra la botella y beba un sorbo, ya que entonces el paladar le dirá que efectivamente es cerveza! Si esa persona viera un botellín de cerveza en el frigorífico, pero no lo tocara ni bebiera un sorbo, entonces sería una impresión convincente, ya que tendría una clara impresión visual de la cerveza. El hecho de que participen otros dos sentidos y no contradigan lo que le dicen sus ojos es lo que hace que sea una impresión inalterada. ¡Fíjate en que una misma impresión se puede clasificar de forma diferente dependiendo de la cantidad de información que tenga la persona!
3. Dado que la estudiante se basa en un informe indirecto de una fuente fiable, consideramos que se trata de una impresión convincente. Sin embargo, cabe la posibilidad de que sea solo una impresión aparente, puesto que podrían haberse cometido erratas tipográficas al imprimir el manual.
4. El que la estudiante esté haciendo un experimento serio para medir la carga del electrón sitúa esta impresión, o bien en la categoría de inalterada, o bien en la de examinada rigurosamente. Podría considerarse inalterada porque el experimento ofrece un conjunto de impresiones consistentes que no contradicen el valor que había hallado la estudiante. Pero suponiendo que

la estudiante esté realizando un experimento bien controlado, podría considerarse un caso de impresión examinada rigurosamente. Nosotros nos inclinamos por la primera opción, ya que una impresión examinada rigurosamente implicaría, por lo general, integrar ese hallazgo aislado en el marco de un conjunto de conocimientos más extenso que el que un único experimento puede proporcionar. Fíjate en que, de nuevo, la misma impresión puede tener distintos niveles de justificación dependiendo de quién tenga la impresión; la justificación es relativa al perceptor.

5. Esta es una pregunta difícil, y la respuesta dependerá del grado de profundidad con que la persona haya reflexionado sobre cuestiones éticas. Si la persona tiene formación filosófica en ética, tal vez su impresión de que no es ético consumir carne de granjas industriales pueda considerarse convincente o inalterada. Si, por el contrario, la persona tan solo ha equiparado el sentirse asqueada con la falta de ética, entonces se trataría de una impresión aparente, y quizá incluso aparentemente falsa. Tengamos en cuenta que no se puede *ver* en el sentido literal la maldad que hay en el mundo como se ve el color del cielo: hay que inferirla. Y si la persona da un salto irreflexivo de «¡qué asco!» a «¡eso está mal!», entonces la creencia no está fundamentada en absoluto, por muy intensamente que crea que es verdad.

Quizá hayas advertido que hay lugar para la duda en algunas de nuestras respuestas. Si te sientes mal por no tener respuestas claras a estas preguntas, tómate como una impresión aparente que dejar cierto margen para la duda puede resultar beneficioso. Al fin y al cabo, ¡empezar a sentirte más a gusto con la incertidumbre es uno de los principales beneficios de esta filosofía!

Día 2: Categoriza algunas de tus impresiones

Ahora que ya tienes más claras las categorías de Carnéades (aunque esperamos que todavía de forma provisional; ¡no tengas demasiada certeza de nada!), te resultará más fácil aplicarlas a algunas impresiones tuyas. Anota aquí cinco impresiones, clasifícalas y acompaña cada una de ellas de una justificación.

Pueden ser de todo tipo, desde impresiones sensoriales mundanas («Ahora tengo un libro delante») hasta creencias profundamente arraigadas (inserta aquí tus opiniones políticas o religiosas). Te sugerimos que intentes reunir impresiones variadas y que escribas al menos una impresión para cada una de las cuatro categorías de Carnéades.

¿Impresión?	¿Aparente, convincente, inalterada o examinada rigurosamente?	Justificación

Antes de seguir adelante, ¿te has dado cuenta de si alguna de tus impresiones más firmes estaba en realidad menos justificada de lo que creías en un principio? Si es así, toma nota de ello, como impresión de que tratar de adoptar una postura escéptica académica podría ser particularmente beneficioso en tu caso. Tendrás ocasión de seguir trabajando con esta idea en el siguiente ejercicio.

Día 3: Lección cualitativa del método bayesiano

Nuestros temas de hoy siguen siendo la justificación y el conocimiento, pero vamos a alejarnos un poco de los métodos que empleaban los escépticos académicos y a explorar algunos aspectos fundamentales del método bayesiano, que está en consonancia con el escepticismo académico y que puede ser un estupendo utensilio en el kit de herramientas mentales de cualquier aspirante a académico o académica.

Aunque las aplicaciones más efectivas del pensamiento bayesiano requieren hacer algunas operaciones matemáticas, también hay un puñado de lecciones que se pueden extraer del enfoque bayesiano sin tener que hacer apenas ninguna operación. Los ejercicios de hoy tienen el propósito de ayudarte a asimilar una de estas enseñanzas cualitativas: que la creencia existe en distintos grados.

Una importante lección tanto del método bayesiano como del escepticismo académico es que la creencia no es un fenómeno binario (*on/off*; o lo uno, o lo otro); se puede (y se debe) creer en unas cosas con más convicción que en otras. Y si lo piensas bien, la fuerza de tus creencias debería ser proporcional a las pruebas de que dispongas.

Para el ejercicio de hoy, haz una comprobación rápida de las impresiones que escribiste ayer y mira a ver si la categoría que asignaste a cada creencia coincide con la fuerza con que crees en esa impresión. En la siguiente tabla, escribe tus impresiones y clasificaciones de ayer. En la columna derecha, escribe con qué firmeza crees en la impresión.

Impresión	¿Aparente, convincente, inalterada o examinada rigurosamente?	¿Con cuánta firmeza crees en esta impresión, en una escala del 1 (muy poca firmeza) al 5 (con firmeza absoluta)?

¿Tiende a coincidir la firmeza de tu creencia con el grado en que tienes pruebas que la justifiquen? Si no es así, la siguiente lección puede serte de ayuda.

Día 4: La fuerza de las pruebas en el método bayesiano

Al igual que tu creencia puede ser menos firme o más firme, también las pruebas pueden ser fuertes o débiles. Aunque la evidencia siempre debería influir en la creencia previa, las pruebas sólidas deberían influir más que las débiles. Esto nos lleva a preguntarnos ¿qué hace que una prueba sea sólida? Una forma particular del teorema de Bayes que utiliza posibilidades en lugar de probabilidades ayuda a responder a esta pregunta.* Se puede formular de la siguiente manera:

$$O(H|E) = O(H) \times [p(E|H) / p(E \mid \text{no-}H)]$$

Aquí, H representa tu hipótesis sobre el mundo. E es una prueba que estás considerando. O(x) es la posibilidad de que ocurra algo. La barra vertical («|») significa «dado que...» o «suponiendo que sea cierto que...». Así pues, O(H|E) son las posibilidades de que tu hipótesis sea cierta dadas las pruebas. O(H) son las posibilidades previas de que tu hipótesis sea cierta antes de ver las pruebas. Por último, la serie de símbolos de la derecha se conoce como cociente de probabilidad y puede leerse como la probabilidad de que tu prueba

* La primera forma del teorema de Bayes que mencionamos en este capítulo se refería a las probabilidades. Las posibilidades están relacionadas con la probabilidad «p» mediante la ecuación: posibilidades = p / (1 - p). De este modo, si la probabilidad de algo es 1/3, es decir, 0,33, las posibilidades son: 0,33/ (1-0,33) = 0,33 / 0,67, o probabilidades 1:2. Esto puede interpretarse como que el suceso tiene el doble de probabilidades de no ocurrir que de ocurrir.

se produzca realmente si supones que tu hipótesis es cierta (p(E|H)) dividida por la probabilidad de que esa misma prueba se produzca suponiendo que tu hipótesis sea falsa: [p(E | no-H).

¡Menudo trabalenguas! Lo importante de esta lección es la última parte: el cociente de probabilidad, que en última instancia determina la fuerza de las pruebas. Ten en cuenta que, si el cociente de probabilidad es grande (por ejemplo, en la hipótesis de que hay cervezas en la nevera, dado que estás literalmente delante de la nevera mirando las cervezas, es muy poco probable que las vieras si no estuvieran ahí), las posteriores posibilidades serán muchas, ya que estás multiplicando tus creencias previas por un número grande.

Grandes posibilidades posteriores dadas las pruebas = posibilidades previas de la hipótesis x **un número grande**

Por el contrario, si el cociente de probabilidades es pequeño (por ejemplo, el resfriado desaparece una semana después de tomar un remedio homeopático; como la mayoría de los resfriados desaparecen al cabo de una semana,[25] ¡esta es una prueba muy poco convincente de que el remedio haya surtido algún efecto!), tus creencias previas habrán variado muy poco.

Menores posibilidades posteriores dadas las pruebas = posibilidades previas de la hipótesis x **un número menor**

Por tanto, el cociente de probabilidad es lo que determina la fuerza de las pruebas. Cuanto mayor sea el cociente de probabilidad, más fuerza tendrá la prueba. Y lo que hace que sea grande el cociente de probabilidad es que las pruebas que estás considerando tengan muchas más probabilidades de ocurrir si tu hipótesis resulta ser cierta que si resultara ser falsa. En otras palabras, cuanto más fuertemente prediga tu hipótesis las pruebas desde el principio, más corroborarán tu hipótesis las pruebas cuando las veas realmente.

Este ha sido un viaje relámpago por algunos principios epistémicos bastante profundos, y no tienes de qué preocuparte si no lo has asimilado todo. Lo que nos gustaría que aprendieras de esta explicación es que, para evaluar correctamente la fuerza de las pruebas, debes tratar de ver lo acertada o no que puede ser la hipótesis al predecir la prueba, y cómo de sorprendente sería que la prueba de tu hipótesis fuera falsa.

Por poner un ejemplo sencillo, imaginemos que te das cuenta de que alguien del público esboza una media sonrisa mientras estás haciendo una presentación. La hipótesis de que está pensando que acabas de decir una tontería predeciría que sonriera de esa manera. Por sí sola, parece ser una prueba de que piensa que eres imbécil. Pero hay muchas otras razones por las que esa persona puede estar sonriendo así. Quizá estaba absorta en sus pensamientos y se le ocurrió un chiste. Quizá acababa de ver un meme gracioso en su teléfono móvil. ¡Quizá estaba de verdad admirada de tu presentación! Estos son solo algunos ejemplos de hipótesis alternativas que explicarían también su sonrisa. Por tanto, su sonrisa puede considerarse una prueba muy débil de que piensa que estás diciendo bobadas, ya que muchas hipótesis alternativas pueden explicarla igualmente.

Esta idea tiene un importante corolario que un escéptico moderno debe comprender: **Solo hay una manera de que una hipótesis sea verdadera, pero hay muchas maneras de que sea falsa.** Por tanto, si no tomas en consideración todas las formas en las que te podrías estar equivocando, es muy posible que caigas en un sesgo de confirmación y un exceso de confianza a la hora de evaluar las pruebas.*

Pensar en hipótesis alternativas que puedan explicar una prueba es un aprendizaje cualitativo del método bayesiano de gran utilidad para un escéptico académico moderno, ya que te acerca al objetivo principal del escepticismo: no tener un exceso de confianza en tus creencias sobre ninguna hipótesis concreta.

Para comprender mejor qué hace que una prueba tenga más fuerza que otra, intenta presentar una prueba sólida y otra débil para una de tus creencias que antes has examinado. Para evaluar la fuerza de la prueba, debes tener en cuenta qué probabilidad hay de encontrar esa evidencia si tu creencia es cierta *y* qué probabilidad hay de encontrarla si tu creencia es falsa. Escribe aquí las pruebas fuertes y débiles de una de tus creencias junto con tu razonamiento.

___

___

___

___

___

___

___

* El sesgo de confirmación es la tendencia psicológica a buscar, interpretar, recordar y valorar información que confirme las creencias propias, mientras que ignora o minimiza la información que las contradice. (*N. de la T.*).

Día 5: Argumenta desde ambos lados

El ejercicio final de esta sección se alejará del método bayesiano y volverá al escepticismo académico clásico. Recordemos la escena inicial, en la que Carnéades provocó un gran alboroto en Roma al argumentar un día a favor de la justicia y, al día siguiente, en contra, con la intención de invitar a su audiencia a evaluar la totalidad de las pruebas y evitar que se aferrasen a un único punto de vista. Hoy vas a intentar aplicar esta técnica a tus propias creencias, al tiempo que repasas las filosofías que has estudiado a lo largo del libro.

Primero, reflexiona durante unos momentos sobre todas las filosofías que hemos explicado hasta aquí, desde el cirenaísmo de Aristipo hasta la forma de sofismo de Protágoras. Puede que hayas descubierto que algunas de estas perspectivas filosóficas te gustan más que otras.

A continuación, de entre todas las filosofías con las que has trabajado hasta el momento –tanto tus favoritas como las que menos te atraen– elige una. En el espacio que sigue, escribe su nombre y, en una escala del 1 al 10, evalúa con cuánta convicción crees que al menos algunos aspectos de esa filosofía te serán de gran utilidad –o totalmente inútiles– para forjarte la vida que te gustaría vivir.

A continuación, escribe dos ensayos breves: uno en defensa de esa filosofía (¡ya sea la que más te atrae de todas o la que menos te gusta!), explicando por qué crees que es adecuada para ti, y otro explicando por qué esa misma filosofía no tiene para ti el menor interés.

Te sugerimos que dediques un tiempo limitado a cada uno. Diez minutos por ensayo deberían bastar, pero es decisión tuya dedicarles más tiempo o menos.

En defensa del ______ [inserta aquí el nombre de la filosofía]:

____

____

En contra del ______ [inserta aquí el nombre de la filosofía]:

____

____

____

____

____

____

____

____

____

____

____

____

____

____

____

____

____

____

____

____

Ahora, dedica unos momentos más a valorar, en una escala del 1 al 10, cuánta seguridad tienes, en definitiva, de que esa filosofía te conviene o no. Si la técnica ha funcionado, sería de esperar que tu seguridad hubiera decrecido un poco. Si no es así, esto puede ser prueba de que el escepticismo académico –o al menos la técnica de argumentar a favor y en contra de una misma idea– no es la opción más indicada para ti.

Reflexión

Repasa tranquilamente la última semana y el trabajo tan difícil que has hecho. Ahora que has terminado, ¿dirías que estos días has echado de menos los componentes éticos de las filosofías del Puerto del Carácter, o la preeminencia que daban al placer las dos primeras filosofías que vimos, las del Puerto del Placer? ¿Has descubierto, por el contrario, que la duda y la epistemología tienen mucho más que ver contigo? ¿Cuál de las técnicas que hemos tratado en este capítulo –las cuatro categorías de Carnéades, el método bayesiano básico y argumentar a favor y en contra– te ha resultado más útil? ¿Alguna de estas técnicas te ayudó en su momento a infundir la duda? En caso afirmativo, ¿qué sensación te produjo? Y ¿crees que te convendría dudar más en tu día a día?

10. Suspende el juicio con Pirrón

Los escépticos afirman que el fin moral es la suspensión del juicio, a la que sigue a modo de sombra la imperturbabilidad.

Pirrón, en Diógenes Laercio, 9.107

El barco flotaba en medio del mar, azotado por el viento y las olas. En medio de relámpagos y truenos, una pesada cortina de lluvia caía sobre la cubierta. El casco de madera crujía, zarandeado por las encrespadas aguas del Mediterráneo, y los pasajeros alzaban despavoridos los brazos al cielo implorando a gritos protección a los dioses.

Un hombre que estaba allí sentado, el filósofo griego Pirrón de Elis, se levantó de repente y se dirigió a sus compañeros de viaje. «¿Veis ese cerdito?», les gritó mientras señalaba al animal con voz serena a pesar de la tormenta.

Los pasajeros se volvieron para mirar a un pequeño cerdo que iba de un lado a otro por la cubierta, encontrando aquí y allá algún resto de comida.

–Sigue comiendo y no le preocupa la tempestad ni tiene miedo a sufrir –dijo Pirrón–. Esta misma falta de preocupaciones deberíamos cultivar con la práctica de la filosofía si no queremos que nos perturbe a cada momento lo que nos sucede. Todos deberíamos tomar ejemplo de ese cerdo y actuar también así.[1]

–¡Pero, Pirrón, esta tormenta nos va a matar a todos! ¡Cómo quieres que no estemos preocupados! –gritó un pasajero.

–No tenemos forma de saber lo que va a pasar –dijo Pirrón–. De hecho, no tenemos base ni para juzgar lo que está pasando ahora mismo. ¿Es esto una tempestad terrible? ¿O es solo una ráfaga de aire y una nube cargada de agua, y todo se calmará dentro de un momento? ¿Está el barco a salvo o está en peligro? ¡Dominemos nuestras pasiones, ya que nunca podemos estar seguros de nada!

Señaló la lluvia que caía alrededor.

–¿Todo esto? Nuestros sentidos no nos dicen la verdad sobre cuál es la realidad –añadió–. ¿Por qué perder estos momentos pensando en ello?

Volvió a sentarse, y se quedó repentinamente inmóvil, con el rostro impasible y la frente relajada mientras la lluvia le bañaba la barba y el pelo. Los pasajeros se miraban entre sí. ¿Quién era aquel Pirrón, y cómo podía estar así de tranquilo? Pirrón se levantó y se alejó despacio hablando consigo mismo, como solía hacer, mientras el viento finalmente empezaba a amainar.

Un hombre se volvió hacia los demás.

–Dejad que os cuente. Pirrón, de joven era pintor, pero de pronto se interesó por la filosofía. Acompañó a Alejandro Magno en su campaña de la India, junto con su maestro Anaxarco de Abdera.[2]

Todos lo miraban con interés, y una mujer que había cerca de él lo interrumpió.

–Ese Anaxarco... ¡todo un personaje, él también! Era muy amigo de Alejandro, y lo llamaban «eudaimonicus», «el hombre feliz». Cuando el tirano de Chipre hizo que lo metieran en un saco y lo golpearan con mazos de hierro, Anaxarco ni se inmutó. Cuando el tirano dio orden de que le cortaran la lengua, cuentan que el propio Anaxarco se la tajó de un mordisco y se la escupió a la cara. ¿Os imagináis?[3]

El hombre volvió a hablar.

–Increíble. Y ahora, aquí está Pirrón, sereno en medio de este tiempo infernal. Me pregunto qué ocurriría de verdad en la India, que lo transformó y convirtió al pintor desconocido en este hombre que actúa como si estuviera hecho de piedra.

Pirrón se había sentado en un saliente de la cubierta, y estaba allí tranquilo, absorbido en sus pensamientos, como se le solía ver a menudo desde aquel transformador viaje a Asia con el rey macedonio.

Pirrón había nacido en Elis, una ciudad del Peloponeso occidental a orillas del mar Jónico, alrededor del año 360 a.C. Comenzó siendo pintor, reproduciendo a los atletas portadores de la antorcha en el gimnasio de su ciudad natal, pero luego decidió acompañar al filósofo Anaxarco, seguidor del atomista Demócrito,[4] como parte del séquito de Alejandro Magno en la campaña de la India.

Después de cruzar Asia central, se detuvieron en el noroeste de la India, en un lugar llamado Gandhara donde pasaron más de dos años. Por el camino, Pirrón había conocido a filósofos y practicantes religiosos de toda la región, entre ellos un grupo indio al que los griegos llamaban gimnosofistas, o sabios desnudos, así como a los *Magi*, u hombres sabios, de Persia.[5]

Algunos de estos sabios, indiferentes a las inclemencias del tiempo, se quitaban la ropa y dejaban que los elementos los curtieran. Pirrón se dio cuenta de que permanecían inmóviles durante largos periodos de tiempo y eran capaces de soportar el dolor sin quejarse; y de que decían lo que pensaban. Cuando un filósofo de la India criticó abiertamente a Anaxarco por estar al servicio del rey, Pirrón empezó a pensar en retirarse por completo de la corte.[6] Con el tiempo, Pirrón aprendió más cosas de los pensadores indios. Descubrió que la imperturbabilidad de los sabios nacía de una suspensión del juicio en lo concerniente al mundo, así como de la renuncia a necesitar tener certezas. Pirrón comprendió que las cosas no son bellas ni feas, justas ni injustas; simplemente son. Y que la gente actúa principalmente según la costumbre, o por hábito, no por un verdadero conocimiento del bien y del mal que esté fundado en una moralidad objetiva.[7]

El joven Pirrón empezó a cultivar la indiferencia y el no apego al mundo que lo rodeaba, lo cual incluía la seria determinación a no confiar en sus sentidos. Era una forma de vivir muy arriesgada físicamente, incluso después de estar de vuelta en Grecia. Se cuenta que una vez estuvo a punto de despeñarse por unos acantilados, y que, en otra ocasión, hizo poco por apartarse y esquivar a unos carros que venían hacia él. Pirrón tenía la suerte de contar con buenos amigos que a menudo lo ayudaron a evitar situaciones verdaderamente peligrosas.

Durante el resto de sus días, Pirrón nunca pareció preocuparse de que lo juzgaran por hacer cosas que consideraban «indignas» de él. Vivía en Elis con su hermana Filistea, que era comadrona, y la ayudaba en la casa, limpiando y quitando el polvo, y vendiendo pichones y lechones en el mercado.[8]

Pirrón se daba cuenta de que no siempre cumplía a rajatabla los preceptos por los que había elegido vivir. Una vez, defendió enérgicamente a Filistea frente a quienes la criticaban; cuando después alguien le echó en cara a Pirrón que se hubiera enfurecido de aquel modo, él le contestó que era aceptable mostrar emoción por una mujer como ella.[9] Otro ejemplo es que, cuando pasaba cerca de algún perro fiero, no solía hacerle mucho caso, pero un día un perro lo atacó y, sobresaltado, salió corriendo. Fue una excepción a su conducta imperturbable. A quien se lo censuró, «le respondió que era difícil despojarse enteramente del elemento humano. Pero que había que enfrentarse en la medida de lo posible a los acontecimientos, en primer lugar con hechos, y si no, al menos con el razonamiento».[10] Tuvo ocasión de dar prueba de su serenidad imperturbable, o ataraxia, cuando hubo que operarlo tras haber sufrido una herida. Mientras el médico hacía incisiones y cauterizaba la carne y le aplicaba ungüentos abrasivos, «Pirrón ni siquiera contrajo el entrecejo».[11] A pesar de no haber escrito nunca una palabra de filosofía, su activo propósito de suspender el juicio le granjeó seguidores y admiración. Atenas le concedió los derechos de ciudadanía, y sus conciudadanos de Elis lo nombraron sumo sacerdote y erigieron una estatua en su honor en la plaza del mercado. Vivió hasta alrededor del año 270 a.C. y murió a los noventa años.[12]

Algunos de los alumnos de Pirrón trataron de emular aquella serenidad en su forma de vivir; otros se dedicaron a difundir su pensamiento. Entre ellos destacan Timón de Fliunte, que escribió un libro, *Silloi*, o Silios, poemas filosóficos satíricos, burlándose de los filósofos griegos, y Nausífanes de Teos, seguidor del filósofo Demócrito, que después fue maestro de Epicuro.[13] Otro seguidor de Pirrón fue Arcesilao, que más adelante llevó sus ideas a la Academia de Platón.[14] Las generaciones posteriores de filósofos tomaron como base el pensamiento de Pirrón, entre ellos el comentarista Sexto Empírico, de origen griego y nacionalizado romano, que escribió *Esbozos pirrónicos*.[15] Cuando la antigüedad grecorromana quedaba ya muy atrás, las ideas de Pirrón siguieron influyendo (y a menudo sirviendo de contraste) a escépticos como el filósofo del siglo XVII René Descartes y el pensador del siglo XVIII David Hume. Varios estudios recientes han investigado en profundidad la relación entre el pensamiento de Pirrón y las filosofías y sistemas de creencias y prácticas que conoció en la India, entre ellas las de los primeros budistas.[16]

El misterioso Pirrón

El pirronismo es la segunda gran escuela del escepticismo antiguo..., aunque, dado que Pirrón de Elis vivió entre los años 365 y 270 a.C. –es decir, antes del «giro escéptico» que dio la Academia de Platón–, podría considerarse que el pirronismo fue la primera escuela escéptica, cronológicamente hablando. Pirrón murió (por lo que suponemos; el año exacto no se puede precisar) más o menos por la misma época en que Arcesilao se puso al frente de la Academia y la hizo dar un giro hacia el escepticismo.

Pero la historia del pirronismo es algo más compleja que esto. Para empezar, no sabemos mucho del propio Pirrón, que no dejó ninguna documentación escrita de su pensamiento. Su discípulo Timón de Fliunte, en cambio, sí lo hizo, pero por desgracia los escritos de Timón se han perdido a lo largo de los siglos. Así que lo único que tenemos son pruebas indirectas que nos llegan a través de los escritos de comentaristas posteriores, algunos de los cuales eran contrarios a la tradición escéptica.

Como hemos visto, Diógenes Laercio presenta a Pirrón como el protagonista de una serie de anécdotas sensacionales en su *Vidas y opiniones de los filósofos ilustres*. Por ejemplo:

> Era consecuente con esto en su vida, sin desviarse ni tomar precauciones ante nada, enfrentándose a cualquier cosa, a lo que le saliera al paso, tanto carros como precipicios y perros, con total inadvertencia de sus sensaciones. Sin embargo le ponían a salvo, según dicen los seguidores de Antígono de Caristo, sus amigos que le acompañaban.[17]

Pero esto es difícil de creer, sobre todo teniendo en cuenta que, según las fuentes, Pirrón vivió hasta la avanzada edad de ochenta y cinco años, o tal vez incluso hasta los noventa y cinco, lo cual habría sido extremadamente improbable si de verdad hubiera tenido tal falta de cuidado por su vida. Laercio sigue diciendo: «Enesidemo, en cambio, afirma que mantuvo en su filosofía el principio de la suspensión de juicio, pero que no actuaba en la vida cotidiana desprevenidamente».[18]

En otras palabras, Pirrón se conducía en la vida cotidiana del mismo modo que la mayoría de la gente, y reservaba su escepticismo para un nivel superior de discusión filosófica. Aunque su alumno Timón lo describa como alguien que ha alcanzado una calma divina gracias a la práctica filosófica, es imposible saber si esto es cierto o la simple adulación de un discípulo.

Sea como fuere, lo cierto es que Pirrón alcanzó una notable reputación en vida. Se dice que en su ciudad natal, Elis, en el Peloponeso occidental (Grecia), «en honor a él concedieron la exención de impuestos a todos los filósofos».[19] ¡No nos importaría que Nueva York (donde viven Greg y Massimo) y California (donde reside Meredith) siguieran el ejemplo de Elis!

Diógenes Laercio cuenta asimismo la fascinante historia del viaje de Pirrón a la India, con Alejandro Magno, bajo la atenta guía de su maestro, un misterioso personaje conocido como Anaxarco,* «al que acompañó por todas partes, de modo que se relacionó con los gimnosofistas en la India y con los Magos. A partir de estos contactos se cree que filosofó del modo más severo, introduciendo la doctrina de la incomprensibilidad (*acatalepsía*) y de la suspensión del juicio (*epojé*)».[20]

Los Magos (*Magi*) eran sacerdotes persas de la religión zoroástrica, que el mundo griego conocía al menos de oídas, pero de los gimnosofistas sabemos mucho menos. Diógenes Laercio dice que la filosofía de Pirrón se desarrolló como resultado de su contacto con una serie de filósofos orientales, y que es el único sistema establecido en que se vinculan una tradición filosófica oriental y occidental.[21]

Para que te hagas una idea más clara de cuáles entendía Pirrón que eran los requisitos para una vida digna de ser vivida, considera las tres cuestiones fundamentales que él se planteó,[22] según cuenta Timón: «(i) ¿Cómo son las cosas por naturaleza? (ii) ¿Qué disposición debemos tener ante ellas? (iii) ¿Cuál será el resultado para quienes adopten esa actitud?». He aquí sus respuestas.

> [Pirrón] revela que [i] las cosas son igualmente indiferenciadas, inestables e indeterminadas; entonces, por esta razón, [ii] ni nuestras sensaciones ni nuestras opiniones dicen la verdad ni mienten. De ahí que no debemos confiar en ellas, sino que debemos permanecer sin

* Sabemos muy poco de Anaxarco, pero al parecer era atomista como Demócrito, tenía perspectivas filosóficas en común con los cínicos (capítulo 5) tanto como con los cirenaicos (capítulo 1), y puede que, de hecho, fuera el verdadero creador de lo que hoy conocemos como pirronismo, concretamente en lo que respecta a ser agnósticos sobre la naturaleza de las cosas y a cultivar la suspensión del juicio para alcanzar la tranquilidad mental.

> opiniones, sin inclinaciones y sin sobresaltos y decir, de cada cosa particular, que solo es en la misma medida que no es, [iii] o que es y no es, o que ni es ni no es. Timón dice que el resultado para aquellos que estén así dispuestos será primero la afasia (la imposibilidad para pronunciarse sobre la naturaleza de las cosas) y después la ataraxia (imperturbabilidad).

Según Pirrón, así pues, (i) no podemos saber cómo son las cosas en realidad, y por tanto (ii) no tiene sentido formular opiniones sobre ellas, y menos aún apegarnos tanto a tales opiniones que nos enfademos si alguien las rebate. Además, (iii) si logramos desprendernos de tales opiniones innecesarias e infundadas, alcanzaremos la serenidad de espíritu, o estaremos libres de perturbación (*ataraxía*, en griego).

Sé razonable

Esto es más o menos lo que sabemos del propio Pirrón. Pero el pirronismo continuó y tuvo una trayectoria llena de vicisitudes. Como hemos visto en el capítulo anterior, el primer erudito de la Academia escéptica fue Arcesilao de Pitane (315-241 a.C.), de quien se dice que abrazó una forma de escepticismo no muy diferente de la de Pirrón, lo que significa que aunó inextricablemente las dos versiones del escepticismo antiguo.

Esto no debería sorprendernos, ya que Arcesilao coincidió con Timón (325-235 a.C.), que fue el único alumno de Pirrón. Se dice que Arcesilao practicaba el acostumbrado enfoque escéptico de argumentar desde ambos lados una cuestión dada, con la intención de generar en sus oyentes *aporía* (confusión o imposibilidad; véanse las páginas 227-229).[23] Además, Arcesilao afirmaba –al más puro estilo pirrónico– que la única opción racional es suspender el juicio.[24]

No obstante, Arcesilao sí propuso un criterio para decidir cuándo y cómo actuar adoptando una actitud escéptica: *to eulogon*, lo razonable, que tal vez ayudaba a Pirrón a desenvolverse en los asuntos cotidianos sin arriesgar la vida. No está claro qué significa «razonable» en este contexto, pero si Arcesilao se refería a algo parecido a lo sensato, quizá también se inspirase en Pirrón. Ese criterio es distinto del que propusieron los escépticos académicos posteriores, como Carnéades, y que ya hemos tratado en el capítulo 9: *to pithanon*, lo que es persuasivo, o probable.

Independientemente de las similitudes iniciales, el escepticismo académico y el pirronismo divergieron después de Arcesilao. El primer resurgimiento de la perspectiva de Pirrón se atribuye a Enesidemo (siglo I a.C.), que escribió los desaparecidos *Discursos pirrónicos* (*Pyrrhoneia*). Una vez más, las vicisitudes de los dos tipos de escepticismo están entrelazadas, ya que Enesidemo era, de hecho, miembro de la Academia escéptica de Filón de Larisa (quien, como recordarás, fue uno de los maestros de Cicerón).

Enesidemo solía sintetizar el credo pirrónico en la frase «no determinamos nada», lo que significa que lo único que un pirrónico sentiría que puede afirmar es –como dice el estudioso moderno Harald Thorsrud– que «cierta propiedad pertenece a cierto objeto en relación con cierto observador o en relación con cierto conjunto de circunstancias».[25] ¿Qué quería decir exactamente? Por ejemplo, un verdadero pirrónico nunca diría «esta mesa es redonda», sino algo del estilo de «este objeto que se utiliza como mesa me parece ahora que tiene forma de círculo». ¡Esto sí que es matizar!

Los diez modos

La razón más importante por la que suele mencionarse a Enesidemo es la célebre técnica que aportó al arsenal pirrónico, conocida como «los diez modos»: diez razones que nos recuerdan por qué debemos poner siempre en duda cualquier afirmación categórica. He aquí los modos.

1) Las distintas especies animales perciben el mundo de forma diferente.
2) Distintas personas perciben las mismas cosas de forma diferente cada una.
3) Una misma persona percibe la misma cosa de forma diferente dependiendo de las circunstancias del momento.
4) La percepción sensorial varía con los cambios físicos del entorno.
5) La percepción sensorial varía en función de cómo se relacionan las cosas entre sí.
6) Solo percibimos los objetos a través del aire y otros medios, no directamente.
7) Los objetos cambian de color, tamaño, temperatura... dependiendo de las circunstancias.
8) Todas las percepciones interactúan entre sí (no son independientes unas de otras).
9) El impacto que nuestras percepciones tienen sobre nosotros se debilita con la repetición, a medida que nos acostumbramos a un estímulo determinado.
10) Las personas se crían con creencias diferentes, bajo costumbres y leyes diferentes.

Lo interesante de esta lista es que ofrece abundantes pruebas de que la forma en que percibimos y entendemos el mundo está relacionada con una serie de factores externos, entre ellos los biológicos y los culturales. En consecuencia, ¿cómo puede alguien afirmar con convicción una supuesta verdad sobre un hecho o una idea en particular?

Cinco modos más

El siguiente gran nombre del pirronismo es el de Sexto Empírico, que vivió en el siglo II o III d.C. Tampoco en este caso sabemos mucho de él (¡parece que los escépticos se hubieran puesto de acuerdo!), salvo que era médico. Escribió *Contra los profesores* (en otras palabras, aquellos que profesan,* que afirman estar en posesión de alguna verdad) y *Esbozos pirrónicos*.

Sexto distingue tres posturas filosóficas fundamentales: la de los dogmáticos (que creen haber descubierto alguna verdad), la de los dogmáticos negativos (que piensan que no se puede descubrir la verdad) y la de los escépticos. Sitúa a los escépticos académicos en el segundo grupo, lo cual es un poco injusto, pues no está claro que afirmaran que, como principio, la verdad sea imposible de descubrir; su afirmación era más modesta: decían que nadie había demostrado aún de forma convincente estar en posesión de ninguna verdad.

Sexto Empírico describe la misma línea de razonamiento escéptico que hemos visto antes: observamos un desacuerdo entre varias

* La obra completa *Contra los profesores* está publicada en dos partes. La primera, titulada *Contra los profesores*, recoge los libros I-VI y la segunda, *Contra los dogmáticos*, los libros VII-XI. (*N. de la T.*).

personas sobre el tema X o Y → esto nos inquieta → descubrimos que los diferentes relatos que dan sobre X o Y parecen ser igualmente convincentes (equipolentes, o de valor equivalente) → en consecuencia, suspendemos el juicio → y alcanzamos así la tranquilidad mental.

La tranquilidad escéptica se parece al Zen (¡recuerda la conexión con las tradiciones orientales!). Llega indirectamente, cuando renunciamos a la creencia de que la verdad es necesaria. Conviene subrayar que esto no significa que debamos renunciar a la búsqueda de la verdad, ni declarar que no se puede llegar a ella, ni que no existe. Es posible que la verdad esté «ahí fuera»,* oculta en algún lugar, pero aún no la hemos encontrado. Sexto habla también de otros cinco «modos», introducidos por un escéptico del siglo I llamado Agripa. (Sí, lo has adivinado: ¡tampoco sabemos demasiado de él!). Es interesante prestar atención a estos modos, ya que tres de ellos se siguen utilizando actualmente en debates de vanguardia sobre lógica y epistemología. Son los siguientes:

1) Desacuerdo: las personas, incluidos los filósofos, discrepan en cuestiones de todo tipo.

2) Relatividad: las cosas nos parecen diferentes cuando cambian las relaciones que hay entre ellas o cuando cambian las condiciones.

3) Regresión infinita: cada vez que se nos da una justificación de una noción determinada, podemos pedir una justificación de la justificación, y así sucesivamente, *ad infinitum*.

4) Corte arbitrario en el razonamiento: una forma de detener una regresión infinita es dar por sentado un determinado punto de

* La verdad está «ahí fuera» es el famoso eslogan de la longeva serie de televisión *Expediente X* (1993-2003, más una temporada posterior, 2016-2018).

partida y considerarlo incuestionable, pero eso significa no tener la posibilidad de presentar explicaciones que justifiquen el punto de partida que hayamos elegido.

5) Circularidad: otra forma de detener la regresión infinita es entrar en un razonamiento circular en el que, a partir de cierto momento, algunas de las cosas que se intentan justificar acaban utilizándose como justificación de otras.

Si te fijas, los dos primeros modos de Agripa son esencialmente un resumen (muy condensado) de los diez modos de Enesidemo. Pero la gran sorpresa son los tres últimos, que suelen denominarse «trilema de Agripa» o «trilema de Münchhausen».* Su importancia radica en que juntos agotan el espacio lógico de posibilidades de justificar el conocimiento: *cada vez* que queremos fundamentar un supuesto conocimiento, terminamos, según el trilema, (3) en una regresión infinita, y nos encontramos en la obligación de (4) hacer una suposición arbitraria o (5) entrar en un razonamiento circular. Quizá no fuera esta la intención de Agripa cuando los formuló, pero, tomados juntos estos tres modos, están bastante cerca de constituir un argumento hermético de que el conocimiento humano es, de hecho, imposible. Sin duda, a un pirrónico no le gustaría nada pronunciar estas palabras, pues lo colocarían directamente en la categoría de los dogmáticos negativos, y ser dogmático, *del tipo que sea*, no es aceptable para un seguidor de Pirrón.

* El nombre «trilema de Münchhausen» hace referencia al personaje imaginario del barón Von Münchhausen, que una vez se quedó atascado con su caballo en un lodazal y pudo salir de aquella situación potencialmente fatal tirándose del pelo. El mensaje es que haría falta poco menos que un milagro para evitar las consecuencias del trilema.

Los criterios de acción

Vamos a suponer que, teniendo presentes los diez modos de Enesidemo, o los cinco modos de Agripa, decidimos ejercitar la suspensión del juicio con el propósito de alcanzar la ataraxia (tranquilidad). Entonces, ¿cómo se supone, exactamente, que hemos de vivir? Esta es una pregunta que a los pirrónicos les han hecho desde siempre sus críticos. Acuérdate de las increíbles aventuras que Diógenes Laercio nos cuenta de Pirrón el descuidado: ¿cómo podría conducirse en la vida un practicante pirrónico si sus amigos no velaran por él? Otra forma de decirlo es: ¿cómo se puede vivir sin creencias positivas?

La respuesta está en lo que a veces se denomina la cuádruple observancia: los pirrónicos viven guiados por la naturaleza (utilizando la capacidad de percepción y de pensamiento que les ha dado la naturaleza); estando atentos a sus sensaciones (que les indican cuándo tienen hambre o sed); respetando las leyes y costumbres establecidas (sin pretender que sean «verdaderas», «justas» ni nada por el estilo), y haciendo caso de los consejos de los expertos siempre que les sea posible (para aprender a tocar un instrumento musical o a escribir, por ejemplo).

¿Es todo esto realmente tan distinto de lo que proponen los otros escépticos, los académicos? Desde la Antigüedad, se han hecho numerosas comparaciones entre las dos escuelas.[26] En este punto, la divergencia entre uno y otro enfoque debería ser clara, a pesar de las influencias recíprocas que hemos señalado, y tal vez lo que mejor la resuma es el contraste entre *to eulogon* de Arcesilao, si lo interpretamos como guiarnos por lo establecido y por la explicación comúnmente aceptada de las cosas, y *to pithanon* de Carnéades, interpretado como guiarnos por lo que parece más probable tras la investigación. En el primer caso, se acaba viviendo según el sentido común; en el segundo, indagando sobre todo, creíble o no. El pirrónico evitará la especulación científica y la metafísica; el académico las adoptará, pero solo sobre una base probabilística, sin la certeza que tendría un dogmático. No obstante, ambas escuelas cuestionan el conocimiento humano, y ese cuestionamiento es esencial en cómo conciben respectivamente una buena vida humana: ese cuestionamiento es lo que hace escéptico a un individuo.

Vive como Pirrón

Practicar el pirronismo en nuestros días es tener como objetivo la ataraxia. Todo lo que hace un pirrónico –tanto antiguo como moderno– está al servicio de este objetivo. El pirrónico se dedica a cuestionar no para llegar a la verdad de un asunto, sino para alcanzar la tranquilidad mental.

El pirronismo es una de las pocas filosofías grecorromanas –junto con el estoicismo y el epicureísmo–[27] que se practican en la actualidad, y uno de sus exponentes sería Douglas C. Bates, cuyas ideas principales veremos el día 5.[28]

Día 1: Plantéate tú también las «tres preguntas fundamentales» de Pirrón

La filosofía de Pirrón se desarrolló a partir de que se planteara tres preguntas fundamentales sobre cómo es el mundo y cómo es nuestra relación con él.

- ¿Cómo son las cosas por naturaleza?
- ¿Qué disposición debemos tener ante ellas?
- ¿Cuál será el resultado para quienes adopten esa actitud?

A lo largo del libro has estudiado y aplicado filosofías creadas por otras personas, y tal vez te hayas planteado preguntas similares a las de Pirrón. Son un buen punto de partida para que elabores tu propia filosofía de vida.

El ejercicio de hoy es muy sencillo: responde lo mejor que puedas a las tres preguntas fundamentales de Pirrón. Procura dar respuestas concisas, pero dedica todo el tiempo que necesites a reflexionar sobre cada una de ellas. Antes de continuar, quizá te resulte útil un ejemplo más de cómo podríamos responder a estas preguntas. Alguien budista podría dar las siguientes respuestas.

- Por naturaleza, las cosas carecen de esencia; son insatisfactorias e impermanentes.
- Debemos tener una actitud de no apego hacia ellas.
- Eso nos liberará del sufrimiento.

Ahora te toca a ti. Escribe tus respuestas en el espacio siguiente. Al lado de cada una, valora el grado de seguridad con que das esa respuesta en una escala del 1 (muy poca seguridad) al 10 (seguridad total).

¿Cómo son las cosas por naturaleza? ______________________

____

¿Qué actitud debemos adoptar ante ellas? ______________________

____

¿Cuál será el resultado para quienes adopten esa actitud? ______
______

Día 2: Aplica los dos primeros modos

Hoy te meterás en la piel de un escéptico pirrónico y harás lo que hacían los pirrónicos en la Antigüedad: atacar una filosofía. Más concretamente, la tuya propia. Ataca cada una de las respuestas que diste ayer a las tres preguntas fundamentales utilizando uno de los dos primeros modos de Agripa. Recuerda que esos dos primeros modos son.

1) Desacuerdo: las personas, incluidos los filósofos, discrepan en cuestiones de todo tipo.
2) Relatividad: las cosas nos parecen diferentes cuando cambian las relaciones que hay entre ellas o cuando cambian las condiciones.

A modo de ejemplo, he aquí algunas formas en que un pirrónico podría atacar las respuestas de la persona budista a las tres preguntas fundamentales de Pirrón.

- Por naturaleza, las cosas carecen de esencia; son insatisfactorias e impermanentes.
  » Modo 2: ¿Acaso no cambiarían estas afirmaciones sobre la naturaleza de las cosas si las circunstancias cambian? Se diría que necesariamente ha de ser así, a la vista del tercer atributo:

la impermanencia. Porque si la impermanencia de las cosas está en sí misma sujeta al cambio, ¿no significaría esto que algunas cosas son permanentes?

- Debemos tener una actitud de no apego hacia ellas.
  » Modo 1: Hay quienes no están de acuerdo. Por ejemplo, el filósofo E.M. Cioran dijo: « Mi facultad de decepción sobrepasa el entendimiento. Ella es la que me hace comprender a Buda, pero también es ella la que me impide seguirlo».[29] Dado el desacuerdo, ¿qué razón hay para creer más a la persona budista que a Cioran?
- Eso nos liberará del sufrimiento.
  » Modo 1 o modo 2: Todo lo contrario. Hay quienes, en circunstancias particulares, han seguido las instrucciones de meditación budistas, o de inspiración budista, y eso ha tenido efectos adversos para su salud mental, lo cual les ha acarreado sufrimiento.[30] Y si hay practicantes que sufren en el supuesto camino hacia la liberación, ¿qué razón hay para creer que habrá liberación en el futuro cuando, en el presente, esas prácticas *aumentan* el sufrimiento de cierto número de personas?

Vuelve a escribir en el espacio que sigue las respuestas que diste ayer a las tres preguntas fundamentales de Pirrón. Luego intenta refutarlas aplicando el primer o segundo modo de Agripa. Después de escribir cada refutación, vuelve a evaluar la convicción que tienes ahora en las respuestas iniciales. ¿Ha cambiado tu grado de seguridad en ellas?

¿Cómo son las cosas por naturaleza?

» Tu respuesta del día 1: ______________________________

____

» Tu refutación utilizando uno de los dos primeros modos de Agripa: ____

____

» Tu actual grado de seguridad en la respuesta del día 1: ______

____

¿Qué actitud debemos tener ante ellas?

» Tu respuesta del día 1: ______________________________

____

» Tu refutación utilizando uno de los dos primeros modos de Agripa: ____

____

» Tu actual grado de seguridad en la respuesta del día 1: ______

____

¿Cuál será el resultado para quienes adopten esa actitud?

» Tu respuesta del día 1: ______________________________

____

» Tu refutación utilizando uno de los dos primeros modos de Agripa: ____

____

» Tu actual grado de seguridad en la respuesta del día 1: ______

____

Día 3: Intenta evitar el trilema de Agripa

Aplicar los dos primeros modos de Agripa es la primera de las dos acciones con que un pirrónico intenta demostrar a sus adversarios filosóficos la equipolencia (igual validez) de la justificación contraria (y el modo en que los pirrónicos practicantes pueden purgar su propia mente de dogmas). El objetivo de esta primera acción del proceso es plantear la posibilidad de la duda. La segunda acción será demostrar que cualquier respuesta con que se intente despejar la duda que planteó la primera acción recurrirá, por fuerza, a una de las tres soluciones desesperadas del trilema de Agripa.

3) Regresión infinita: cada vez que se da una justificación, el pirrónico preguntará qué justifica la *nueva* justificación... interminablemente. Para cortar la regresión infinita, el adversario debe optar, o bien por el modo 4, o bien por el modo 5, como sigue:
4) Corte arbitrario en el razonamiento: detenerse simplemente en un determinado argumento sin justificarlo y darlo por supuesto.
5) Circularidad: utilizar afirmaciones anteriores que se hayan hecho en el curso del debate y justificar con ellas afirmaciones posteriores.

El ejercicio de hoy consistirá en que intentes justificar tu respuesta a una de las tres preguntas fundamentales de Pirrón sin caer en el trilema de Agripa, o admitiendo que lo has hecho. Para acotar la tarea, te sugerimos que te centres en defender solo una de las tres respuestas que diste el día 1.

El proceso para defender tu punto de vista es sencillo: expón una razón por la que crees en tu afirmación. A continuación, asume brevemente el papel del pirrónico y pregúntate qué justifica esa creencia. Puedes hacerlo formulándote una de las siguientes preguntas, u otras que a ti se te ocurran.

- ¿Por qué creo en esta afirmación?
- ¿Qué la justifica?
- ¿Qué pruebas la respaldan?
- ¿Cómo sé que es cierta?

Una vez que hayas respondido, formula una pregunta sobre la nueva afirmación. Sigue repitiendo este proceso (¡posiblemente infinito!) hasta que ocurra una de estas cuatro cosas:

- Llegas a una suposición clara que no puedes justificar: modo 4.
- Tienes que apelar a una afirmación anterior para justificar una posterior: modo 5.
- Te hartas del proceso (algo similar a la aporía que experimentaban los interlocutores de Sócrates, como vimos en el capítulo 7).
- Consigues fundamentar tu creencia sin frustrarte ni caer en los modos 4 o 5.

A modo de ejemplo, digamos que nuestro budista teórico intenta defender su respuesta a la segunda pregunta de Pirrón.

Respuesta 1: *Debemos tener una actitud de no apego hacia las cosas que carecen de esencia, que son insatisfactorias e impermanentes.*

Pregunta 1: *¿Por qué creo en esta afirmación?*

R2: *Porque conduce al fin del sufrimiento.*

P2: *¿Cómo sé que esto es verdad?*

R3: *Porque los primeros* sūtras *contienen varios ejemplos de que esto es lo que les ocurrió a toda una serie de practicantes del budismo.*

P3: *¿Y por qué debería creer lo que dicen los* sūtras*?*

R4: *Porque he experimentado, yo también, que el sufrimiento ha disminuido desde que empecé las prácticas.*

P4: *Pero ¿por qué suponer que, si sigo practicando, el sufrimiento desaparecerá por completo?*

R5: *Bueno, si con un poco de práctica el sufrimiento ha disminuido un poco, ¡es lógico que con mucha práctica desaparecerá del todo!*

P5: *¿Por qué creo esto?*

R6: *Sencillamente, porque tiene sentido que sea así.*[*]

Bien, ahora te toca a ti probar este método con una de tus respuestas a las preguntas de Pirrón que te formulaste el día 1. Al final del ejercicio, valora tu seguridad en la respuesta en una escala del 1 (muy poca seguridad) al 10 (seguridad total).

____

____

____

____

____

____

____

* Modo 4: Corte arbitrario, y dar la afirmación por supuesta.

Día 4: Ten una actitud escéptica hacia tus pensamientos cotidianos

Recuerda que el objetivo último del pirronismo es la tranquilidad mental. Para ello, tendrás que vigilar constantemente tus pensamientos en busca de señales de dogmatismo y refutar cualquier pensamiento dogmático con un argumento contrapuesto a fin de que sea evidente su equipolencia (equivalente validez). Los cinco modos de Agripa son una eficaz forma de conseguirlo. Sin embargo, también son difíciles de utilizar en el día a día, sobre todo cuando no se tiene práctica.

Afortunadamente, existen varios métodos más breves para que los pirrónicos practicantes hagan frente a sus dogmas, aunque pueden no ser suficientes para enfrentarse a creencias muy arraigadas.[31]

El ejercicio de hoy consiste en que, mientras atiendes a tus tareas habituales, te des cuenta de cualquier cosa que te moleste. Si el pensamiento molesto es simple, prueba uno de los métodos pirrónicos modernos abreviados que se presentan aquí. En caso de que el pensamiento tenga una fuerte carga emocional, toma rápidamente nota de él y, hacia el final del día, utiliza el siguiente espacio para aplicar los métodos completos de Agripa que has estado practicando los últimos días.

Si no es un pensamiento intenso, y te sientes capaz de hacerlo, puedes intentar infundir cierta equipolencia argumentando al instante contra las premisas que subyacen al pensamiento, y preguntarte lo siguiente:

- ¿Cómo sé que esto es verdad?
- ¿Tendría todo el mundo la misma reacción que yo preveo?

- ¿En qué circunstancias similares he tenido en el pasado expectativas equivocadas?

Otro atajo posible es reformular el pensamiento. Si un pensamiento con fuerte carga emocional dice que algo es, o no es, de determinada manera, puedes reformularlo haciendo hincapié en que se trata de una apariencia, no necesariamente de un hecho. Por ejemplo, si crees que una intervención médica *va a ser* dolorosa, reformula el pensamiento para que exprese que «Parece que podría ser dolorosa» o que «Es posible que sea dolorosa, pero puede que no lo sea».[32]

En resumidas cuentas, tu misión pirroniana para hoy es la siguiente:

- Haz tu vida como de costumbre.
- Date cuenta de cualquier pensamiento perturbador que aparezca, lo cual (según los pirrónicos) es una indicación de que te estás aferrando a una creencia.
- Dependiendo de la fuerza de la creencia, haz una de las siguientes cosas.
  » Trata de reformularla rápidamente o de cuestionar la creencia subyacente al sentimiento perturbador.
  » Anota rápidamente el sentimiento y las circunstancias y, luego, intenta aplicar los cinco modos de Agripa a última hora del día utilizando el espacio que sigue.

Argumenta aquí en contra de tus pensamientos perturbadores.

Escribe el pensamiento perturbador.

Argumenta contra él.

Día 5: Reflexiona sobre los «criterios de acción»

La práctica pirrónica no se queda en el debate, sino que propone también cuatro criterios que deben tenerse en cuenta al actuar.

1. Los sentidos y las percepciones naturales
2. Los sentimientos
3. Las leyes y costumbres establecidas
4. La atención a los consejos de los expertos

No parece que sea un ejercicio demasiado difícil, intentar vivir de acuerdo con estos cuatro criterios en el día a día; tenemos la impresión de que, en buena medida, eso es lo que hace la mayoría de la gente. Doug Bates, un pirrónico moderno, parece estar de acuerdo: «Al observar a un pirrónico, la persona típica vería a alguien cuyo comportamiento es bastante parecido al de cualquier individuo común y corriente. Los únicos indicios de que es un pirrónico serían, probablemente, su escepticismo respecto a las diversas controversias de su época».[33] Lo que diferencia la vida de un pirrónico practicante es, sobre todo, lo que hace mentalmente mientras actúa. En su determinación de vivir a conciencia de acuerdo con los cuatro criterios para la acción, el pirrónico «aparta la atención de las cuestiones especulativas», y el resultado de esto es «una drástica reducción de los asuntos de los que necesita preocuparse»,[34] dice Bates. En pocas palabras, la principal finalidad de los criterios de acción no es que actuemos de la forma adecuada o correcta, sino ayudarnos a tener tranquilidad mental eliminando la preocupación por asuntos que no la merezcan de un modo evidente.

El ejercicio final de esta semana consiste en que evalúes la afirmación de Bates. ¿Crees que simplificar tu forma de vivir, observando los cuatro criterios de acción, te dará tranquilidad mental? Por un lado, podría hacer que tuvieras muchas menos preocupaciones. Por otro, varios filósofos que has estudiado a lo largo del libro posiblemente estarían en desacuerdo (como en el modo 1 de Agripa: desacuerdo). En el espacio que sigue, escribe lo que piensas sobre los frutos (o falta de frutos) de vivir observando los criterios de acción.

____

____

REFLEXIÓN

Y con esto, has completado el recorrido por las principales filosofías de vida de la antigüedad grecorromana y, en cierto sentido, has cerrado el círculo. Empezamos con una filosofía que muchas personas de la sociedad moderna viven en cierta medida –el cirenaísmo– y hemos terminado con una filosofía que también puede traducirse en llevar una vida convencional, al menos vista desde fuera. ¿Qué opinas sobre los modos de Agripa, después de haber experimentado con ellos? ¿Crees que tienen el poder de infundir *epojé*? ¿Crees que esto conduce realmente a la tranquilidad mental, o que la tranquilidad requiere mucho más que soltarse de las creencias dogmáticas? ¿Has tenido algún vislumbre de auténtica serenidad mientras practicabas esta semana? ¿Dirías que observar los cuatro criterios de acción, combinándolo con los métodos cognitivos del pirronismo, es suficiente para lograr «una vida digna de ser vivida»?

IV. Aquí hay dragones

La última etapa de nuestro viaje por la filosofía helenística se adentra en aguas extrañas e inexploradas. Supuestamente,[1] en los mapas antiguos estos territorios llevaban el rótulo de *hic sunt dracones* para indicar que allí podían acechar peligros desconocidos. Aunque las filosofías que tratamos en esta sección no sean tan peligrosas, sí son un tanto extrañas, y no suelen contemplarse como posibles filosofías de vida porque tal vez sean un poco más difíciles de practicar en tiempos modernos. Aun así, tienen importancia histórica, y, quién sabe, quizá leas uno de los siguientes capítulos y hagas que Pitágoras se vuelva de nuevo viral. Las tres escuelas de pensamiento que se presentan aquí son el pitagorismo (capítulo 11), el megarismo (capítulo 12) y el neoplatonismo (capítulo 13). Como veremos, Pitágoras fue extraordinariamente famoso en el mundo antiguo, pero no por el teorema en el que podrías estar pensando. Estilpón y los megáricos son cuasi desconocidos en el mundo moderno, sin embargo, hubo una época en Grecia en la que todo el mundo quería un pedacito de Estilpón. En cuanto a los neoplatónicos, tuvieron el dudoso honor de ser el último bastión pagano contra la marea del cristianismo, y uno de sus miembros, Hipatia de Alejandría, pagó el precio supremo por ello.

Tanto los pitagóricos como los neoplatónicos se inclinaban hacia lo que hoy llamaríamos misticismo, aunque de formas muy distintas y por razones filosóficas opuestas. La gente llegó a pensar incluso que Pitágoras era de naturaleza divina, y lucía un muslo de oro (signo de divinidad); y el alma del neoplatónico Plotino era supuestamente tan grande que los conjuros mágicos destinados a herirlo rebotaban en ella y dañaban al hechicero;[2] además, se decía que su espíritu protector era ni más ni menos que un dios.[3] Estilpón fue uno de los principales lógicos del mundo antiguo y logró influir en la escuela más exitosa de todos los tiempos: la de los estoicos. Quizá esto no sea tan llamativo como tener una extremidad de oro o el poder de repeler los conjuros mágicos, ¡pero nos parece bastante impresionante!

Dado que el pitagorismo fue posiblemente la primera filosofía de vida que articularon los grecorromanos y el neoplatonismo fue la última, el área que vamos a cubrir en esta última parte del viaje abarca no solo el arco entero del helenismo, sino el de la Antigüedad en su conjunto: desde el siglo VI a.C. hasta el siglo VI d.C.[4] Se trata de un periodo de acontecimientos asombrosos que duró más de un milenio; una época en la que tuvo lugar la invención de la filosofía y se estableció una nueva tradición: escribir para la posteridad. Cualquiera cosa que digamos sobre la influencia que tuvo este periodo en el cristianismo y en el pensamiento occidental se queda muy corta.

Y ahora, veamos si estas filosofías extrañas y menos estudiadas pueden tener también una influencia favorable en tu vida.

11. Pitágoras, el místico

Y tratar unos con otros de manera que no hagamos enemigos a nuestros amigos, y sí convirtamos en amigos a nuestros enemigos.

PITÁGORAS, en Diógenes Laercio,
Vidas de los filósofos ilustres, 8.23

En el centro del mercado abarrotado, un perro joven, casi un cachorro, se llevó entre los dientes un pescado de la mesa de un vendedor. «¡Eh, deja eso, miserable criatura!», le gritó el pescadero. Agarró una cuchara de madera de mango largo y empezó a golpear al animal en la cabeza y en los hombros. El quejido lastimero del perro les llegaba a todos los que pasaban por allí, y coincidió que entre ellos estaba Pitágoras, acompañado de algunos amigos. En cuanto oyó el aullido del perro, se llevó la mano al corazón.

«¡Deja de golpearlo! –le chilló al hombre que seguía atizando al perro con la cuchara–. Es el alma de un amigo mío, a la que he reconocido al oírla lamentarse».[1]

La gente que había a su alrededor se reía de aquella afirmación tan ridícula. ¿El alma de un hombre dentro de un perro? ¿Y, además, reconocible por su forma de lamentarse? Pero el filósofo hablaba en serio, y algunos de los presentes asintieron con la cabeza. Habían oído hablar de una idea que Pitágoras les enseñaba a sus discípulos:

que las almas son inmortales y se transmiten de persona a persona –o de persona a animal– después de la muerte.

El alma de Pitágoras, decían algunos, había habitado una vez a Etálides, celebrado en la tradición griega como hijo del dios Hermes y como héroe que había participado en el viaje de los argonautas en busca del vellocino de oro. El propio Pitágoras había rastreado su alma hasta llegar a otro hombre famoso: Euforbo, un guerrero troyano que había sido el responsable de la muerte de Patroclo, compañero de Aquiles, y que, en venganza, fue asesinado por Menelao. Otros, atribuyendo al alma de Pitágoras una procedencia reciente menos ilustre, decían que había sido un pescador de Delos, justo antes de esta última encarnación.[2]

Tras lanzarle una moneda al pescadero y consolar al perro, Pitágoras y sus amigos regresaron al lugar donde vivía su comunidad en Crotona, una colonia griega de la costa oriental del sur de Italia. Allí, los pitagóricos habían formado un grupo de trescientos miembros que llevaban vida comunal y se regían por el principio de la propiedad compartida.[3] Una de sus ideas fundamentales era que «la amistad es igualdad»,[4] y el grupo incluía tanto a mujeres como a hombres que se comprometieran a vivir practicando lo que Pitágoras enseñaba. Algunas de esas prácticas eran un tanto inusuales: por ejemplo, tenían prohibido recoger las migas de la mesa.[5] Otras eran el vegetarianismo y reducir al mínimo las relaciones sexuales, en especial durante los meses más cálidos. Pitágoras advertía que las relaciones sexuales son debilitadoras y «no buenas para la salud».[6]

Pero, en su mayor parte, el modo de vida de los pitagóricos se mantenía en secreto. Los seguidores practicaban largos periodos de silencio (a ser posible ¡de hasta cinco años!).[7] Pitágoras no escribió ningún texto filosófico. Parece ser que muchas de sus enseñanzas se transmitían de boca en boca en esta comunidad tan unida.

El joven Pitágoras, hijo de un grabador de joyas, se fue de la isla griega de Samos, donde había nacido en el año 570 a.C., decidido a estudiar con maestros diversos de filosofía y religión. Aprendió de la obra de los filósofos naturales Tales y Anaxímenes, pero su búsqueda por comprender los misterios de la vida lo llevó mucho más allá de Grecia, a Egipto. Según el escritor griego Jámblico, pasó allí veintidós años estudiando con sacerdotes cuyos conocimientos se extendían a la religión, las matemáticas y la astronomía. Es probable que viajara a Babilonia, y tal vez aún más lejos (hay quienes dicen que estudió con los míticos hiperbóreos, antiguos pueblos del lejano norte).[8] Se le conocía como «El samio de pelo largo»,[9] apodo que le pusieron cuando era joven, y se ganó el respeto de toda una serie de sabios maestros.

Regresó a Samos hacia el año 530 a.C., cuando tenía unos cuarenta años, con la idea de dedicarse a la filosofía en el lugar donde había nacido, pero, ante la tiranía del gobernante Polícrates, decidió escapar y se embarcó rumbo a Crotona. A los cincuenta años, comenzó a enseñar en serio, después de sintetizar todo lo que había asimilado de sus extensos estudios.[10]

Para algunos, era más que un hombre corriente. Entre sus seguidores surgieron leyendas sobre los atributos divinos de Pitágoras. Algunos creían que era hijo de Apolo, y que su padre había visitado el Oráculo de Delfos y había recibido de la Pitia una profecía sobre su nacimiento, de ahí su nombre de pila: Pitágoras.[11] Otros, como ya hemos dicho, juraban que tenía un muslo de oro (signo de divinidad) y que era capaz de comunicarse con los fenómenos naturales –por ejemplo, con los ríos– mediante las palabras.[12]

En Crotona, Pitágoras se convirtió en una figura popular y se le invitaba a dar charlas ante los lugareños (abiertas a hombres, mujeres y niños).[13] Se dice que viajó a ciudades griegas del sur de Italia y de Sicilia para difundir «el amor a la libertad» y oponerse a la esclavitud.[14] Tanto él como sus seguidores ejercieron una importante influencia política, lo que pudo haber contribuido finalmente a su caída en desgracia. Los relatos sobre su muerte dan a entender que los gobernantes locales estaban furiosos con él y con su comunidad, y que se marchó temiendo por su vida. Algunos dicen que tuvo una muerte violenta tras ser agredido por sus enemigos políticos, mientras que otros cuentan que fue a raíz de que se le aislara y dejara sin alimento. La escasa información de que disponemos apunta a que su muerte tuvo lugar entre el 495 y el 490 a.C. en Metaponto, en el sur de Italia.[15]

No sabemos mucho sobre Pitágoras...

No sabemos mucho más que esto sobre la vida y la filosofía de Pitágoras, aunque eso no ha impedido que muchos se hayan autoproclamado pitagóricos y hayan atribuido a Pitágoras todo tipo de ideas filosóficas fundamentales, incluidas algunas que en realidad tienen su origen en Platón, Aristóteles y otros filósofos. No solo eso, sino que, a lo largo de los siglos, hubo quienes falsificaron una serie de tratados, con el nombre de Pitágoras o de uno de sus primeros discípulos, a fin de aumentar su fama y de tener, además, una base que respaldara cualquiera que fuera la versión del «pitagorismo» que tuvieran interés en difundir.

Había sobradas razones para que en la Antigüedad Pitágoras fuera tan famoso. Sin embargo, tienen poco que ver, o tal vez nada, con su imagen todavía popular de geómetra y matemático. Por ejemplo, es muy probable que no fuera él quien descubrió el célebre teorema que lleva su nombre, y que tampoco lo demostrara.[16] Inicialmente, su fama fue debida a cuatro cosas concretas: su reputación de experto en el destino del alma después de la muerte, su conocimiento de los debidos rituales religiosos para el cuidado del alma, su renombre como hacedor de prodigios, y el que fundara una comunidad que se caracterizaba por su modo de vida estricto y bastante inusual.

Dicho esto, es cierto que Pitágoras tenía interés en los números y en su relación con el cosmos, pero también es muy probable que este aspecto del pitagorismo original lo desarrollaran sus seguidores inmediatos, en particular Filolao (probablemente de Crotona, 470-385 a.C.) y Arquitas de Tarento (hacia 435/410 a 360/350 a.C.). Estas dos vertientes del pitagorismo eran tan distintas a nivel conceptual (y posiblemente material) como para que las tradiciones posteriores se refirieran, por un lado, a quienes practicaban el pitagorismo como filosofía de vida con el nombre de *acusmatici* (del término griego *acusmata*, «cosas oídas») porque intentaban ajustar sus vidas a una serie de dichos atribuidos a Pitágoras, y, por otro, denominaran al segundo grupo *mathematici*, término que se explica por sí mismo. Por supuesto, nada le impedía a un acusmático ser matemático, y viceversa.

Al igual que la «cuestión socrática» es un problema para los historiadores de la filosofía (dado que Sócrates no escribió nada, y para reconstruir su filosofía tenemos que basarnos en fuentes secundarias), nos encontramos ahora ante una «cuestión pitagórica», exactamente por la misma razón. Solo que el caso de Pitágoras es todavía más difícil. Sobre Sócrates, tenemos muchos relatos de sus contemporáneos, sobre todo de Platón y Jenofonte; sobre Pitágoras, los primeros fragmentos de que disponemos se escribieron ciento cincuenta años después de su muerte. Para finales del siglo I a.C., circulaban ya numerosas falsificaciones de sus obras, y en el siglo III d.C. se había convertido en una leyenda, un hombre al que se le atribuía todo lo bueno e interesante de la filosofía, sin importar que una serie de documentos históricos bien conocidos atestiguaran lo contrario.

A pesar de todo, los estudiosos han conseguido reconstruir un relato razonable de la vida y filosofía de Pitágoras, así como de las variopintas versiones del posterior pitagorismo y neopitagorismo, basándose en una juiciosa combinación de fuentes primitivas, principalmente Platón y Aristóteles, y otras posteriores, como el comentarista del siglo II Diógenes Laercio y los neoplatónicos Porfirio (234-305 d.C.) y Jámblico (245-325 d.C.).

Para que te hagas una idea de la dificultad de la tarea, he aquí un ejemplo de cómo se ha intentado glorificar a Pitágoras: en la antigüedad grecorromana, muchos le atribuyeron la propia invención de la palabra «filosofía», así como de la noción de que un filósofo es alguien que no tiene conocimiento y, a la vez, se mueve entre la ignorancia y el conocimiento. ¿Te suena? Es más o menos lo que se dice de Sócrates, y la correspondiente concepción de la filosofía es muy obviamente platónica, no pitagórica.

Echemos un vistazo, entonces, a lo que creemos saber de la filosofía pitagórica original,[17] empezando por cómo concebía Pitágoras el alma.

El cuidado del alma

Según todos los indicios, Pitágoras creía en la metempsicosis, la doctrina de la reencarnación del alma, como hemos visto en el episodio del cachorro habitado por el alma del amigo recientemente fallecido.

Dado el uso, atestiguado, que hacía Pitágoras de la palabra *psychê* para referirse al alma, el episodio nos dice algo fascinante sobre la metafísica pitagórica. La *psychê* es un aspecto del alma que comparten los animales y los seres humanos, pero que no está presente en las plantas, lo que significa que Pitágoras *no* creía que pudiéramos reencarnarnos en plantas. Además, la *psychê* no incluye el *nous*, es decir, el intelecto, por lo que –a diferencia de Platón– no es el alma racional la que transmigra, sino la parte que se define por emociones como el placer y el dolor. Curiosamente, esta noción es precursora de uno de los argumentos modernos más convincentes en defensa del bienestar de los animales, que articuló el filósofo utilitarista del siglo XVIII Jeremy Bentham: «La cuestión no es si pueden razonar o hablar, sino si pueden sufrir».[18]

Como anécdota, una de las cosas que se cuentan a menudo sobre Pitágoras es que prohibió el consumo de judías entre sus discípulos, alegando que uno de nuestros antepasados podría reencarnarse en una de estas plantas. Es muy poco probable que esta historia sea cierta. Parece mucho más verosímil que, si Pitágoras realmente les prohibió comer judías, se refiriera en concreto a las habas, comunes en la zona mediterránea, y conocidas por tener un efecto potencialmente letal en algunas personas. Hoy en día, el denominado «favismo»[19] se reconoce como una afección médica –que afecta a unos cuatrocientos millones de personas de todo el mundo y causa treinta y tres mil muertes anuales– derivada de un defecto genético de la enzima glucosa-6-fosfato deshidrogenasa (G6PD). Ciertos alimentos, entre ellos las habas, pueden desencadenar los efectos de la deficiencia de G6PD, que provoca la destrucción de glóbulos rojos. Pitágoras, al parecer, era un buen observador de la naturaleza y, en lo referente a las habas, no iba nada descaminado.

Dicearco de Mesina (370/350-323 a.C.) fue un discípulo de Aristóteles que en su libro *Vidas* escribió una biografía de Pitágoras. En ella, cuenta que Pitágoras creía en que «lo que había sucedido en alguna ocasión, en ciertos ámbitos temporales, de nuevo acaecía; y, sencillamente, nada nuevo había».[20] Esto parece una formulación de la doctrina de la recurrencia eterna, que a menudo se atribuye a otro filósofo presocrático, Heráclito de Éfeso, que tuvo gran influencia en los estoicos. Heráclito y Pitágoras fueron más o menos contemporáneos, aunque no se sabe si uno tomó la idea del otro o si ambos la articularon cada uno por su cuenta. Tales son los misterios de la historia de la filosofía.

El hacedor de milagros

La tradición antigua afirma también que Pitágoras hacía milagros. Según el neoplatónico Jámblico (del que hablaremos en el capítulo 13),[21] los pitagóricos decían que «entre los seres racionales hay un tipo divino, uno humano y un tercero como Pitágoras». No está mal tener una categoría propia, ¡entre lo humano y lo divino!

De los milagros que se le atribuyen, uno es haber matado a una serpiente mordiéndola (¡!), y otro, que se le viera al mismo tiempo en dos ciudades distintas del sur de Italia: Crotona (actual Calabria) y Metaponto (actual Basilicata).[22] De todos modos, esta clase de relatos sobre un filósofo hacedor de milagros no eran algo excepcional en el mundo griego. Por ejemplo, se decía que el pensador presocrático Empédocles (494-434 a.C.) era capaz de enseñar a sus alumnos a controlar los vientos e incluso a resucitar a los muertos. Al parecer, Empédocles se tomaba a sí mismo tan en serio que murió en Sicilia al saltar dentro del cráter del volcán Etna para que la gente se convenciera de su naturaleza divina.[23] Sin embargo, no todo el mundo estaba tan cautivado por el «divino» Pitágoras. Su contemporáneo Heráclito se refirió a él como «el padre de todas las patrañas»,[24] y calificó su supuesta sabiduría de «arte fraudulento».[25]

Divino o no, Pitágoras tenía fama de ser un experto en algo que ocupaba un lugar preeminente en la vida de la Antigua Grecia, que eran los ritos religiosos. Es comprensible que lo fuera, dado que también se le consideraba experto en la vida después de la muerte; y si alguien conoce el destino del alma, es de suponer que sabrá además cómo cuidar de ella. Aunque el pitagorismo no era una religión, los miembros de la comunidad pensaban que los ritos religiosos tenían su importancia, por lo cual enseñaban a otros a hacerlos debidamente, y los respetaban ellos también. Por ejemplo, cuando vertían libaciones a los dioses sobre el altar, cuidaban de hacerlo de determinada manera, entraban descalzos en los templos antes de los sacrificios, y no llevaban en sus anillos imágenes de los dioses.

El modo de vida pitagórico

Posiblemente el aspecto más destacado de la filosofía pitagórica, y el que más nos interesa aquí, es el pitagorismo como forma de vida, algo que parece remontarse al fundador de la escuela (y no es un añadido de uno o varios de sus discípulos posteriores). Como hemos visto, los miembros de la escuela estaban sujetos a ciertas prácticas, y una de las más importantes era el silencio. También había una serie de doctrinas sobre las que los pitagóricos no debían hablar en público, entre ellas la de la naturaleza divina del propio Pitágoras.

Y había igualmente una serie de preceptos más o menos arbitrarios que debían cumplir los practicantes, como evitar las vías públicas al viajar, o calzarse primero el pie derecho.

Varias fuentes afirman que los pitagóricos eran vegetarianos, lo cual tiene sentido dada su creencia en la metempsicosis. De hecho, otro neoplatónico, Porfirio (del que hablaremos en el capítulo 13)[26] cita al filósofo y matemático Eudoxo (siglo IV a.C.), que fue alumno de Platón, diciendo que Pitágoras «no solo se abstenía de los seres animados, sino también que jamás se relacionaba con carniceros ni con cazadores». Aristóteles,[27] sin embargo, cuenta que, cuando a Pitágoras le preguntaron qué era lo más justo, respondió: «sacrificar [animales]». Esto no tiene por qué estar en contradicción con la práctica del vegetarianismo, dada la importancia que tenían los ritos sacrificiales en la religión griega y porque, además, se entendía que los animales destinados al sacrificio estaban elegidos por los dioses para *no* ser vehículos de reencarnación.

Un valor muy importante para los pitagóricos era la amistad. Jámblico relata una historia,[28] probablemente mitológica, de dos amigos, Damón y Fintias, que vivían en la ciudad siciliana de Siracusa. El narrador original de la historia había sido el filósofo aristotélico del siglo IV a.C. Aristóxeno. En ella se cuenta que Dionisio II, el tirano de Siracusa, envidioso de la amistad que unía a Damón y Fintias, decidió ponerla a prueba acusando falsamente a este último de traición y condenándolo a muerte. Fintias aceptó la injusticia, pero pidió que se aplazara la ejecución para tener tiempo de arreglar sus asuntos, momento en el que Damón se ofreció a ocupar su lugar, como garantía de que Fintias se presentaría en verdad para ser ejecutado. Fiel a su amigo, Fintias regresó a tiempo para la ejecución. Dionisio quedó tan impresionado que pidió a Damón y Fintias que le permitieran formar parte de su amistad. Ellos rechazaron la petición, y no se nos cuenta cómo se lo tomó Dionisio.

El pitagorismo estaba abierto a las mujeres, lo que también era inusual para la época. Pitágoras, anticipándose a los estoicos, creía que se debía enseñar filosofía a las mujeres por el motivo (para nosotros) muy obvio de que son criaturas racionales. Jámblico, en su obra *Vida pitagórica*, compiló un catálogo de practicantes pitagóricos conocidos, que incluye a diecisiete mujeres identificadas por su nombre. Una de ellas fue Téano de Crotona, que vivió en el siglo VI a.C. Fue tan famosa como para que, tiempo después, se falsificaran varios libros, que no han llegado hasta nosotros, y se le atribuyeran póstumamente. En una de las colecciones del compilador bizantino Estobeo (siglo V-VI d.C.) se conserva un fragmento atribuido a Téano de su obra *Sobre la piedad*,[29] y que trata sobre la concepción pitagórica del papel cósmico de los números.

> He oído decir que los griegos pensaban que Pitágoras había dicho que todo había sido engendrado por el Número. Pero esta afirmación nos perturba: ¿cómo nos podemos imaginar cosas que no existen y que pueden engendrar? Él no dijo que todas las cosas nacían del número, sino que todo estaba formado de acuerdo con el Número, ya que en el número reside el orden esencial, y las mismas cosas pueden ser nombradas primeras, segundas, y así sucesivamente, solo cuando participan de este orden.

Otra pitagórica famosa fue Timica, ferozmente fiel a la comunidad. Cuenta Jámblico[30] que, cuando el tirano Dionisio (el mismo de antes) se propuso obligarla a desvelar los secretos de la escuela, ella se cortó la lengua con los dientes para evitar la posibilidad de ceder bajo tortura.

Hay otro aspecto importante de la filosofía práctica pitagórica que debemos considerar: los pitagóricos y pitagóricas estaban muy implicados en la política, lo que les causó serios problemas (escucha lo que sigue). Tenemos noticia de que muchos miembros de la secta llegaron a ser destacados políticos en diversas ciudades de la Magna Grecia (las zonas de habla griega del sur de Italia), tan destacados que generaron suficientes envidias como para desencadenar sangrientos golpes de Estado contra ellos. Ocurrió en múltiples ocasiones, tanto en vida del propio Pitágoras como más adelante, a mediados del siglo v a.C. Según el historiador griego Polibio (200-118 a.C.), «en todas las ciudades habían sido asesinados de manera irracional todos los hombres principales»,[31] lo que significa que, siendo tantos los pitagóricos que ocupaban altos cargos, y habiendo sido tantos de ellos masacrados, hubo diversas ciudades que quedaron sin gobierno. ¡La filosofía práctica puede ser un asunto peligroso!

¿Podemos vivir hoy como pitagóricos?

Aunque carecemos de escritos fidedignos sobre los detalles de la vida de Pitágoras y las prácticas pitagóricas, está claro que es acertado decir que el pitagorismo era una forma de vida. Sin embargo, es una filosofía de vida que, en nuestra opinión, no es muy apta para la práctica moderna.

Si hemos de ser justos, es igual de cierto que podríamos tener dudas sobre la viabilidad de otras filosofías de vida que hemos tratado anteriormente en el libro. Por ejemplo, en el capítulo 9 decíamos que el escepticismo académico tal vez sea preferible entenderlo como una actitud ante la vida, más que como una filosofía propiamente dicha. Y es poco probable que Platón enseñara en la Academia una única filosofía de vida, dogmática y que fuera posible practicar. El interés de la Academia, en vida de Platón, parecía ser más bien reunir a personas con ideas afines para exponer y debatir cuestiones teóricas, algo parecido a lo que sería una universidad de investigación moderna, o un grupo de reflexión.[32] Esta es una de las razones por las que en el capítulo 6 nos centramos en las aventuras políticas que vivió Platón en Siracusa, en lugar de animarte a que practicaras una forma moderna de platonismo completo. Entonces, ¿por qué pensamos que practicar el pitagorismo en el mundo actual sería particularmente inviable?

La primera razón es la falta de fuentes fidedignas que establezcan con claridad las bases de las prácticas pitagóricas. Es muy poco el material debidamente fundamentado que tenemos sobre Pitágoras, sus creencias y el modo de vida de sus seguidores. Disponemos de bastante información sobre algunas de sus prácticas, pero muchas de ellas parecen bastante arbitrarias, como la de no recoger nunca las migas de la mesa, o la de calzarse primero el pie derecho. Es posible que estas prácticas tengan fundamentos sólidos en la teoría pitagórica, pero es casi imposible saberlo basándonos en las pruebas con las que contamos. Por supuesto, había otros aspectos admirables de este modo de vida que no requieren tanta justificación, como la importancia que se concedía a la amistad, y la intención de implicarse en la política; pero estos son aspectos que ya hemos examinado en páginas anteriores: en el capítulo 2 (¡a Epicuro le importaba mucho la amistad!) y en el capítulo 6 (que trataba sobre la implicación política de Platón), respectivamente.

Una segunda razón para pensar que el pitagorismo no es practicable en el mundo de hoy es que aquellos aspectos de la *Vida pita-*

górica que tienen una justificación clara se basan en la metafísica mística. El ejemplo más obvio es la justificación de Pitágoras para aborrecer la crueldad ejercida contra los animales, cuyo fundamento era la metempsicosis, o reencarnación del alma. Por supuesto, si crees en la reencarnación, puedes adaptar esta idea y convertirla en una práctica que te ayude a tener un comportamiento más compasivo. Una forma de hacerlo sería imaginar que, de verdad, el alma de un ser querido que ha muerto habita el cuerpo de alguien con quien te cueste mucho tratar: si imaginas que las personas con las que más te cuesta relacionarte son en realidad seres muy queridos para ti, esto te despertará naturalmente una mayor simpatía hacia ellas. Ahora bien, no será algo que puedan poner en práctica quienes piensan que la reencarnación es sencillamente inverosímil.

Otra creencia metafísica que podría ser difícil de digerir son los conceptos de Pitágoras sobre los números y su relación con el cosmos. Al igual que en el caso de la reencarnación, hay quienes creen en el poder de la numerología, como los cabalistas y los practicantes de *feng shui*. Sin embargo, a diferencia de lo que ocurre en el caso de la reencarnación, la fascinación de Pitágoras por los números lo llevó a descubrir cosas que pueden ser de interés tanto para gente de mentalidad mística como de mentalidad científica. Nos referimos a lecciones que provienen de la historia (probablemente inventada)[33] de los martillos de Pitágoras.[34] Según el neopitagórico del siglo I Nicómaco,[35] Pitágoras llevaba tiempo reflexionando sobre cómo idear un instrumento para medir con exactitud los tonos musicales. La inspiración le llegó cuando, al pasar por delante de una herrería, se dio cuenta de que la mayoría de los sonidos que producían cuatro martillos golpeando un yunque armonizaban entre sí, mientras que un determinado par de martillos no lo hacían. Reconoció que los sonidos armoniosos correspondían a los intervalos musicales denominados octava, cuarta y quinta de la escala musical. Entró a todo correr en la herrería y, tras una atenta observación, descubrió que las notas que producían los martillos se generaban solo por el peso de los martillos. Entonces corrió de vuelta a casa para reproducir estos tonos colgando de unas cuerdas pesas de proporciones similares a las de los martillos que acababa de oír. Esto le llevó finalmente a inventar un instrumento llamado monocordio, tan importante para Pitágoras que su último deseo fue que sus discípulos estudiaran música con él.[36]

Es muy posible que el entusiasmo de Pitágoras naciera de su creencia en que los números tenían sustancia corpórea: al observar y reproducir los patrones de sonido creados por proporciones muy precisas, tal vez tuvo la impresión de estar penetrando el propio tejido de la realidad.[37] Sin embargo, aunque no creamos en esta interpretación, podemos extraer del episodio algunas lecciones. El simple hecho de sentir curiosidad por el orden natural de las cosas que te rodean, de prestar mucha atención y de comprobar qué implicaciones[38] tienen en la práctica tus ideas y tu visión del mundo son cosas que pueden reportarte dividendos tanto espirituales como prácticos.

Reflexión

Dado que las filosofías que hemos presentado en esta última sección del libro son un poco diferentes de las demás, vamos a proponerte un modo distinto de experimentar con sus implicaciones prácticas. En lugar de ponerte ejercicios para que los hagas durante cinco días consecutivos, vamos a pedirte que pruebes algunos aspectos de cada filosofía que creemos que pueden ser prácticos. En tu investigación, puedes utilizar una o varias –¡o ninguna!– de las siguientes sugerencias. El objetivo es ofrecerte un espacio para que descubras qué aspectos de la filosofía crees que podrían serte útiles, o para que justifiques por qué la filosofía no concuerda en absoluto contigo.

- Acuérdate del episodio de Pitágoras y el perro maltratado con la que comenzamos el capítulo. Pitágoras intervino a causa de una creencia metafísica: que el perro tenía el alma de un amigo que había fallecido recientemente. Describe, al menos, una creencia metafísica que tengas y hasta qué punto determina algunas de tus creencias éticas. Algunas creencias metafísicas que podrían influir en tu ética son la existencia o inexistencia de Dios y si existe o no una moral objetiva.
- Recuerda que los pitagóricos insistían en una noción específica de la amistad: «la amistad es igualdad». Esto queda ejemplificado en el relato sobre Damón y Fintias –que, al parecer, valoraban la vida del otro tanto como la suya propia– y se demostraba con el hecho de que toda propiedad fuera comunal. Si estás de acuerdo con este concepto de la amistad, explica por qué. Si no, explica tu concepto de la amistad.
- Los pitagóricos estuvieron muy perseguidos por su implicación política. ¿En qué circunstancias te parecería aceptable que se te persiguiera por tu activismo político? ¿Dónde pondrías el límite, y evitarías toda implicación política si eso significara sufrir persecución?

Por último, en el espacio que sigue, haz una lista de ideas, prácticas o actividades pitagóricas que puedas crees que podrían serte útiles en tu vida.

12. Estilpón de Mégara

A Estilpón [...] estando sometida su patria, perdidos los hijos, perdida su esposa, mientras escapaba del incendio total solo y, pese a todo, feliz, Demetrio –llamado Poliorcetes por sus asedios a las ciudades– le preguntó si había perdido alguna cosa, a lo cual respondió: «Todos mis bienes están conmigo».

SÉNECA, *Epístolas morales a Lucilio,* 9.18

Varios hombres de larga barba se reunieron en torno al anciano filósofo formando un círculo. Esta vez no habían venido a debatir con él –algo con lo que el anciano siempre disfrutaba–, sino para aprender de él. Estilpón de Mégara había conseguido arrebatar a estos estudiantes de filosofía griega de otras famosas escuelas filosóficas y ahora los consideraba suyos.

Estilpón examinó al grupo uno por uno. «Fue una sabia decisión abandonar mi devoción juvenil por el vino y la vida voluptuosa y dedicarme a la filosofía, donde he encontrado amigos mucho mejores»,[1] dijo Estilpón. Giró la cabeza en dirección a la única mujer que había sentada entre ellos: Nicarete, antigua cortesana, que era estudiante de filosofía por derecho propio y vivía con Estilpón como compañera.

Ella asintió con la cabeza y esbozó una sonrisa. «Sí, muy afortunado. Quién sabe a dónde te habría llevado esa vida disoluta», dijo. Los hombres se rieron.

«Bueno, Nicarete, no temas. –Estilpón apuntó la mano alrededor del patio interior de su casa y dijo–: Sabes que nada de esto me pertenece realmente. Me abro camino en la vida con una sola cosa que trato de conservar: la razón y las virtudes que emanan de ella».[2]

Estilpón de Mégara no era un maestro cualquiera. Era el hombre que había inspirado a toda Grecia a «megarizarse» –a hablar en su estilo filosófico– tras dejar atrás su juventud libertina, así como su formación de cínico.[3]

A medida que desarrollaba su propia filosofía, Estilpón fue ganándose a alumnos de toda Atenas. Varios abandonaron el Liceo (la escuela fundada por Aristóteles) para unirse a él, entre ellos Metrodoro, Timágoras, Clitarco, Simias y otro Aristóteles, este de Cirene, también estaba entre sus seguidores Peonio, desertor de los dialécticos,[4] y parece ser que enseñó igualmente al filósofo Pirrón de Elis (al que conocimos en el capítulo 10).[5]

Su mayor logro, tal vez, fue persuadir a Zenón de Citio –que con el tiempo fundaría el estoicismo– de que abandonara a Crates el Cínico (el marido de Hiparquía, al que vimos en el capítulo 5) para hacerse alumno suyo. Zenón estudió con Estilpón durante diez años. En cierto momento, le dijo en tono de burla a su antiguo maestro que, en lugar de tirarle del manto intentando arrastrarlo lejos de Estilpón, más productivo habría sido que intentara atraparlo de la manera que lo había hecho el elocuente Estilpón. «Ah, Crates –le dijo Zenón–, el arrastre adecuado de un filósofo es por las orejas. Sácame de aquí cuando me hayas convencido. Pero si me fuerzas, mi cuerpo se irá contigo, pero mi alma se quedará junto a Estilpón».[6]

Estilpón, que había nacido en el Ática occidental entre el 380 y el 360 a.C., no seguía las reglas. Le dio igual oír decir a sus críticos que todo el mundo en Atenas, y en particular la gente trabajadora «que salía de las tiendas para verle», lo admiraban «como a un bicho». Estilpón simplemente replicó: «No por cierto, sino como a un hombre de verdad».[7]

Estilpón era fiel a sí mismo y no tenía miedo de decir cosas que parecían escandalosas, pero conseguía ganarse el respeto de los que hablaban con él. Solía ganarlos en el debate, y algunos de ellos se convertían en sus acérrimos admiradores. Entre ellos se encontraban no solo sus discípulos, sino también el orador griego Alcimo y un filósofo natural, Frasidemo el Peripatético, según cuenta el biógrafo Diógenes Laercio. En ocasiones, Estilpón parecía incluso poner en duda la santidad de los dioses, pero aun entonces conseguía salir airoso.[8]

Aunque se le atribuyen nueve *Diálogos*, solo se conservan algunos fragmentos muy breves de su obra escrita.[9] Llegó a anciano y murió hacia el año 280 a.C.

¿Una, dos, tres escuelas?

Entre los estudiosos modernos, hay división de opiniones sobre si hubo una única escuela megárica o más de una.[10] En cualquier caso, los megáricos fueron uno de los movimientos filosóficos más influyentes y misteriosos del periodo helenístico. Se los asocia con Euclides (435-365 a.C.) y Estilpón (360-280 a.C.), ambos originarios de Mégara. Una segunda escuela, la de los dialécticos, suele asociarse con Diodoro Crono, fallecido hacia el 284 a.C. Y hay, aún, otra posible escuela, la de los erísticos, supuestamente iniciada por Eubulides de Mileto, que floreció en el siglo IV a.C.

Los megáricos eran conocidos por su interés primordial en la ética; los dialécticos, en la lógica práctica, y los erísticos, en los enigmas lógicos y las paradojas. La documentación histórica es escasa, tanto que ni siquiera disponemos de los detalles biográficos más básicos de algunos de los protagonistas. Para la exposición y análisis que nos proponemos hacer aquí, trataremos al trío megáricos-dialécticos-erísticos como una sola escuela, posiblemente caracterizada por tres fases, o interesada por temas diferentes pero solapados, dependiendo de qué filósofo consideremos en cada momento.

Euclides de Mégara (al que no se debe confundir con Euclides de Alejandría, el matemático griego conocido por sus trabajos sobre geometría) fue uno de los más estrechos asociados de Sócrates, y Platón nos cuenta que estuvo presente en la muerte de Sócrates, en el año 399 a.C. Tras este desafortunado episodio de la historia de la filosofía, Euclides volvió a Mégara, donde acogió y alojó a los antiguos discípulos de Sócrates, Platón entre ellos.

Estilpón, que tal vez fuera alumno de Euclides (aunque no parece muy probable si sus respectivas fechas de nacimiento y muerte son correctas), era célebre por su paciencia e integridad, no digamos ya por su formidable habilidad para debatir con otros filósofos. Cuando Mégara fue saqueada y Estilpón lo perdió todo, su reputación era tan notable que Demetrio, que acababa de conquistar la ciudad, le ofreció una compensación por los daños sufridos. Estilpón respondió que tenía consigo todo lo que era verdaderamente valioso para él, es decir, su virtud,[11] respuesta que hubiera podido ser igualmente la de un cínico (capítulo 5) o la de un estoico (capítulo 4).

Diodoro fue también un personaje fascinante, célebre por sus habilidades dialécticas. Tenía cinco hijas: Argia, Artemisa, Menexene, Pantaclea y Teognida. Sorprendentemente para la época, Diodoro les enseñó filosofía a todas ellas, y todas llegaron a ser conocidas dialécticas por derecho propio.

De Eubulides sabemos poco, salvo que fue contemporáneo de Aristóteles y escribió varios tratados críticos contra el peripatetismo. Tuvo el honor de enseñar lógica al gran orador ateniense Demóstenes, así como de ser el maestro de Apolonio Crono, quien a su vez enseñó a Diodoro Crono (que, según se dice, heredó el apellido del maestro). A Eubulides se le atribuye la invención de varias paradojas lógicas muy conocidas, entre ellas la del mentiroso y la de sorites (de las que hablaremos más adelante en este capítulo).

Independientemente de cuántas escuelas y figuras principales hubiera, desde el punto de vista histórico los megáricos tuvieron un papel crucial, ya que influyeron en las sucesivas escuelas principales, sobre todo en el estoicismo. Al parecer, Zenón el Estoico tuvo como maestros tanto a Estilpón como a Diodoro Crono. Dado que el propio Estilpón había tenido una fuerte influencia cínica (y posiblemente recibió clases del legendario Diógenes de Sinope), es razonable pensar que el estoicismo, al menos en sus inicios, fue una escuela sincrética que fusionó influencias de los cínicos, los megáricos y, si existieron como entidad separada, los dialécticos.

Lo único real es el Bien

¿En qué consistía realmente la filosofía de los megáricos-dialécticos-erísticos? Empecemos por su epistemología (teoría del conocimiento) y la metafísica resultante (comprensión del mundo), antes de pasar a la lógica y las paradojas.

En cierto sentido, Euclides unió la búsqueda del conocimiento característica de Sócrates con el culto a la razón que caracterizaba a los eleáticos anteriores (nombre que les venía de los presocráticos

Parménides y Zenón, ambos de Elea). Según los megáricos, tenemos dos tipos de percepción: sensual y racional. La primera nos permite captar el mundo cambiante de los fenómenos, y la segunda nos da acceso al mundo de las verdades inmutables y universales.

Estos filósofos, al igual que Platón, pensaban que las verdades universales son reales, mientras que los fenómenos cambiantes son un reflejo de la realidad verdadera y, por tanto, de calidad inferior, por así decir. Sostenían que la materia, de la que parecen estar hechos los fenómenos ordinarios, no existe. El fundamento de esto es que sus constituyentes son infinitamente divisibles (idea que rechaza el concepto de «átomos» de Demócrito, que era la base de la metafísica epicúrea) y, por tanto, en cierto sentido, la materia es un fenómeno pasajero, no un constituyente fundamental de la realidad. Puede sonar muy extraño, y, sin embargo, algunos físicos y filósofos modernos han defendido que, en el fondo, no hay «cosas», es decir, no hay objetos, solo relaciones entre puntos del espacio, noción denominada realismo estructural.[12] Si bien es exagerado pensar que los megáricos fueran realistas estructurales, no lo es más que considerar que los atomistas y los epicúreos fueran precursores de la concepción moderna de la materia. De hecho, si acaso, ¡los megáricos se acercaron más a la perspectiva contemporánea!

Pero si los fenómenos cotidianos, e incluso la propia materia, no son verdaderamente reales, ¿qué es real? Según los megáricos, una cosa y solo una cosa, y a esa cosa la llamamos con diversos nombres: el Bien, la Razón, Dios. Esto suena muy platónico, pero aún más, es muy parmenídeo. Fue el presocrático Parménides quien describió por primera vez dos visiones de la realidad: la de *aletheia* (verdad) y la de *doxa* (opinión). *Aletheia* describe un mundo atemporal que consiste en un único universal inmutable, mientras que *doxa* se refiere al mundo cambiante de los fenómenos. De hecho, Zenón de Elea formuló sus famosas paradojas (como la de Aquiles y la tortuga) para defender la noción aparentemente indefendible de Parménides de que «el tiempo es una ilusión».[13] Y fueron los puntos de vista de Parménides los que más tarde influyeron en Platón.

¡Paradojas, paradojas!

Hablando de Zenón de Elea, los megáricos y sus seguidores utilizaban un método que introdujeron por primera vez los eleáticos cada vez que querían argumentar contra un oponente. En lugar de hacer lo que es habitual en la lógica, es decir, atacar las premisas de un argumento para sostener que las conclusiones no se sostienen, atacaban las conclusiones, intentando demostrar que eran absurdas. Este enfoque, que conocemos como *reductio ad absurdum* (literalmente, reducción al absurdo), se sigue utilizando hoy en día en filosofía y retórica.

Un ejemplo famoso de razonamiento de inspiración megárica es la paradoja de sorites –término derivado del griego *sōrós*, que significa «montón»– y que se atribuye, o bien a Euclides, o bien a Eubulides, y es la siguiente.

> Premisa 1: 1.000.000 de granos de arena es un montón de arena.
> Premisa 2: un montón de arena menos un grano sigue siendo un montón.
> Pasos secuenciales: si 1.000.000 de granos es un montón, entonces 999.999 granos es un montón.
> Por tanto, 999.999 granos es un montón.

> Si 999.999 granos es un montón, entonces 999.998 granos es un montón.
> Por tanto, 999.998 granos es un montón.
> Si... entonces...
> Conclusión: entonces, 1 grano de arena es un montón.

La conclusión es, obviamente, absurda. Y, sin embargo, las premisas parecen todo lo sólidas que pueden serlo. La paradoja pretende poner en evidencia que falta algo en nuestra concepción de los montones, o en los pasos secuenciales, o en ambas cosas. Demuestra que algunos conceptos, como el de montón, no admiten definiciones claras, sino que se basan en una realidad subyacente que puede describirse mejor como un continuo. Este tipo de paradojas obligaron a los lógicos a ir más allá de la lógica clásica aristotélica y adoptar alternativas como la lógica multivaluada o difusa.

El lógico estoico Crisipo respondió a la paradoja de sorites diciendo que en algún punto no especificado se hace evidente que el «montón» ya no es tal, y que lo apropiado es detener la secuencia a tiempo, antes de que se alcance ese punto. Algunos estudiosos modernos han sugerido que esto indica que Crisipo era consciente de lo que hoy se denomina el problema de la vaguedad de orden superior.[14] O eso, o Crisipo se estaba burlando de Eubulides.

El argumento maestro

Un importante trabajo filosófico por el que fueron famosos los megáricos, y a través del cual influyeron en otras escuelas, especialmente en los estoicos, fue el llamado «argumento maestro», atribuido a Diodoro Crono. En él se afirma que, de las tres proposiciones siguientes, solo dos (como máximo) pueden ser verdad.[15]

1) **Los hechos pasados fueron necesarios.** Si en el pasado ocurrió algo, es porque tenía que ocurrir.
2) **De algo posible, no podemos deducir algo imposible.** Que nos sea posible volar no significa que los seres humanos vuelen.
3) **Hay cosas posibles que ni son ni serán un hecho.** Me es posible estar mañana en Roma, pero el hecho es que no voy a estar.

Los lógicos modernos no tienen la certeza de que estas tres proposiciones sean en verdad parcialmente incompatibles entre sí; por desgracia, la prueba que presentó Diodoro al respecto no ha sobrevivido. Pero suponiendo que sea cierto que estas tres proposiciones no pueden ser verdad a la vez, los filósofos de la Antigüedad no se pusieron de acuerdo (por razones prácticas muy importantes) sobre cuál de las tres era necesario desechar.

El propio Diodoro defendió que se rechazara la 3, lo cual significa que lo posible se limite a lo que es o será verdad en algún momento del futuro. La segunda cabeza pensante de la Estoa, Cleantes de Aso, prefirió extrañamente rechazar la 1, estableciendo que las verdades pasadas eran contingentes en lugar de necesarias. Por último, la tercera cabeza de la Estoa, Crisipo de Soli, rechazó la 2.

La elección de Crisipo es interesante porque significa que conserva la idea de que los hechos pasados fueron necesarios (a diferencia de Cleantes), así como la noción de que hay cosas que son posibles, pero que no suceden (a diferencia de Diodoro). Esto equivale a introducir una distinción entre dos tipos de necesidad (entendida como inevitabilidad): metafísica (todas las cosas están predestinadas y predeterminadas por causas que las anteceden) y lógica (algunas cosas son lógicamente posibles, pero no ocurren).

¿Por qué es importante? Porque es el núcleo del argumento estoico a favor de lo que hoy se denomina «compatibilismo» entre las nociones,[16] aparentemente contradictorias, de determinismo y libre albedrío. Crisipo sostenía que formamos parte de una red cósmica de relaciones de causa y efecto y que, cuando tomamos una decisión, es «nuestra» en el sentido real de que la genera nuestra maquinaria interna de toma de decisiones (el sistema nervioso y, más concretamente, la función ejecutiva del cerebro, en lenguaje moderno). Es decir, aunque nuestras decisiones estén determinadas por la causa y el efecto, seguimos siendo responsables de tomarlas, ya que se originan en nosotros. En cambio, la perspectiva megárica atribuida a Diodoro, según la cual no hay distinción entre lo que es posible y lo que necesariamente ha de suceder, parecería eliminar la noción compatibilista de libre albedrío y, por tanto, pondría fin a la responsabilidad ética.

¿Podemos vivir hoy como megáricos?

Aunque los megáricos fueron un movimiento heterogéneo, es posible considerar que su filosofía era para cada uno de ellos un modo de vida. Recordemos que Estilpón era célebre por su fortaleza e integridad y que, al parecer, utilizó la filosofía para vencer su tendencia a excederse con el vino y el sexo. Además, si algo ocupaba la mente de los megáricos era la naturaleza del bien. Y, por último, Euclides de Mégara estaba estrechamente relacionado con Sócrates, y muchos de sus alumnos fundaron sus propias filosofías prácticas, por lo que sería extraño que Euclides fuera la excepción. No obstante, no estamos muy convencidos de que ser megárico en nuestro tiempo sea viable, por unas cuantas razones.

La primera es que tenemos muy pocos datos sobre quiénes eran los megáricos, en qué creían y, lo que es más importante, cómo vivían su filosofía (en caso de que lo hicieran). La documentación histórica, como decíamos, es escasa, por lo que no podemos darte indicaciones detalladas sobre los pormenores del modo de vida megárico. Por ejemplo, es muy posible que la noción megárica de la unidad del bien (véase la página 374) y la inexistencia de todo lo que no sea bueno[17] tuviera implicaciones prácticas en la forma de vida de sus practicantes. Sin embargo, por falta de documentación, no sabemos con claridad cuáles pudieron ser esas implicaciones.

Aunque las fuentes antiguas nos dicen que Estilpón recogió los frutos de la práctica filosófica, bien pudiera ser que esos frutos brotaran de la tierra del cinismo. Recordemos que parece muy posible que Estilpón tuviera una formación cínica, por lo que su famosa fortaleza y autodominio podrían haber sido debidas más a la influencia de la actitud cínica que de la megárica propiamente dicha. E incluso aunque no fuera así, gran parte de la filosofía megárica está representada por el estoicismo (que exploramos en el capítulo 4), así que cualquier elemento destacable que caracterizara una posible práctica ética megárica, o bien se ha perdido en el tiempo, o bien se incorporó a otras filosofías que ya hemos examinado.

Hay aspectos prácticos de la filosofía megárica que sí han llegado hasta nosotros, principalmente su lógica, su epistemología y sus paradojas; pero, en nuestra opinión, no es suficiente para fundar en ellos una práctica moderna. Es cierto que tal vez se podría decir lo mismo de los escépticos académicos, pero tenemos un ejemplo notable en Cicerón, un escéptico académico que adoptó en gran medida (pero no completamente) la ética estoica como forma de vida, aunque modificándola para adaptarla a la epistemología académica. Es posible que Estilpón hiciera algo parecido con el cinismo, pero, si es así, no sabemos nada al respecto. Y tenemos también un ejemplo más desarrollado y completo en el estoicismo (recuerda que el fundador del estoicismo, Zenón de Citio, estudió tanto con Estilpón como con Diodoro Crono): la lógica es una parte importante de la filosofía estoica, pero su conexión con la ética estoica es mucho más evidente que la conexión teórica entre la epistemología y la ética megáricas.

Por último, es posible que gran parte de los aquí denominados «megáricos» –en particular, los «dialécticos» y los «erísticos»– no aplicaran realmente la filosofía a la vida práctica. Quienes practicaron esta filosofía en la Antigüedad parecen ser más conocidos por su habilidad para el debate (después de todo, «erístico» significaba literalmente «discutidor») que por tratar de mejorar su carácter, al menos basándonos en la literatura que ha llegado hasta hoy.

Reflexión

Ahora te toca a ti aventurarte en estas aguas inexploradas para ver si descubres alguna idea con la que sientas una conexión. Al igual que en el capítulo anterior, vamos a darte algunas indicaciones que tal vez te sirvan para orientarte, pero, por supuesto, puedes escribir sobre otras formas en que a ti te parezca que podría serte útil, o no, la filosofía megárica. Recuerda: el objetivo es simplemente explorar las ideas que puedes extraer de esta filosofía.

- Cuando Estilpón decidió reemplazar por la filosofía su «devoción juvenil por el vino y la vida voluptuosa», encontró «amigos mucho mejores». ¿Crees que te beneficiaría a ti sustituir también algunas aficiones o actividades? Si es así, traza un plan.
- Recuerda que los megáricos sostenían que la materia no existe realmente; que solo existe el Bien/la Razón/Dios. Y esto solo puede entenderse mediante la percepción racional, no sensual. ¿Crees tú que las verdades éticas pueden deducirse únicamente por medio de la razón, o que necesitamos de la «percepción sensual» para descubrir hechos sobre el mundo que no pueden aprehenderse utilizando solo el análisis racional? Defiende tu respuesta, centrándote en cómo crees que podemos saber lo que es bueno y lo que no.
- Si crees que no merece la pena invertir tiempo en extravagancias como el argumento maestro y la paradoja de sorites, defiende tu punto de vista. Pero si crees que se puede sacar algo útil del estudio de tales paradojas, ¿qué es?

Utiliza el espacio que sigue para catalogar cualquier idea específica de los megáricos que te haya parecido interesante o útil.

13. Hipatia la neoplatónica

Puesto que era [...] tan atractiva y dialéctica en sus discursos, dispuesta y política en sus actuaciones, el resto de la ciudad con buen criterio la amaba y la obsequiaba generosamente, y los notables, cada vez que hacían frente a muchas cuestiones públicas, solían aproximarse a ella».

DAMASCIO, *Vida de Isidoro,* 43E,
citado en Carlos García Gual, «Hipatia, la última filósofa griega».

Era casi de noche, y los alumnos de Hipatia se habían ido a casa. Vestida con un *tribōn* –un vestido corto de tela basta–, como correspondía a una filósofa, Hipatia estaba sentada en su estudio, concentrada en su trabajo, con el pelo largo recogido en un moño. Hacía cálculos con un astrolabio, un delicado instrumento de metal diseñado para estimar las posiciones de las estrellas y los planetas. Con la cabeza inclinada sobre la mesa, mojaba la pluma de caña en el tintero y escribía con determinación cifras que iban llenando el rollo de papiro que tenía delante.

Había sido un día muy largo. La filósofa había empezado la mañana atendiendo a numerosos ciudadanos de Alejandría que se habían reunido ante su puerta para pedirle consejo sobre diversas disputas y problemas. A continuación, había dado una charla pública sobre Platón y Aristóteles y, luego, a última hora de la tarde, había impartido un seminario privado sobre astronomía.[1] Hipatia era una figura singular en aquella ciudad romana de quinientos mil habitantes[2] situada en los confines de Egipto: una mujer poco común, que dirigía su propia escuela de filosofía, publicaba libros sobre matemáticas, hablaba públicamente sobre ideas complejas, y cuya opinión valoraban mucho sus conciudadanos alejandrinos.

De repente, un criado entró corriendo en el estudio.

–Mi señora, el gobernador Orestes te ha venido a ver.

–Hazlo entrar –respondió ella, dejando la pluma.

–Hipatia, he venido una vez más a pedirte consejo –dijo el prefecto romano acercándose acompañado de dos guardias armados. Se sentó frente a Hipatia y la miró a los ojos con expresión grave. En la ciudad, el conflicto había llegado al punto de ebullición, y Orestes era muy consciente de ello. Enfurecidas facciones de cristianos, judíos y paganos se lanzaban amenazas en las calles e incluso se asesinaban entre sí. Cirilo, el patriarca cristiano de Alejandría, pretendía aprovecharse de aquella ira desatada para aumentar su poder. Orestes, también cristiano, se le opuso, y contaba con Hipatia como aliada pagana.

–Alejandría está sumida en el caos. Tu sabiduría es muy necesaria para ayudar a restaurar el orden –le rogó Orestes.

No era la primera vez que iba a verla para pedirle consejo. Ella estaba acostumbrada a que le consultaran los líderes de Alejandría, ya fueran cristianos, judíos o paganos, pues acogía con gusto las preguntas de todos los que buscaban la sabiduría, ya fueran dirigentes, estudiantes o alejandrinos de a pie.[3]

Ahora, a sus sesenta y tantos años, todos sus alumnos eran cristianos, la mayoría religiosa dominante en Alejandría. No siempre había sido así. Cuando nació, en el año 355 d.C., la mayor parte de los habitantes de Alejandría eran paganos –como Hipatia y su familia– y rendían culto a una combinación de deidades griegas, romanas y egipcias. Su padre, Teón, matemático y filósofo, había sido uno de los últimos miembros del célebre Museo (Museum, en griego *Museion,* literalmente «templo de las musas»). El Museo había acogido a numerosos investigadores de la literatura, la filosofía y la ciencia y albergaba la célebre Biblioteca Real Alejandrina, que en sus mejores tiempos contaba con cerca de quinientos mil rollos de papiro. En ese ambiente, Hipatia colaboró con su padre en la creación de tratados de matemáticas, entre ellos trece libros de *Comentarios al Almagesto* de Ptolomeo.[4*]

Mientras Hipatia avanzaba en sabiduría y edad, tanto el Museo como la Biblioteca Real fueron destruidos en una guerra civil (para mediados del siglo III, no quedaba nada de ellos).[5] Después, otro de los santuarios paganos de Alejandría, el Sarapeo (Serapeum),[**] que era además centro de investigación y estudio y contaba con una importante biblioteca, fue destruido por una turba cristiana en el 392 d.C. con la complicidad tácita de los dirigentes romanos.

Pero Hipatia siguió trabajando. Su estilo de neoplatonismo no iba explícitamente en contra del pensamiento cristiano de su época. Su perspectiva estaba en consonancia con el método neoplatónico de Plotino de buscar «el Uno» –una fuerza divina de la que emanó el resto del universo– a través de la contemplación y la purificación.

* El *Almagesto* fue el primer tratado matemático que dio una explicación completa, detallada y cuantitativa de todos los movimientos celestes. (*N. de la T.*).

** El Serapeum de Alejandría fue un monumental santuario fundado en el año 300 a.C. por Ptolomeo I para el culto de Serapis, deidad sincrética greco-egipcia a la que Ptolomeo I declaró patrón de Alejandría y dios oficial de Egipto y Grecia con el propósito de vincular culturalmente a los dos pueblos.

Esta práctica espiritual e intelectual contrastaba con los rituales y sacrificios de animales que se practicaban en otras formas de neoplatonismo y que hubieran podido ofender a los cristianos. Sus enseñanzas partían de las matemáticas, por las que tenían un interés intelectual personas de todas las religiones; Hipatia sostenía que las matemáticas eran el primer peldaño para los estudios avanzados de cualquier orden, seguidas por el más avanzado campo de la filosofía. Y junto a sus ideales inspirados en Platón, tenía la creencia de que era el deber de una filósofa ayudar a su ciudad y a sus dirigentes a vivir de acuerdo con unos principios filosóficos siempre que fuera posible.[6] Por esa razón, quería ayudar a su visitante Orestes.

–Orestes, haré cuanto esté en mi mano para facilitar el avance hacia la armonía –dijo–. Podemos convocar a los principales dirigentes de la ciudad y pedirles que dejen a un lado sus mezquinas luchas de poder y pongan la atención en lo que es verdaderamente valioso: una forma superior de justicia.

–Me temo que puede ser demasiado tarde para eso –dijo el gobernador romano–. Mira lo que me ha hecho uno de los monjes rabiosos del Patriarca Cirilo –añadió mientras se señalaba en la frente un gran tajo aún abierto.

El malestar entre los cristianos había alcanzado un punto crítico mientras Cirilo luchaba por imponerse a sus rivales, lo que le permitiría controlar la iglesia y a sus redes de monjes y seguidores.

Al ver la herida de Orestes, Hipatia apartó la mirada, estremecida por aquella prueba física del odio humano y la fragilidad del cuerpo. Ella, como otros seguidores de los ideales neoplatónicos, trataba de estar por encima de las limitaciones (y los deseos) del cuerpo y de poner la atención en el mundo espiritual, aspirando a vivir en ese plano superior de la existencia.

De hecho, era bien sabido que Hipatia rechazaba la sola idea de que un hombre se sintiera atraído por su cuerpo. Es ya famosa la historia del estudiante que se enamoró de ella cautivado por su belleza física. Ella rechazó sus insinuaciones, pero él siguió intentándolo. Hipatia utilizó entonces la lira para tratar de calmarlo con la música, al estilo pitagórico, pero fue en vano. Al final, en un gesto un tanto dramático, le mostró un paño menstrual, símbolo de las impurezas físicas del cuerpo, y le dijo: «Es esto lo que amas, no algo bello».[7] El hombre no tardó en recapacitar.

Hipatia prefería el celibato, y ella y sus discípulos, incluido Sinesio –que con el tiempo llegaría a ser obispo cristiano–, se sentían unidos por un amor no sexual.[8] Pero el amor que compartía con los miembros de su círculo íntimo no tuvo el poder de salvarla. Por desgracia para Hipatia, el gobernador Orestes tenía razón. Hipatia fue acusada públicamente de abrir una brecha entre Orestes y Cirilo con la intención de prolongar la disputa y, lo que era aún más grave, de practicar la magia y «hechizar» a Orestes.

En marzo del año 415, Hipatia (que no tenía, como Orestes, guardias armados que la protegieran) fue bajada de su carro por la fuerza y arrastrada hasta una iglesia cristiana. Allí, una turba de seguidores cristianos de Cirilo la asesinaron, instigados por un lector llamado Pedro. La multitud descuartizó su cuerpo con tejas rotas y finalmente quemó los restos.[9] Fueron muchos los que en el mundo antiguo lloraron su muerte brutal. La memoria de Hipatia se ha honrado en relatos históricos, novelas, películas y da nombre a una revista moderna de filosofía feminista.[10]

La última forma de platonismo

Hipatia era neoplatónica. Pero ¿qué significa esto exactamente? El neoplatonismo fue, en orden cronológico, la última de las grandes filosofías helenísticas. Empezó a desarrollarla Plotino de Licópolis (actual Egipto) en el siglo III d.C., es decir, casi siete siglos después de Platón. Por supuesto, en aquella época los neoplatónicos no se habrían llamado a sí mismos de este modo. Ellos se consideraban sencillamente platónicos.[11]

La historia del neoplatonismo comienza con Plotino (204-270), continúa con su alumno Porfirio de Tiro (actual Líbano, 234-305) y, luego, con el propio alumno de Porfirio, Jámblico de Calcis (actual Siria, 245-325). Termina con el florecimiento tardío de las Academias de Atenas y Alejandría durante los siglos V y VI y la figura de Proclo de Constantinopla (412-485). Pocas décadas después de la muerte de Proclo, en el año 529, el emperador bizantino Justiniano, cristiano ortodoxo, cerró la Academia y todas las demás escuelas neoplatónicas, lo cual dio comienzo a la Edad Oscura.* Curiosamente, fue un renacido interés por el neoplatonismo lo que contribuyó al Renacimiento del siglo XV. Pero eso, obviamente, es otra historia.

La metafísica neoplatónica tiene un fuerte componente místico, y gran parte de ella resulta básicamente irracional contemplada desde una perspectiva moderna. No obstante, veamos si conseguimos encontrarle algún sentido. Plotino[12] reconoce tres principios metafísicos fundamentales: el Uno (también llamado el Bien), el Intelecto y el

* Los historiadores modernos no utilizan ya el nombre «Edad Oscura» para referirse a este periodo de la historia. Pero, aquí, reproducimos la opinión del erudito toscano Petrarca, que acuñó el término alrededor del 1330 y tuvo un papel decisivo en el Renacimiento que puso fin a la Edad Media.

Alma. La mayúscula inicial indica que se trata de principios universales, y no de la concreción individualizada de tales principios en seres o aspectos específicos del cosmos.

El Uno es causa de sí mismo, y la causa de todo lo demás que hay en el cosmos. El Intelecto, por su parte, se deriva del Uno. Se dedica a la contemplación, y tal contemplación genera una serie de pensamientos diferenciados, que son las famosas Formas de las que habla Platón en tres de sus diálogos: *Fedón*, *República* y *Fedro*. El Alma es el principio que origina los deseos, de modo que todo lo que tiene alma –las plantas, los animales y, por supuesto, los seres humanos– actúa movido por el deseo y busca cosas externas, como comida, agua, reposo, etcétera. En cierto sentido, el Alma es la fuente de nuestros problemas, ya que a menudo comete el error de valorar lo externo por encima de la contemplación, que es como Plotino explicaba el origen del mal. La actividad del Alma es la que da lugar a almas individuales, tales como la nuestra. Estas almas individuales, metafísicamente hablando, son las realizaciones del potencial inherente a las Formas generadas por el Intelecto.

Según Plotino, un alma racional elige siempre el Bien, pero cuando el alma olvida lo que es, o se vuelve ignorante de su propia naturaleza por la razón que sea, se deja invadir por el mal. La salvación, por tanto, no proviene de la fe o la oración, sino del compromiso dialéctico, es decir, de la investigación filosófica.

El valor de la filosofía de Plotino es que logró una síntesis del platonismo original y el aristotelismo, lo que significa que tomó las narraciones míticas de Platón (como las del *Timeo*) y las filtró a través de la lógica aristotélica para llegar a un sistema coherente, aunque complejo, de metafísica y ética. Por ello, muchos estudiosos consideran que Plotino fue el último verdadero representante del espíritu filosófico griego, antes de que se impusiera definitivamente el cristianismo.

Uno de los objetivos de Plotino era defender el platonismo de la invasión del cristianismo ortodoxo y también del gnosticismo,[13] una forma temprana de teología cristiana que empezaba a asomar en aquella época. Según los gnósticos (palabra que significa «tener conocimiento»), la salvación se alcanza con el conocimiento espiritual personal, no ateniéndose a las enseñanzas ortodoxas. Supongo que entiendes por qué los demás cristianos los declararon herejes, y los persiguieron, y destruyeron la mayor parte de sus libros.

Para los gnósticos, el mundo se caracteriza por dos principios (en lugar de tres, como para Plotino): Dios y una malévola divinidad menor conocida como el Demiurgo, responsable de la creación de la materia. (Demiurgo es también el término que utiliza Platón para referirse a la entidad que creó el mundo a partir de los materiales disponibles, y en griego significa «artesano» o «artífice»). Para los gnósticos, Dios y el espíritu son el bien, por supuesto, mientras que el Demiurgo y la materia son el mal. No hablaban de pecado y arrepentimiento, como hacían quienes acabarían por convertirse en la corriente principal del cristianismo, sino de ilusión e iluminación. Quienes carecen de conocimiento viven bajo la esclavitud de una noción ilusoria del mundo. Cuando adquieren conocimiento, alcanzan la iluminación.

El neoplatonismo después de Plotino

La siguiente gran figura del neoplatonismo es Porfirio,[14] discípulo de Plotino. De joven, adoptó con cierta seriedad el cristianismo, tanto es así que san Agustín habla de él como si fuera un apóstata. Tenía intereses muy diversos, entre ellos la música y la astronomía, y escribió una biografía de Pitágoras. Él pensaba que el alma podía ascender a niveles de existencia superiores mediante la práctica de la virtud en forma de buenas obras. Es interesante, porque esto significaría que la salvación es un proceso gradual, una idea opuesta a la de Plotino, para quien la salvación podía ser resultado de una iluminación instantánea lograda mediante la reflexión filosófica. Porfirio creía en la astrología, muy popular en la época helenística. Pensaba que la astrología era una forma de ayudar al alma a orientarse hacia su lugar en el cosmos, lo que de algún modo aceleraría la salvación.

Jámblico,[15] la tercera gran figura neoplatónica, fue, a su vez, discípulo de Porfirio y, por tanto, alumno de Plotino de segunda generación. Jámblico creía que había un Uno Supremo más elevado aún que el Uno de Plotino, lo cual parece una exageración metafísica. Innecesariamente también, dividió el Alma en tres componentes: cósmica, racional e irracional.

No contento con estas complicaciones del sistema neoplatónico, propuso una serie de seres intermedios, como, por ejemplo, demonios, ángeles y las almas de los héroes. La función que cumplían tales seres era la de ayudar a los seres humanos a alcanzar la salvación. También estableció la práctica de la teúrgia, o magia divina, que ayudaba al alma a trascender los supuestos límites de la razón mediante la ejecución de actos rituales, nuevamente con el fin de acelerar la salvación. Ah, y Jámblico escribió además una biografía de Pitágoras, figura muy apreciada por los neoplatónicos debido a su inclinación por el misticismo.

El último gran neoplatónico fue Proclo.[16] Era un universalista religioso, es decir, creía que había elementos valiosos en todas las religiones. Y predicaba con el ejemplo: logró iniciarse en todas las religiones mistéricas que estaban de moda en aquella época. Si para Plotino el Intelecto emana del Uno, para Proclo el Intelecto es la culminación de la actividad del Uno, aunque no está claro exactamente lo que esto significa. A diferencia de Plotino, él pensaba que la materia no es el mal.

El último nombre que la historia asocia con el neoplatonismo es el de pseudo-dionisio,[17] que estuvo en activo a finales del siglo v. Intentó conciliar el platonismo y el cristianismo, pero Justiniano estaba a punto de cerrar la Academia y bajar así el telón a la Edad Antigua.

¿Podemos vivir hoy como neoplatónicos?

El neoplatonismo era sin duda una filosofía de vida coherente (aunque mística), y sus seguidores la practicaban como forma de vida. Por ejemplo, la vida de Plotino era sencilla y contemplativa. Se alimentaba de vegetales[18] y practicaba un ascetismo moderado para frenar su deseo de lo meramente material y despejar el camino hacia virtudes «purificadoras» más elevadas.[19] Y ahí radica el problema. Al igual que en el caso de los pitagóricos, el modo de vida neoplatónico se apoya en gran medida en una metafísica mística que a muchos nos resultaría difícil adoptar hoy día en su totalidad.

Pero, debido a la gran influencia que ha tenido esta filosofía en numerosos ámbitos del pensamiento moderno, somos muchos los que, en un sentido menos estricto, vivimos de acuerdo con ciertos aspectos del neoplatonismo. Si somos cristianos, algunas de nuestras creencias tienen su origen en el neoplatonismo, o bien porque el cristianismo adoptó algunos elementos neoplatónicos, o bien porque cambió como reacción a ellos. Por ejemplo, la naturaleza apofática de Dios (el *no* poder hablar de Dios salvo en términos de negación, pues Dios es incognoscible e ilimitado) se remonta en parte a Orígenes, que tuvo el mismo maestro que Plotino. Y el concepto agustiniano de un Dios inmutable también puede asociarse al pensamiento neoplatónico.[20]

El neoplatonismo tuvo también gran influencia en el sufismo.[21] Y algunos de los primeros cabalistas judíos fueron explícitamente neoplatónicos,[22] como demuestran las *sefirot*,* fuertemente influidas por la teoría neoplatónica de la emanación.[23] Algunos estudiosos han llegado a afirmar que fue la filosofía judeohelenística de Filón de Alejandría la que sentó las bases para el neoplatonismo fundado por Plotino.[24]

Así pues, en todas las religiones abrahámicas encontramos rastros de neoplatonismo. Y no solo en ellas; el ocultismo moderno, cuyas raíces se remontan al siglo XIX, tiene asimismo una fuerte influencia neoplatónica. Por ejemplo, las actividades de Helena Blavatsky en la Sociedad Teosófica se apoyaron en gran medida en el neoplatonismo.[25] Y la Orden Hermética de la Aurora Dorada practicaba explícitamente la teúrgia. El ocultismo contemporáneo sigue estando muy influido por el neoplatonismo, y algunos de sus estudiosos intentan desarrollar técnicas más precisas a partir de las nociones ancestrales.[26]

La importancia de su labor de investigación reside en que cualquiera que desee poner realmente en práctica el neoplatonismo ne-

* Las *sefirot* (en plural; el singular es *sefirah*) son un conjunto de diez emanaciones que (simplificando mucho) describen cómo se revela Dios en el mundo y cómo se generan lo físico y lo metafísico. Es una idea muy importante en la Cábala.

cesita contar con técnicas detalladas, y en la literatura antigua hay muy poca información que detalle los ejercicios. Por el momento, los estudiosos han esbozado aspectos de dicha práctica, como «prestar atención a los objetos de la mente» a fin de concentrar el alma, pero los detalles de cómo lograrlo están poco claros.[27] Hay quienes incluso han especulado con la posibilidad de que la meditación de estilo oriental desempeñara un papel en la práctica neoplatónica.[28] Sin embargo, la escasez de pruebas relativas a las técnicas contemplativas neoplatónicas es una razón más de que, en nuestra cartografía filosófica, el neoplatonismo resida en los oscuros mares inexplorados.

Dicho esto, si tienes curiosidad por lo oculto o lo místico, podría ser interesante que exploraras el neoplatonismo como experimento personal. *Las Enéadas* de Plotino es un libro de gran belleza y, a la vez, resulta lo bastante desconcertante en algunos momentos como para que, hasta cierto punto, la tarea de comprenderlo constituya en sí misma un ejercicio espiritual.

Reflexión

He aquí una última serie de sugerencias que quizá te ayuden a reflexionar sobre algunos aspectos del neoplatonismo.

- Si tienes una concepción mística o religiosa del mundo, ¿en qué coincide el neoplatonismo con tu perspectiva y en qué se diferencia? Si tienes una mentalidad más bien atea o científica, describe al menos un aspecto del neoplatonismo que concuerde con tu visión del mundo.

- Recuerda que el neoplatonismo de Porfirio implicaba que el progreso ético y espiritual se produce de forma gradual, mientras que Plotino creía en algo más parecido a la iluminación instantánea. ¿Con qué punto de vista estás más de acuerdo, con que el avance moral y espiritual se produce en un instante, o gradualmente? ¿Por qué? ¿Qué es lo que crees que da lugar en tu caso a este tipo de avance? ¿Ha habido experiencias (situaciones difíciles de la vida, experiencias espirituales concretas) que hayan supuesto un rápido progreso espiritual o moral? ¿Has tenido alguna experiencia de esta clase? Si es así, ¿cuál o cuáles han sido?
- Proclo creía que todas las religiones tienen aspectos valiosos. Si eres una persona religiosa, ¿estás de acuerdo? ¿Por qué sí o por qué no? Si no lo eres, reflexiona sobre si todas las filosofías tienen aspectos válidos. Si no tienes del todo claro qué piensas sobre la práctica religiosa, ¿qué partes de la religión te interesan o tienen valor para ti?

Por último, cataloga cualquier idea interesante o practicable de los neoplatónicos en el siguiente espacio.

Epílogo

A lo largo del viaje, has hecho escala en tres puertos y navegado por aguas inexploradas. Ahora ha llegado el momento de que elijas tu lugar de destino. Quizá te parezca una decisión muy difícil de tomar así de repente. Es comprensible; a fin de cuentas, a lo largo de estas páginas hemos recorrido varios cientos de años de pensamiento y prácticas grecorromanos. Pero no te preocupes. A continuación, te proponemos unos cuantos pasos que te ayudarán a poner orden en todo lo que has aprendido y a pensar hacia dónde puedes dirigir tu práctica.

Paso 1: Repasa tu cuaderno de bitácora

Hemos dejado un espacio al final de cada capítulo para que pudieras escribir tus pensamientos sobre cada filosofía de vida que hemos tratado. Ahora es el momento de darles utilidad.

Repasa las notas que tomaste en su momento y reflexiona con calma sobre qué impresión te causó cada filosofía. Luego consolida tus pensamientos en la tabla que sigue.

1. Califica cada filosofía de vida rodeando con un círculo el emoji apropiado. ¿Te ha parecido una filosofía útil (😀), más o menos útil (😐) o no útil (☹️)?

Puede que te hayas saltado algún capítulo. No pasa nada. Si te lo saltaste porque sabías que no te sería útil, marca la filosofía con un ☹. Si te lo saltaste por falta de tiempo o porque te interesaba más leer sobre otras filosofías, considera la posibilidad de volver atrás en este momento y experimentar con esa filosofía que te saltaste, antes de continuar.

2. Resume brevemente las ideas que te hayan parecido particularmente útiles o inspiradoras de cada filosofía.

   Si te saltaste el capítulo o te pareció que la filosofía no tenía nada que ver contigo, deja ese espacio en blanco.

3. Resume en unas pocas palabras las prácticas de cada filosofía que tuvieron en ti un efecto particularmente notable. Si no ha habido ninguna, deja ese espacio en blanco.

Puerto del placer	
Cirenaísmo (Cap. 1) 😃 😐 ☹	Epicureísmo (Cap. 2) 😃 😐 ☹
Ideas favoritas	Ideas favoritas
Ejercicios favoritos	Ejercicios favoritos

Puerto del carácter			
Aristotelismo (Cap. 3) 😃 😐 ☹	Estoicismo (Cap. 4) 😃 😐 ☹	Cinismo (Cap. 5) 😃 😐 ☹	Platonismo político (Cap. 6) 😃 😐 ☹
Ideas favoritas	Ideas favoritas	Ideas favoritas	Ideas favoritas
Ejercicios favoritos	Ejercicios favoritos	Ejercicios favoritos	Ejercicios favoritos

Puerto de la duda			
Socratismo (Cap. 7) 😀 😐 ☹️	Sofismo (Cap. 8) 😀 😐 ☹️	Escepticismo académico (Cap. 9) 😀 😐 ☹️	Pirronismo (Cap. 10) 😀 😐 ☹️
Ideas favoritas	Ideas favoritas	Ideas favoritas	Ideas favoritas
Ejercicios favoritos	Ejercicios favoritos	Ejercicios favoritos	Ejercicios favoritos

Aquí hay dragones		
Pitagorismo (Cap. 11) 😃 😐 ☹️	Escuela megárica (Cap. 12) 😃 😐 ☹️	Neoplatonismo (Cap. 13) 😃 😐 ☹️
Ideas favoritas o lecciones prácticas	Ideas favoritas o lecciones prácticas	Ideas favoritas o lecciones prácticas

Paso 2: Haz uso del astrolabio

El astrolabio (el instrumento que utilizaba Hipatia, como vimos en el capítulo 13) se inventó hacia el siglo II y se utilizó durante más de mil años para determinar, por la posición de las estrellas, la latitud a la que se encontraba un barco. La tabla que acabas de rellenar en el paso anterior puede servirte para algo parecido: determinar dónde te encuentras tú en las aguas filosóficas, es decir, qué filosofía (o filosofías) de vida te parecen más apropiadas.

Si observas detenidamente la tabla, es probable que veas emerger uno de estos cuatro patrones celestes.

1. **Cielo nublado:** en general, ninguna de las prácticas o filosofías de este libro te ha parecido interesante o convincente.
2. **Estrella polar:** una de las filosofías de este libro te ha parecido mucho más convincente que el resto.
3. **Constelación:** uno de los puertos (del placer, del carácter, de la duda) o, si tienes espíritu aventurero, tal vez el mar inexplorado te ha parecido mucho más convincente que el resto, pero has conectado con varias de las filosofías agrupadas en él.
4. **La Vía Láctea:** has conectado con muchas de las filosofías que has conocido en las distintas secciones del libro y no hay una clara ganadora.

Dedica un poco de tiempo a buscar uno de estos cuatro patrones. Cuando alguno de ellos te resulte evidente, escribe en el siguiente espacio cuál de las cuatro posibilidades describe la posición en que te encuentras: Cielo nublado, Estrella Polar, Constelación o Vía Láctea.

Si el patrón que más concuerda con tu posición es el del Cielo Nublado, aquí termina tu trabajo. Después de haber explorado a fondo las principales filosofías prácticas grecorromanas, no has encontrado ninguna que te convenga. Si es así, ¡esperamos que no sea una gran decepción! Las filosofías grecorromanas son solo una de las muchas formas posibles de vivir una vida feliz. Tal vez, otras tradiciones filosóficas tengan más que ver contigo, o tal vez haber leído este libro te ha servido para descubrir que no te convence en absoluto esto de tener una filosofía de vida. Si es así, habrás aprendido algo sobre ti y sobre un subconjunto de filosofías de vida antiguas. Ahora que te las has quitado de en medio y el camino está más despejado, podrás ser más eficiente en el viaje de tu vida.

Si encajas en uno de los otros tres patrones, utiliza el espacio que sigue para resumir tus pensamientos actuales, en función del patrón que mejor te categorice.

- **Estrella polar:** escribe la filosofía que te haya parecido más convincente y reescríbela para que veas por qué te ha parecido la más adecuada para ti.

- **Constelación:** escribe el nombre del puerto (del placer, del carácter, de la duda o, en su caso, las aguas inexploradas) que te haya parecido más atractivo y explica la razón por la que crees que este destino es el que más te conviene.

- **Vía Láctea:** uno de los supuestos claramente implícitos en muchas de las filosofías de la vida grecorromanas que hemos tratado aquí es que hay *un solo* objetivo de vida que conducirá al florecer humano. ¡Probablemente no estés de acuerdo! En el siguiente espacio, enumera los beneficios concretos que te ha aportado personalmente la práctica de cada filosofía. Si es posible (¡quizá no lo sea!), procura escribirlos por orden de mayor a menor importancia. Por ejemplo, si has conectado con el misticismo neoplatónico y también te ha parecido muy atrayente la tranquilidad mental epicúrea, ¿qué es más importante para ti el misticismo o la tranquilidad?

Paso 3: Apareja las velas

Ahora que ya sabes dónde estás, ha llegado el momento de que te embarques en una vida más intencionada y filosófica elaborando un plan para practicar la filosofía. Pero seremos francos: una vida filosófica requiere una práctica larga, constante y dedicada. El propósito de este libro ha sido ofrecerte las nociones básicas para que puedas llevar una vida de este tipo, pero queda mucho que explorar a través de la reflexión, y mucho que aprender a través de los aciertos y errores y de la experiencia en conjunto. Así que no te plantees tu actual objetivo como un compromiso con una única práctica o filosofía a la que deberás ser fiel para siempre. En lugar de eso, considéralo una ayuda y orientación para emprender viaje.

Tu plan será un poco diferente dependiendo de si encajas más en la categoría de la Estrella polar, la Constelación o la Vía Láctea. Por tanto, vamos a proponerte tres enfoques diferentes en función de los resultados que hayas obtenido en el paso anterior. Ve directamente a la sección que te corresponda.

Estrella polar

Puesto que has descubierto un enfoque filosófico con el que has conectado plenamente, nuestro consejo es que elabores un plan de trabajo y lo pongas en práctica a diario mientras sigues aprendiendo sobre esa filosofía accediendo a los recursos específicos que encontrarás en el paso 4. También te animamos a que busques más información en internet y en las librerías. Dado que has elegido una sola filosofía de vida, podrás dedicarle mucha atención si así lo deseas.

Como perteneces a la categoría de la Estrella polar, probablemente valoras el objetivo que persigue la filosofía que has elegido (por ejemplo, el máximo placer físico) y crees que esa particular filosofía de vida parece una buena forma de alcanzarlo. Te sugerimos que pongas a prueba esta creencia mientras te sumerges en sus aguas. Tras unas semanas de práctica constante, ¿ves algún fruto? Si no es así, tal vez quieras reevaluar tu práctica, o tal vez cambiar de filosofía.

Para empezar la práctica, vuelve al paso 1 y mira cuáles has dicho que habían sido los ejercicios de esta filosofía que en su momento más te habían gustado. Al pie de estas líneas, escribe un plan de acción especificando las prácticas que te gustaría hacer durante un tiempo determinado. Por ejemplo, si tu estrella polar es Aristipo y su filosofía del cirenaísmo, el plan podría ser dedicar una semana a cada uno de los ejercicios de los días 2 al 5. Te sugerimos que elabores un plan SMART; es decir, que sea eSpecífico (para que sepas exactamente lo que vas a hacer), Medible (para que sepas que *realmente* has hecho la práctica), Asequible (para que tengas muchas probabilidades de éxito), Relevante para el objetivo (en el caso del cirenaísmo, el placer físico) y esté programado en el Tiempo (para que sepas cuándo o durante cuánto tiempo vas a hacer la práctica).

También puedes volver al capítulo de la filosofía que has elegido y echarle un vistazo para inspirarte. Repasar la vida del filósofo y la teoría en la que se basa su filosofía podría sugerirte, quizá, alguna otra idea que te sirva para elaborar una práctica sólida y factible. También puedes inventar tus propios ejercicios: todo lo que sea coherente con la teoría filosófica que conduce al objetivo de la filosofía es válido. Si se te ocurren más ideas que quieras poner en práctica, añádelas al espacio anterior. Una vez que hayas trazado tu plan para la práctica, dirígete al paso 4 para ver cómo puedes aprender más sobre tu filosofía.

Constelación

Si te corresponde esta categoría, significa que has descubierto un *objetivo* específico que consideras más valioso que los que persiguen otras filosofías. Sin embargo, de las distintas vías propuestas para alcanzarlo, hubo varias que te parecieron interesantes; ninguna de las filosofías o perspectivas destacaba por encima de las demás. Siendo así, vale la pena que dediques un poco más de tiempo a investigar *por qué* te atrajo este objetivo, ya que eso puede ayudarte a decidir las prácticas con las que empezar a avanzar hacia él.

En el espacio que sigue, explica con calma por qué es un objetivo apropiado para ti. Por ejemplo, si tu Constelación es la formación del carácter, escribe las razones por las que crees que avanzar hacia este objetivo se traducirá en tu caso en «una vida digna de ser vivida».

____

____

____

____

____

____

Ahora que has aclarado las razones por las que consideras deseable este objetivo, repasa los ejercicios que te parecieron más convincentes de cada una de las filosofías que lo persiguen y elige los que creas que pueden hacerte avanzar más eficazmente hacia él. Por ejemplo, supongamos que la idea de forjar el carácter te parece atractiva porque te haría estar en mejores condiciones para intentar hacer del mundo un lugar mejor, como era el caso de Platón (capítulo 6). Sin embargo, el activismo político requiere cierta dosis de coraje y, a juzgar por la puntuación que obtuviste en «Coraje» cuando hiciste la autoevaluación de las virtudes el día 2 del capítulo 4, quizá has descubierto que eres menos valiente de lo que te gustaría. En ese caso, tu plan de prácticas podría incluir empezar a implicarte más en asuntos políticos al tiempo que aplicas la regla fundamental de Epícteto (capítulo 4) de mantener la cabeza fría y proceder poco a poco y con firmeza. De este modo, podrás inspirarte en varias filosofías distintas para alcanzar un único y claro objetivo.

En el espacio que sigue, escribe un plan de acción especificando las prácticas que te gustaría hacer durante un tiempo determinado. Te sugerimos que elabores un plan SMART: es decir, que sea eSpecífico (para que sepas exactamente lo que vas a hacer), Medible (para que sepas que *realmente* has hecho la práctica), Asequible (para que tengas muchas probabilidades de éxito), Relevante para el objetivo (en nuestro caso, forjar el carácter) y esté programado en el Tiempo (para que sepas cuándo o durante cuánto tiempo vas a hacer la práctica).

Una vez que hayas escrito un plan de acción a fin de tantear el terreno (o las aguas), dirígete al paso 4 para ver qué recursos pueden ayudarte a aprender más sobre tu conjunto favorito de filosofías mientras comienzas la práctica.

Vía Láctea

Si perteneces a esta categoría, quiere decir que eres una persona ecléctica: te han resultado de utilidad muchas de las filosofías que has explorado en este libro. Tenemos que darte una buena y una mala noticia. La buena es que este libro te ha salido muy rentable. Muchas de las filosofías que hemos examinado te han parecido fascinantes y potencialmente útiles para crear «una vida digna de ser vivida». La mala noticia es que tienes mucho trabajo por delante. Habiendo encontrado tantas cosas valiosas, puede que no te sea fácil saber dónde enfocar la atención, tanto en la teoría como en la práctica diaria.

Por eso, en el paso 2, te hemos pedido que procuraras clasificar por orden de importancia los beneficios que te reportó cada filosofía. Saber qué fue, en tu caso, lo más beneficioso puede ayudarte a elegir a qué filosofías dedicar la mayor parte de tu tiempo.

Si has sido capaz de clasificar los beneficios en el paso 2, ahora, en el siguiente espacio, crea un plan para continuar practicando las filosofías que más efecto tuvieron en ti, centrándote de entrada en la primera, o las dos primeras. Intenta crear un plan SMART: que sea eSpecífico (para que sepas exactamente lo que vas a hacer), Medible (para que sepas que *realmente* has hecho la práctica), Asequible (para que tengas muchas probabilidades de éxito), Relevante para los beneficios que especificaste en el paso 2 y esté programado en el Tiempo (para que sepas cuándo o durante cuánto tiempo vas a hacer la práctica).

___

___

___

___

Si no fuiste capaz de clasificar los beneficios, tenemos que adoptar un enfoque diferente. Quizá lo más práctico sea que tengas, por así decir, un «kit de herramientas» compuesto por tus filosofías favoritas y utilices la más indicada para cada ocasión. Por ejemplo, si a causa de cierta convención social asfixiante no te atreves a hacer lo que te gustaría, tal vez te sea de utilidad el ejercicio cínico del capítulo 5 (página 178). O, si en el capítulo 10 viste que los métodos de duda de Pirrón, con los que experimentaste el día 4, te aportaban tranquilidad, puedes recurrir a ellos en momentos de estrés (páginas 340-341). Cada situación requiere una acción diferente, y tú, gracias a tu eclecticismo, ¡tienes gran cantidad de recursos entre los que elegir!

En el espacio que sigue, crea tu propio kit de herramientas filosóficas con tus filosofías favoritas (que expusiste en el paso 1). Para facilitarte la tarea de saber cuál elegir en cada situación, podrías escribirlas con el formato «si…, aplicaré …»; por ejemplo, «Si no sé qué decisión tomar, aplicaré las pruebas de Carnéades que aprendí en el capítulo 9», o «Cuando sienta que me estoy excediendo en un placer cinético, intentaré cambiarlo por uno katastemático, como hice los días 4 y 5 en el capítulo 2».

Si / Cuando______	Aplicaré________	Referencia (capítulo, filosofía o ejercicio concreto)
Ejemplo: Me dicen que hablo con demasiada seguridad sobre cierto tema	Aplicar el autoexamen socrático	Capítulo 7, días 1 y 2

Te sugerimos que revises tu kit de herramientas al menos una vez al día para que, si la ocasión se presenta, te acuerdes de cómo poner en práctica tu plan de acción. Una vez que lo hayas trazado, en el paso 4 encontrarás formas de aprender más sobre algunas de tus filosofías favoritas.

Paso 4: Completa el mapa

Este libro te ha dado un mapa básico por el que orientarte en el viaje. En el paso anterior, has establecido el plan para iniciar la práctica de una vida filosófica; sin embargo, queda mucho por explorar.

Un buen punto de partida sería consultar una de las fuentes principales que se han utilizado en este libro: la obra de Diógenes Laercio, que vivió alrededor del siglo III d.C. Fue historiador de la filosofía y escribió sobre la mayoría de los filósofos que hemos incluido aquí. Te recomendamos la siguiente edición de su obra (en inglés): *Lives of the Eminent Philosophers* (Oxford University Press, 2018), traducida por Pamela Mensch y editada por James Miller.* A continuación te ofrecemos un puñado de recursos adicionales para que puedas profundizar en las filosofías que más te interesen.

Cirenaísmo

- Kurt Lampe, *The Birth of Hedonism: The Cyrenaic Philosophers and Pleasure as a Way of Life*, Princeton University Press, 2014.

  La mejor fuente para quienes quieran sumergirse a fondo en la filosofía del cirenaísmo.

- Tim O'Keefe, «Cyrenaics», *Internet Encyclopedia of Philosophy*, iep. utm.edu/cyrenaics

  Una visión general gratuita y de fácil acceso sobre el cirenaísmo.

* La versión de Diógenes Laercio que se ha utilizado en esta traducción al castellano es *Vidas y opiniones de los filósofos ilustres*. Introducción, traducción y notas de Carlos García Gual. Madrid: Alianza, 2007. (*N. de la T.*).

Epicureísmo

- John Sellars, *The Fourfold Remedy: Epicurus and the Art of Happiness*, Allen Lane, 2021.

  Un breve repaso a la filosofía epicúrea de la mano de un gran estudioso de la filosofía grecorromana.
- Sociedad de Amigos de Epicuro, societyofepicurus.com

  El sitio web del movimiento epicúreo moderno que ofrece diversos recursos.

Aristotelismo

- John Sellars, *Lecciones de Aristóteles. Comprender al mayor filósofo de todos los tiempos*. Trad. Abraham Grajera. Madrid: Taurus, 2024.

  Una excelente visión general de la rica y compleja filosofía de Aristóteles.
- Joe Sachs, «Aristóteles: Ethics», *Internet Encyclopedia of Philosophy*, iep.utm.edu/aristotle-ethics

  Una visión general sólida y gratuita de la ética aristotélica.

Estoicismo

- Massimo Pigliucci, «Estoicismo», *Internet Encyclopedia of Philosophy*, iep.utm.edu/stoicism

  Una visión amplia y gratuita del sistema filosófico estoico presentada por uno de los autores de este libro.
- Gregory Lopez y Massimo Pigliucci, *Mi cuaderno estoico: cómo prosperar en un mundo fuera de tu control*. Trad. Jorge Paredes. Barcelona: Ariel, 2019.

  Un manual práctico que puede ayudarte a poner en práctica el estoicismo, escrito por dos de los autores de este libro.

Cinismo

- Laura Grams, «Hipparchia», *Internet Encyclopedia of Philosophy*, iep.utm.edu/hipparch

  Una visión general de la vida de una de las pocas mujeres filósofas de la antigua Grecia, que también enlaza con una visión general del cinismo como filosofía.
- Ansgar Allen, Cinismo, MIT Press, 2020.

  Un viaje único de un libro que captura el espíritu del cinismo antiguo y explora cómo la palabra llegó a su uso moderno.

Platonismo (político)

- Robin Waterfield, *Platón de Atenas. Una vida en la filosofía*. Traducción de Vicente Campos González. Barcelona: Rosamerón, 2023.

  Una excelente biografía moderna de uno de los filósofos más influyentes del mundo.
- Heather L. Reid y Mark Ralkowski, eds., *Plato at Syracuse*, Parnassos Press, 2019.

  Un volumen de artículos académicos (de acceso abierto y disponibles en jstor.org/stable/j.ctvcmxptk) sobre la vida de Platón y sus tentativas de influir en la política de Siracusa.

El método socrático

- Debra Nails y S. Sara Monoson, «Sócrates», *Stanford Encyclopedia of Philosophy*, plato.stanford.edu/entries/socrates

  Una visión amplia, gratuita y accesible de la vida y la filosofía de Sócrates.

- Ward Farnsworth,[*] *The Socratic Method. A Practitioner's Handbook*, Godine, 2021.

  Un estudio muy interesante de lo que es el método socrático, de dónde procede y cómo aplicarlo en la práctica.

Sofismo

- Mauro Bonazzi, «Protagoras», Enciclopedia Stanford de Filosofía, plato.stanford.edu/archives/fall2020/entries/protagoras

  Una visión general de las ideas y la vida del principal sofista que estudiamos en el capítulo 8.
- Robin Waterfield, *The First Philosophers. The Presocratics and the Sophists*. Oxford University Press, 2000.

  Aunque solo una parte del libro está dedicada a los sofistas, ofrece una sólida visión de conjunto.

Escepticismo académico

- James Allen, «Carneades», *Stanford Encyclopedia of Philosophy*, plato.stanford.edu/entries/carneades

  Una visión general de la filosofía y la vida de este influyente escéptico académico, que fue el tema central del capítulo 9.
- *Skepticism. From Antiquity to the Present*, eds. Diego E. Machuca y Baron Reed, Bloomsbury Academic, 2018.

  Los capítulos 3 al 7 tratan de los principales filósofos de la fase escéptica de la Academia.

* Del mismo autor, en castellano, *El estoico practicante. Un manual de uso* filosófico. Trad. Elsa Gómez. Málaga: Sirio, 2025. (*N. de la T.*).

Pirronismo

- Douglas C. Bates, *Pyrrho's Way: The Ancient Greek Version of Buddhism*, Sumeru Press, 2020.

  Una introducción al pirronismo escrita por un practicante moderno.
- *Skepticism. From Antiquity to the Present*, eds. Diego E. Machuca y Baron Reed, Bloomsbury Academic, 2018.

  Los capítulos 2 y 10 cubren las vidas e ideas de Pirrón, Timón y Sexto Empírico.

Pitagorismo

- Carl Huffman, «Pythagoreanism», *Stanford Encyclopedia of Philosophy*, plato.stanford.edu/entries/pythagoreanism

  Una visión amplia y a la vez profunda de los principales pitagóricos a lo largo de la historia.
- Carl A. Huffman, *A History of Pythagoreanism*, Cambridge University Press, 2014.

  Una visión profunda y amplia de los pitagóricos, su modo de vida y su influencia a lo largo de la historia.

Escuela megárica

- James Allen, «Megara and Dialectic», en T. Bénatouil & K. Ierodiakonou, eds., *Dialectic after Plato and Aristotle*, Cambridge University Press, 2018, 17-46.

  Una visión moderna de las escuelas megárica y dialéctica.
- Eduard Zeller, *Socrates and the Socratic Schools*, Longmans, Green, and Co., 1877, 249-81.

  Aunque se trata de un libro bastante antiguo, que no incluye los estudios más recientes sobre la posible multiplicidad de las escuelas megáricas, ofrece una excelente visión general de esta escuela (o escuelas, tal vez) poco conocida. Además, está en dominio público y se encuentra de forma gratuita en Google Books.

Neoplatonismo

- Christian Wildberg, «Neoplatonism», *Stanford Encyclopedia of Philosophy*, plato.stanford.edu/entries/neoplatonism

  Un excelente estudio general de esta compleja filosofía mística.
- Paulina Remes, *Neoplatonism*, Routledge, 2008.

  Un libro que estudia con detalle a los neoplatónicos desde Plotino hasta el cierre de la Academia, además de ofrecer una visión general de las teorías neoplatónicas sobre psicología, ética y política.

Con estos cuatro pasos, has podido delimitar tu enfoque, elaborar un plan de acción para empezar la práctica y también descubrir recursos con los que seguir aprendiendo.

Llegados a este punto, solo nos queda decirte que esperamos que tengas suficientes provisiones para zarpar. ¡Buen viaje, y que los vientos te sean propicios!

Notas

Parte I. El puerto del placer

1. A. Delle Fave *et al.*, «Hedonism and Eudaimonism in Positive Psychology», en *Psychological Selection and Optimal Experience Across Cultures. Cross-Cultural Advancements in Positive Psychology,* vol. 2. Nueva York: Springer, 2010, 3-18.
2. S. Frederick y G. Lowenstein, «Hedonic Adaptation», en *Well-Being: The Foundations of Hedonic Psychology*, eds. D. Kahneman *et al.* Nueva York: Russell Sage Foundation, 1999, 302-29. Véase también John Mathews, «The Hedonic Treadmill: From Consumerism to Minimalism», *Virginia Counseling*, 21 de diciembre, 2015, vacounseling.com/hedonic-treadmill.

1. Busca el placer con Aristipo

1. Esta escena, al igual que la mayor parte de este esbozo biográfico, está basada e inspirada en los detalles que presenta Diógenes Laercio en *Vidas y opiniones de los filósofos ilustres*, 2.65 (trad. Carlos García Gual. Madrid: Alianza, 2007, 118-33). En este capítulo sobre Aristipo, se dice que «Tenía relaciones con la hetera Lais», y el diálogo que se cita, en el que se compara a una cortesana con una casa y un barco, se detalla en las páginas 121-2.
2. Joshua J. Mark, «Aristippus of Cyrene», *World History Encyclopedia*, worldhistory.org/Aristippus_of_Cyrene, y Tim O'Keefe, «Aristippus», *Internet Encyclopedia of Philosophy*, iep.utm.edu/Aristippus
3. Mark, «Aristippus of Cyrene», *op. cit*. Véase también «Dionysius I», *Encyclopedia Britannica*, britannica.com/biography/Dionysius-I
4. Laercio, *Vidas y opiniones de los filósofos ilustres*, 2.78, 123.
5. Laercio, *Vidas y opiniones de los filósofos ilustres*, 2.66, 119 (citando al filósofo cínico Diógenes de Sinope). La nota a pie de página de la traducción al inglés de Mensch (editada por Miller) explica que «a los cínicos se los llamaba a menudo "perros"». Sin embargo, un «perro regio», a la vez mimado y servil, habría sido lo contrario del ideal cínico.

6. El óbolo era una unidad monetaria de la antigua Grecia y equivalía a la sexta parte de un dracma. Un trabajador no cualificado ganaba alrededor de dos óbolos al día. Para más información, véase «La moneda griega antigua: arte, diplomacia y comercio. https://mayor25.com/noticias/moneda-griega-antigua-i/
7. Laercio, *Vidas y opiniones de los filósofos ilustres*, 2.75, 122.
8. *Ibidem*, 123.
9. Plutarco. *Obras morales y de costumbres* (*Moralia*) VIII. «Sobre el amor a la riqueza», 524ab. Trad. Rosa María Aguilar. Madrid: Gredos, 1996, 24-7.
10. Vitruvio, «Introducción al Libro VI», *Los diez libros de arquitectura*. Trad. José Luis Oliver Domingo. Madrid: Alianza Editorial, S. A., 1995, 141.
11. *Ibidem*.
12. Mark, «Aristippus», *op. cit*.
13. Véase un estudio detallado de la filosofía cirenaica en: Tim O'Keefe, «Cyrenaics», *Internet Encyclopedia of Philosophy*, iep.utm.edu/cyrenaics
14. Laercio, *Vidas y opiniones de los filósofos ilustres*, 2.87-8, 127.
15. Mark J. Amiradakis, «Is social networking fostering the fungibility of the Other?», *Communicatio* 42, n.º 2 (2016): 238-52.
16. Peter Markie y M. Folescu, «Rationalism vs. Empiricism», *The Stanford Encyclopedia of Philosophy*, 2 de septiembre, 2021, plato.stanford.edu/entries/ rationalism-empiricism
17. Cicerón, *Disputaciones tusculanas*. «Introducción» y 3.31. Trad. Alberto Medina González. Madrid: Gredos, 2005, 27.
18. Lampe, *The Birth of Hedonism*, *op. cit*.
19. *Ibidem*.

2. Evita el dolor y el estrés con Epicuro

1. Para más información sobre el Jardín, véase William Morison, «The Garden of Epicurus,» Internet *Encyclopedia of Philosophy*, iep.utm.edu/garden. Véase también Carlo Diano, «Epicurus», *Encyclopedia Britannica*, britannica.com/biography/Epicurus. Séneca, en sus cartas, también hacía referencia al amor de los epicúreos por la harina de cebada y el agua, los alimentos y bebidas más simples. Veánse las citas de Séneca aquí: «Séneca: Referencias a Epicuro», New Epicurean, newepicurean.com/suggested-reading/senecas-references-to-epicurus. [También: Séneca, Epístola 18, en *Epístolas* a Lucilio, Libro II, 170].

2. David Stuttard, *A History of Ancient Greece in 50 Lives*. Londres: Thames & Hudson, 2021, 214.
3. Laercio, *Vidas y opiniones de los filósofos ilustres*, 10.3, 512.
4. Stuttard, *A History of Ancient Greece in 50 Lives*, 212-13.
5. Laercio, *Vidas y opiniones de los filósofos ilustres*, 10.3, 511.
6. Del «Fragmento 551» de Epicuro, «Live In Obscurity??», en *Epicurus's Selected Fragments*, traducción al inglés de Peter Saint-Andre, 2011 (monadnock.net/epicurus/ fragments.html). [*N. de la T.*: Traducido a su vez al castellano por Jesús Guevara como «Vive escondido», en *Frases Epicúreas*, 64 (https://sociedadepicuro.wordpress.com/2019/12/15/ frases-epicureos/)].
7. Véase Tim O'Keefe, «Epicuro», Internet *Encyclopedia of Philosophy*; véase especialmente su descripción de las opiniones de Epicuro sobre la amistad: iep.utm.edu/epicur/#SH5f. [*N. de la T.*: En castellano, sobre la amistad: *Máximas capitales*, 27, 28; *Exhortaciones* 23, 28, 39, 52, 78 y «Estudio preliminar», en *Epicuro: Obras*. Estudio Preliminar, traducción y notas: Montserrat Jufresa. Barcelona: Altaya, 1994].
8. Séneca, *Epístolas morales a Lucilio*. Epístola 21: «La verdadera gloria radica en la sabiduría». Trad. Ismael Roca Meliá. Madrid: Gredos, 1986, 180-5.
9. Laercio. *Vidas y opiniones de filósofos ilustres*, 10. En 10.7, Laercio cita a algunos que criticaban a Epicuro (página 513), pero en 10.9 su discurso cambia rápidamente de rumbo, para decir «Pero estos (calumniadores) están locos. Pues para nuestro hombre hay suficientes testigos de su insuperable buena disposición para con todos» (513-14).
10. Laercio, *Vidas y opiniones de los filósofos ilustres*, 10.15-16, 517.
11. Stuttard, *A History of Ancient Greece in 50 Lives*, 215.
12. Laercio, *Vidas y opiniones de los filósofos ilustres*, 10.9, 514.
13. Marco Aurelio, *Meditaciones*, 7.64. Introducción de Carlos García Gual. Traducción y notas Ramón Bach Pellicer. Madrid Gredos, 1977, 142.
14. Encontrarás más información sobre las conexiones entre la reforma protestante y los Shakers, así como sobre la comparación con el epicureísmo, en la tesis de máster de Alex C. Parrish, «Quietism: Perceptions of Withdrawal in Epicureanism and Other Philosophical and Religious Movements» (Universidad de York, 2008), collectionscanada .gc.ca/ obj/thesescanada/vol2/002/MR51576.PDF?oclc_ number=714264050
15. Encontrarás más información sobre la comunidad Oneida en: Beth Quinn Barnard, «The Utopia of Sharing in Oneida, N.Y.», *The New*

York Times, 3 de agosto de 2007. [*N. de la T.*: En castellano: https://es.wikipedia.org/wiki/Comunidad_de_Oneida].

16. Foundation for Intentional Community, 2024, ic.org
17. Sociedad de Amigos de Epicuro, https://sociedadepicuro.wordpress.com/, o (en inglés) societyofepicurus.com
18. Hiram Crespo, *Cultivando el jardín epicúreo*. CreateSpace Independent Publishing, 2014, 19. Véase también Catherine Wilson, *Cómo ser un epicúreo. Una filosofía para la vida moderna*. Trad. Joan Andreano Weyland. Barcelona: Ariel, 2020.

Parte II. El puerto del carácter

1. C.B. Miller, *The Character Gap: How Good Are We?* Oxford University Press, 2017. Véase también: Massimo Pigliucci, *La forja del carácter. Una búsqueda de la virtud en la filosofía clásica*. Trad. Jorge Paredes. Barcelona: Ariel, 2023.
2. Rosalind Hursthouse, *On Virtue Ethics*. Oxford, R. U: Oxford University Press, 1999, p. 172.
3. John M. Doris, *Lack of Character. Personality and Moral Behavior*. Cambridge, R. U.: Cambridge University Press, 2002.
4. Miller, *The Character* Gap, *op. cit.*

3. Encuentra el equilibrio con Aristóteles

1. David Stuttard, *A History of Ancient Greece in 50 Lives*. Londres: Thames & Hudson, 2021, 185. También tratado en: Diógenes Laercio, *Vidas y opiniones de los filósofos ilustres*, Libro V. Gran parte de la información que refiere este capítulo se basa en estas dos fuentes, así como en: James Miller, *Vidas sujetas a escrutinio: de Sócrates a Nietzsche*. Trad. Óscar Luis Molina. Santiago de Chile: Tajamar, 2015.
2. Stuttard, *A History of Ancient Greece in 50 Lives*, 183.
3. James Miller, *Vidas sujetas a escrutinio*, 93.
4. Las fuentes alegan varias razones que podrían explicar por qué Aristóteles no fue elegido para dirigir la Academia: por el sentimiento antimacedónico reinante; porque no era ciudadano ateniense; porque Aristóteles pensaba que la Academia daba demasiada importancia a las matemáticas y la teoría pura, en lugar de a las «ciencias prácticas» que era lo que a él le interesaba, o porque podría haber habido cierta desarmonía entre él y Platón. Véase Miller, *Vidas sujetas a escrutinio*, 94; Stuttard, *A History of Ancient Greece in 50 Lives*, 184; Rupert

Woodfin y Judy Groves, *Aristóteles para principiantes* (trad. Graciela Sormani. Buenos Aires: Era Naciente, 2003), 9, y Robin Waterfield, *Platón de Atenas. Una vida en la filosofía* (trad. Vicente Campos González. Barcelona: Rosamerón, 2023) 225-26.

5. Woodfin y Groves, *Aristóteles para principiantes*, 13.
6. Stuttard, *A History of Ancient Greece in 50 Lives*, 185.
7. *Ibidem*, 188.
8. En *Vidas sujetas a escrutinio*, 97, Miller cita *Vidas paralelas* de Plutarco al hablar de la experiencia de Aristóteles como instructor de Alejandro. [*N. de la T.*: Plutarco, *Vidas paralelas* VI: *Alejandro y César*. Trad. Jorge Bergua Cavero. Madrid: Gredos, 2007, 33-4: «Parece que Alejandro no solo aprendió las materias morales y políticas, sino que también accedió a las enseñanzas secretas y más profundas, aquellas que los filósofos designaban técnicamente como acroamáticas y epópticas y que no exponían al público general».]
9. Stuttard, *A History of Ancient Greece in 50 Lives*, 190.
10. Miller, *Vidas sujetas a escrutinio*, 100.
11. *Ibidem*, 104.
12. Jonathan Barnes, *Aristóteles*. Trad. Marta Sansigre Vidal. Madrid: Cátedra, 1999, 18-19.
13. Miller, *Vidas sujetas a escrutinio*, 90.
14. *Ibidem*, 89.
15. Woodfin y Groves, *Aristóteles para principiantes*, 3.
16. Aristóteles, *Ética Nicomáquea* 1107a. Trad. Julio Pallí Bonet. Madrid: Gredos, 1985, 7-8.
17. *Ibidem*, 1103b, 159-60.
18. Aristóteles, *Física*, 7, 247b. Trad. Guillermo R. de Echeandía. Madrid: Gredos, 1995, 405.
19. Joe Sachs, «Aristóteles: Ethics», *Internet Encyclopedia of Philosophy*, iep.utm.edu/aristotle-ethics
20. Aristóteles. *Ética Nicomáquea* II, 158.
21. *Ibidem*,1153b, 17-20.
22. *Ibidem*, 1179a, 22-34.
23. El estudioso Pierre Hadot consideraba que la filosofía de Aristóteles era una forma de vida, pero dada la imagen que se ha presentado de una ética eminentemente teórica y de escaso sentido práctico, esto es muy discutible. Para obtener una visión matizada de este debate, véase J. Sellars, «Aristotle and Philosophy as a Way of Life», en *Hadot and Foucault on Ancient Philosophy*, eds. M. Faustino y H. Telo (Brill,

2024). Para abreviar, la tesis de Sellars es que, si bien Aristóteles puede no presentar una sólida orientación práctica sobre cómo vivir una buena vida, su visión de la filosofía es que consiste en una práctica activa. En ese sentido, Aristóteles sí propugnaba un modo de vida práctico y seguía su teoría en el modo en que vivía su propia vida. [*N. de la T.*: Una investigación en castellano del mismo tema y las mismas fuentes: Alejandro Farieta-Barrera. *Intelecto en acción: Aristóteles y la filosofía como forma de vida*. Bogotá: Editorial Uniagustiniana, 2018. doi: https://doi. org/10.28970/9789585652934].

24. Estas virtudes, excesos y deficiencias se pueden encontrar en Aristóteles, *Ética Nicomáquea*, 1107b-1108a, 170-2, con la excepción de la justicia (al menos el sentido de justicia que es una «parte de la virtud» y no «toda la virtud»), que se detalla en 1130b-113la, 241-2. Nos hemos tomado intencionadamente pequeñas libertades en la interpretación de algunas de las virtudes. Por ejemplo, nos hemos centrado más en los aspectos inmateriales de la justicia para que la separación de la generosidad sea conceptualmente un poco más precisa, aunque Aristóteles menciona la distribución de cosas materiales e inmateriales como parte de la justicia. Además, algunas virtudes se han combinado y simplificado (*megaloprepeia* y *eleutheriotes*, «magnificencia» y «generosidad»), mientras que otras, que pueden ser difíciles de entender fuera de un contexto aristocrático griego antiguo (*megalopsuchia* o «grandeza de alma»), se han omitido.
25. Aristóteles. *Ética Nicomáquea* 1104b, 162.
26. Para más información, véase la sección sobre virtudes intelectuales en: Joe Sachs, «Aristóteles: Ethics», *Internet Encyclopedia of Philosophy*, iep.utm.edu/aristotle-ethics/#Inte Virt
27. Aristóteles, *Ética Nicomáquea* 1103b, 159.
28. *Ibidem*,1105a, 163.

4. Céntrate en lo que depende de ti con Epícteto

1. Yacimiento arqueológico de Nicópolis, Convención del Patrimonio Mundial de la UNESCO, 16 de enero de 2014, whc.unesco.org/en/tentativelists/5861. Véase también Ancient Nicopolis, 2020, actianicopolisarchaeopark.gr/en/ nikopolis/romaiki-nikopoli. [En castellano: https://es.wikipedia.org/wiki/Nic%C3%B3polis].
2. Christopher Gill, «Introduction», en *Epictetus: Discourses, Fragments, Handbook* trad. Robin Hard. Oxford University Press, 2014, viii.
3. *Ibidem*, vii.

4. Philip Matyszak y Joanne Berry, *A History of Ancient Rome in 100 Lives* (Thames & Hudson, 2023), 162.
5. Keith H. Seddon, «Epictetus», *Internet Encyclopedia of Philosophy*, iep.utm.edu/epictetu. Seddon cita «una historia contada por el autor Celso (probablemente contemporáneo de Epícteto, más joven que él) citado por el cristiano primitivo Orígenes (c. 185-254 CE) en *Contra Celso* 7.53» que relata este incidente.
6. Puede leerse un estudio sobre la corte y la época de Nerón, que trata de rehabilitar su reputación, en Joshua Levine, «The New, Nicer Nero», Smithsonian, octubre de 2020, smithsonianmag.com/history/new-nicer-nero-history-roman-emperor-180975776
7. Gill, «Introduction», p. viii.
8. Robert Dobbin, «Introduction», en *Epictetus, Discourses and Selected Writings* (Penguin Classics, 2018), 18. Dobbin cita un comentario de Orígenes, escritor cristiano del siglo III, que hace alusión a Epícteto. [En castellano: Orígenes. *Contra Celso*, 6, 2. Trad. Daniel Ruiz Bueno. Madrid: Editorial Católica, 1968, 389: «A Platón solo se le ve en manos de los que parecen ser doctos; a Epícteto, en cambio, vemos que lo admira todo el mundo, todo el que tenga alguna gana de aprovecharse, pues se dan cuenta del bien que les hace su lectura»].
9. Epícteto, *Disertaciones por Arriano*, 1.18.15-16; 1.29.21. Trad. Paloma Ortiz García. Madrid: Gredos, 1993, 112, 146.
10. Gill, «Introduction», viii-ix.
11. *Ibidem*, viii.
12. *Luciano de Samósata. The Works of Lucian of Samosata*, vol. 3. Trad. H.W. Fowler y F.G. Fowler, gutenberg.org/cache/epub/6829/pg6829.txt. [En castellano: *Luciano de Samósata*. Obras II.31.13-14. Trad. José Luis Navarro González. Madrid: Gredos, 1988, 141]. Luciano escribe: «Aún vive, creo, el hombre que compró por tres mil dracmas [140 euros] la lámpara de arcilla de Epícteto el estoico. Esperaba también aquel hombre, creo yo, que si se ponía a leer por la noche a la luz de aquella lámpara, enseguida un sueño le proporcionaría instantáneamente la sabiduría de Epícteto y sería semejante a aquel anciano admirable».
13. Véase Philippa Foot, *Bondad natural. Una visión naturalista de la ética* (Trad. Ramón Vilà Vernis. Barcelona: Paidós Ibérica, 2002), así como Frans de Waal *et al.*, *Primates y filósofos. La evolución de la moral del simio al hombre* (Trad. Vanesa Casanova. Barcelona: Paidós, 2007)

14. Epícteto, *Disertaciones por Arriano*, 1.9.1, 83.
15. Epícteto, *Enquiridión*, 1.1. Trad. Antonio Brum. Primera edición, Bruselas, 1669.
16. Cicerón, *Del supremo bien y del supremo mal*, 3.22. Introducción, traducción y notas, Víctor-José Herrero Llorente. Madrid: Gredos, 1987,190.
17. Epícteto, *Disertaciones por Arriano*, 3.3.15, 275.
18. Para más información, véase Chris Fisher, «What is Traditional Stoicism?», *Traditional Stoicism*, 28 de noviembre de 2015, traditionalstoicism.com/what-is-traditional-stoicism
19. Epícteto, *Disertaciones por Arriano*, 3.2.4, 270.
20. *Ibidem*, 3.3.14-5, 274-75.

5. Sé rebelde como Hiparquía

1. Esta escena está tomada de una descripción que aparece en Diógenes Laercio, *Vidas y opiniones de los filósofos ilustres*, 6.97, 324. Puede encontrarse más información sobre la historia de Hiparquía en: Laura Grams, «Hipparchia», *Internet Encyclopedia of Philosophy*, iep.utm.edu/hipparch
2. Laercio, *Vidas y opiniones de los filósofos ilustres*, 6.94, 323.
3. *Ibidem*, 6.96, 324.
4. *Ibidem*, 6.92, 322.
5. Joshua J. Mark, «Hipparchia of Maroneia», *World History Encyclopedia*, 27 de mayo de 2021, worldhistory.org/Hipparchia_of_Maroneia
6. Ansgar Allen, *Cynicism*. Massachusetts: MIT Press, 2020.

6. Trabaja por una sociedad justa con Platón

1. Los antecedentes de las escenas biográficas de este capítulo proceden de dos fuentes, una antigua y otra moderna: Platón, Carta VII (en *Diálogos* VII. Trad. Juan Zaragoza. Madrid: Gredos, 1992) y Robin Waterfield, *Platón de Atenas. Una vida en la filosofía* (Trad. Vicente Campos González. Barcelona: Rosamerón, 2023).
2. Waterfield, *Platón de Atenas*, 117-18.
3. Plutarco, «Dión-Bruto», en *Vidas paralelas* X, 13.3. Trad. Antonio Ranz Romanillos. Buenos Aires: Espasa Calpe, 1951.
4. Platón, Carta VII, 348a.
5. Carolina Araújo, «What was Plato up to in Syracuse?», en Plato at Syracuse, eds. Heather L. Reid y Mark Ralkowski. Parnassos Press, 2019, 89.

6. El poeta Arquéstrato de Gela, del siglo IV a.C., escribió que los siracusanos «arruinaban» el buen pescado cocinándolo con queso y vinagre. Para más información sobre la cultura alimentaria de la antigua Siracusa, véase Sergio G. Grasso, «The Food Culture of Siracusa», Siracusa Culture, febrero de 2021, siracusaculture.com/en/2022/02/18/the-food-culture-of-siracusa
7. Si quieres seguir leyendo sobre Platón en la corte de Dionisio en Siracusa, encontrarás más información en Waterfield, *Platón de Atenas*, capítulo 7.
8. Constance C. Meinwald, «Late dialogues of Plato», *Encyclopedia Britannica*, britannica.com/biography/Plato/Late-dialogues. Una nota al margen sobre la influencia de Platón en Roma: en la introducción a su traducción al inglés de las *Meditaciones* de Marco Aurelio, Gregory Hays señala también que Marco Aurelio «era aficionado a citar las palabras de Platón: "A menos que los filósofos reinen en los Estados, o los que ahora son llamados reyes y gobernantes filosofen de modo genuino, y coincidan en una misma persona el poder político y la filosofía [...] no habrá fin de los males para los Estados ni tampoco, creo, para el género humano"». (Platón. *República* V, 473d, en *Diálogos* IV, 282. Trad. Conrado Eggers Lan. Madrid: Gredos, 1992). Hays comenta que con frecuencia se ha visto en el propio emperador romano a una especie de rey-filósofo, aunque él cree que Marco Aurelio habría rechazado el término. Véase: *Marcus Aurelius, Meditations. A New Translation*. Trad. Gregory Hays. Random House, 2002.
9. Los estudiosos siguen debatiendo sobre cuántos de los *Diálogos* atribuidos a Platón son realmente obra suya. Robin Waterfield considera que son auténticos solo veintiocho. Véase *Platón de Atenas. Una vida en la filosofía*.
10. Sobre la filosofía política de Platón, véase: W.J. Korab-Karpowicz, «Plato: Political Philosophy», *Internet Encyclopedia of Philosophy*, iep.utm.edu/platopol
11. Platón, *República. Diálogos* IV, *op. cit*.
12. *Ibidem*, 331d.
13. *Ibidem*, 332d.
14. *Ibidem*, 335a.
15. *Ibidem*, 332c
16. John Rawls, *Teoría de la justicia*. Trad. María Dolores González. México: Fondo de Cultura Económica, 1976.
17. Platón, *República*, 338c.

18. *Ibidem*, 351d.
19. *Ibidem*, 347c-d.
20. Massimo Pigliucci, *La forja del carácter. Una búsqueda de la virtud en la filosofía clásica*. Trad. Jorge Paredes. Barcelona: Ariel, 2023.
21. David Stuttard, *Nemesis. Alcibiades and the Fall of Athens*. Harvard University Press, 2018.
22. Platón, *Alcibíades* I, 118b, *Diálogos* VII. Trad. Juan Zaragoza. Madrid: Gredos, 1992, 51.
23. Del griego *aristokratía*, compuesto de *áristos* «el mejor» y *krátos* «fuerza». Véase http://habilis.udg.edu/~info/webs/Corpus%20i%20diccionaris/Corominas&PascualDCECH/ZBREVE-Joan-Corominas-Diccionario-Etimologico-de-la-lengua-castellana.pdf
24. Platón, *Carta* VII, 326a.
25. *Ibidem*, 324c.
26. *Ibidem*, 324d-e.
27. Yacov Tsur, «Political Tenure, Term Limits and Corruption», *SSRN*, 16 de junio de 2021.
28. Daniel E. Bergan, «Constituent contacts can influence how legislators vote», United States Policies and Politics Blog, London School of Economics, 29 de abril de 2015, blogs.Ise.ac.uk/usappblog/2015/04/29/constituent-contacts-can-influence-how-legislators-vote

PARTE III. EL PUERTO DE LA DUDA

1. Diego E. Machuca y Baron Reed, eds., *Skepticism: From Antiquity to the Present*. Londres: Bloomsbury Academic, 2018.

7. Cuestiónalo todo con Sócrates

1. «Oráculo de Delfos», *Encyclopedia Britannica*, britannica.com/topic/Delphic-oracle
2. Platón, *Apología*, 21a, en *Diálogos* I (Trad. Julio Calonge Ruiz. Madrid: Gredos, 1985). Sócrates relata la visita de su amigo a Delfos, la pregunta que le hizo y cómo lo impulsó a buscar la sabiduría entre los atenienses. En ello está inspirada esta escena.
3. Estos y otros datos de la vida de Sócrates están detallados en: Debra Nails y S. Sara Monoson, «Sócrates», *Stanford Encyclopedia of Philosophy*, 26 de mayo de 2022, plato.stanford.edu/entries/socrates
4. Platón, *Apología*, 21d, 155.
5. Jenofonte, *Recuerdos de Sócrates* (*Memorabilia*) 4.26. Trad. Juan

Zaragoza. Asesor para la sección griega: Carlos García Gual. Madrid: Gredos, 1993, 164.

6. *Ibidem*, 4.27, 165.
7. Nails y Monoson, «Sócrates», *op. cit.*
8. Jenofonte, *Recuerdos de Sócrates*, *op. cit.*
9. Platón, *Apología*, 32c, 172.
10. *Ibidem*, *Apología* 31b, p. 170.
11. Platón, «Séptima carta de Platón», *Obras completas*, Tomo XI. Trad. Patricio de Azcárate. Madrid: Medina y Navarro Editores, 1872, 295.
12. Véase una excelente perspectiva general de la filosofía socrática en: James M. Ambury, «Sócrates», *Internet Encyclopedia of Philosophy*, iep.utm.edu/socrates
13. Platón, *Eutifrón*, 5d. *Diálogos* I. Trad. Julio Calonge Ruiz. Madrid: Gredos, 1985.
14. *Ibidem*, 6e-7a.
15. *Ibidem*, 9e.
16. Platón, *Eutifrón*, 12d.
17. *Ibidem*, 12e.
18. *Ibidem*, 14b, 14e.
19. *Ibidem*, 15b.
20. *Ibidem*, 15e.
21. Esta definición fue disputada en 1963 por el filósofo norteamericano Edmund Gettier, que publicó un artículo donde se exponen una serie de casos especiales que parecen ser excepciones a la concepción socrática/platónica del conocimiento: contraejemplos que cumplen con claridad las tres condiciones, pero que nadie describiría como auténtico conocimiento. Los llamados casos Gettier estimularon la imaginación de muchos y dieron lugar a una producción masiva de casos similares de respuestas y contrarrespuestas, en la que no necesitamos entrar aquí. No obstante, quienes tengáis interés podéis consultar Stephen Hetherington, «Gettier Problems», *Internet Encyclopedia of Philosophy*, iep.utm.edu/gettier. [En castellano: https://www.filosoficas.unam.mx/~tomasini/ENSAYOS/Gettier.pdf].
22. Esta forma particular de pensar en lo que puede considerarse verdadero se conoce como teoría de la correspondencia de la verdad y suele desplegarse tanto en el discurso común como en el científico. Sin embargo, existen otras concepciones de la verdad, y quizá la alternativa más útil sea la teoría de la coherencia de la verdad, utilizada en matemáticas y lógica. Si digo, por ejemplo, que el teorema de Pitágoras es «ver-

dadero», no puedo referirme a la palabra en el mismo sentido que en el caso de la afirmación de que Saturno tiene anillos. Que un teorema geométrico como el de Pitágoras sea verdadero significa que es internamente coherente desde el punto de vista lógico y que se ha derivado correctamente de ciertos axiomas de partida, como los de la geometría euclidiana. Encontrarás un buen análisis de las teorías de la verdad, incluidas las de la correspondencia y la coherencia (así como otras), en Bradley Dowden y Norman Swartz, «Truth», *Internet Encyclopedia of Philosophy*, iep.utm.edu/truth. [*N. de la T.*: en castellano, presentación del tema: «La Verdad. Basado en el trabajo de Dowden & Swartz» — Transcripción de la presentación: https://slideplayer.es/slide/84418/].

23. Platón, *Eutifrón*, 5a.
24. Diógenes Laercio, *Vidas y opiniones de filósofos ilustres*, 2.29. Trad. Carlos García Gual. Madrid: Alianza, 2007.

8. Practica el relativismo con Protágoras

1. Las palabras de Protágoras y la escena de este capítulo están inspiradas en el diálogo Protágoras de Platón, escrito hacia el 380 a.C. Véase Platón, Protágoras, 314e-315b (Trad. Carlos García Gual. Madrid: Gredos, 1985). El diálogo se ha ambientado aquí en el 434 a.C. a sugerencia de «The Dramatic Order of Plato's Dialogues», Monadnock Valley Press, 19 de septiembre de 2024, monadnock.net/plato/order.html, basado en un trabajo de Christopher Planeaux.
2. Robin Waterfield, *Platón de Atenas. Una vida en la filosofía*. Trad. Vicente Campos González. Barcelona: Rosamerón, 2023, 41.
3. *Ibidem*, 42-43. En una nota a pie de página, Waterfield explica que los sofistas iban a enseñar a Atenas atraídos por su riqueza (generada en buena parte por las colonias del imperio), que dejaba tiempo libre a sus ciudadanos para «afanes no prácticos como la educación». La palabra griega para «ocio» es *skholê*, de la que obtenemos la palabra «escuela».
4. Platón. Protágoras 310e-311, *Diálogos* I. Trad. Carlos García Gual. Madrid: Gredos, 1985.
5. Waterfield, *Platón de Atenas*, 43. [*N. de la T.*: Exposición comparada del término *deinós* en: https://unizarfilosofia.wordpress.com/2010/03/22/deinos/].
6. Mauro Bonazzi, «Protágoras», Stanford Encyclopedia of Philosophy, 8 de septiembre de 2020, plato.stanford.edu/archives/fall2020/entries/protagoras. [En castellano: Platón, Protágoras nota 5, 505].
7. *Ibidem*, nota 3, 503.

8. *Ibidem*.
9. Robin Waterfield, *The First Philophers: The Presocratics and the Sophists*. Oxford University Press, 2000, 207.
10. Adaptado de Platón, Protágoras, 316d.
11. Waterfield, *The First Philosophers*, 205.
12. Citado en Diógenes Laercio, *Vidas y opiniones de los filósofos ilustres*, 9.50-56, 480-3, y en Cicerón, *Sobre la naturaleza de los dioses*.1.23.63. Trad. Ángel Escobar. Madrid: Gredos, 1999, 119.
13. *Vidas y opiniones de los filósofos ilustres*, 9.50-56, 480-3.
14. Bonazzi, «Protágoras», *op. cit*.
15. Waterfield, *Platón de Atenas*, capítulo 2.
16. *Ibidem*.
17. Platón, Protágoras, 319a.
18. En el llamado gran discurso del Protágoras de Platón, 320c-328d, 524-36.
19. Laercio, *Vidas y opiniones de los filósofos ilustres*, 9.51-52, 481.
20. Sócrates explica la posición de Protágoras en el *Teeteto* de Platón, 167c. *Diálogos* V. Trad. Álvaro Vallejo Campos. Madrid: Gredos, 1988.
21. Laercio, *Vidas y opiniones de filósofos ilustres*, 9.51, 481.
22. Platón, *Teeteto*, 167b-c.
23. Laercio, *Vidas y opiniones de filósofos ilustres*, 9.50, 480.
24. H. Diels y W. Kranz, eds., Die Fragmente der Vorsokratiker (Weidmann, 1974), fragmento DK80b4. Véase también: Diógenes Laercio, *Vidas y opiniones de los filósofos ilustres*, 9.51, 480-3.
25. *Ibidem*, fragmento 21B15-16. G. S. [*N. de la T.*: Véase también: Kirk, J.E. Raven y M. Schofield, *Los filósofos presocráticos. Historia crítica con selección de textos*, fragmento 169. Trad. Jesús García Fernández. Madrid: Gredos, 1987].
26. Laercio, *Vidas y opiniones de filósofos ilustres*, 2.8, 94.
27. Sexto Empírico, «Contra los físicos I», 9.24, en *Contra los profesores II* (*Contra los dogmáticos*). Traducción: Juan Francisco Martos Montiel. Asesor para la sección griega: Carlos García Gual. Revisión Paloma Ortiz García. Madrid: Gredos, 2013, 405.
28. Citado en «Contra los físicos I», 54, en *Contra los dogmáticos*, 415.
29. Platón, *Menón*, 91e, 323. *Diálogos* II. Trad. Francisco José Olivieri. Madrid: Gredos, 1987.
30. Platón, *Crátilo*, 384b, *Diálogos* II, 364. Trad. J.L. Calvo. Madrid: Gredos, 1983.

31. Platón, *Hipias Mayor*, 282e. *Diálogos* I. Trad. Julio Calonge Ruiz. Madrid: Gredos, 1981.
32. André Laks y Glenn W. Most, eds. y trad., *Early Greek Philosophy: Sophists*, Parte I. Harvard University Press, 2016, D28.
33. Encontrarás más información sobre esta posibilidad en Bonazzi, «Protágoras», *op. cit.*
34. Por ejemplo, véase Marco Aurelio, *Meditaciones*, 9.38, 172, y el quinto recordatorio de Marco a sí mismo en *Meditaciones*, 11.18, 200. Trad. Ramón Bach Pellicer. Madrid: Gredos, 1977.
35. Plutarco, *Vidas paralelas* II, Pericles. 8.36.3 Trad. Aurelio Pérez Jiménez. Madrid: Gredos, 2008, 509-10.
36. Más información sobre esta interpretación caritativa en, Bonazzi, «Protágoras», *op. cit.*

9. Abraza la incertidumbre con Carnéades

1. Plutarco, «Carneades Visit to Rome from Life of Cato the Elder», Ancient History Sourcebook, Fordham University, ed., Paul Halsall, 4 de octubre de 2024, sourcebooks.fordham.edu/ancient/plut_carneades.asp. [Véase también: Plutarco. *Vidas paralelas* IV, Catón 22.2. Traducción y notas De Juan M. Guzmán Hermida y Óscar Martínez García, 100].
2. Mencionado en Craige Champion, «Carneades at Rome: Philosophos Pragmatikos», en *Mediterranean Antiquity* (2016), 72. Champion cita a Cicerón (a través de un pasaje de Lactancio) y a Quintiliano. [Véase también: Plutarco: *Vidas paralelas* IV, Catón, 22, 100-01].
3. Melvyn Bragg, Angie Hobbs, Jonathan Ree y David Sedley, «Stoicism», In Our Time, BBC Radio podcast, 4 de marzo de 2005. Algo a lo que se oponía el romano Catón era a que «la filosofía era cosa de griegos, y se desarrollaba en lengua griega, y pensaba que esto distraía a la gente de su deber nacional» (en palabras de Jonathan Ree).
4. La fuente para la reconstrucción del discurso romano de Carnéades es Marco Tulio Cicerón, *Sobre la República*, Libro III, 125-44, donde está incluido el discurso de Filón resumiendo la locución de Carnéades contra la justicia pronunciado en su oratoria romana, y también el discurso de Lelio, con argumentos a favor de la justicia que recuerdan a lo que Carnéades había dicho el día anterior. En inglés, véase la traducción de C.W. Keyes (1928) en attalus.org/cicero/republic3.html
5. James Allen, «Carneades», *Stanford Encyclopedia of Philosophy*, 2020, plato.stanford.edu/entries/carneades/#LifeWork

6. Véase el texto de Cicerón sobre el discurso de Filón [*Sobre la República*, Libro III, *op. cit.*]. La ley Voconia (Lex Voconia) fue aprobada en Roma en el 169 a.C. (con el apoyo de Catón el Viejo) para limitar el derecho de las mujeres a heredar. Véase «Ley Voconia», LSD Law, lsd. law/define/voconian-law, y «lex Voconia», Oxford Classical Dictionary, 26 de febrero de 2018, oxfordre.com/classics/display/10.1093/ acrefore/9780199381135.001.0001/acrefore-9780199381135-e-8201Prskey=grAlwH&result=11 Cicerón
7. Plutarco. *Vidas paralelas* IV, Catón 22.2, *op. cit.*
8. Champion, «Carneades at Rome», 73. Véase también: Plutarco: *Vidas paralelas* IV, Catón, 22.
9. Allen, «Carneades», *op. cit.*
10. Diógenes Laercio, *Vidas y opiniones de los filósofos ilustres* 4.62, 224; 7.83, 405.
11. Allen, «Carneades», *op. cit.* [Véase también: «Arcesilao», *Vidas y opiniones de los filósofos ilustres* 4.28-45, 208-17].
12. Champion, «Carneades at Rome», 66. [Véase también: Plutarco: *Vidas paralelas* IV, Catón, nota 197, 100].
13. Plutarco: *Vidas paralelas* IV, Catón.
14. Laercio, *Vidas y opiniones de los filósofos ilustres*, 4.64.
15. *Ibidem*, 4.65.
16. Allen, «Carneades», *op. cit.*
17. Robin Waterfield, *Platón de Atenas. Una vida en la filosofía*. Trad. Vicente Campos González. Barcelona: Rosamerón, 2023.
18. Diego E. Machuca y Baron Reed, eds., *Skepticism: From Antiquity to the Present*. Bloomsbury Academic, 2018, capítulos 3, 4, 6 y 7.
19. Cicerón, *Cuestiones académicas* II.145.
20. Allen, «Carneades», *op. cit.* [*N. de la T.* Sobre el concepto de *phitanon*, en castellano: «La Mothe Le Vayer y el concepto de escepticismo», reseña de: Ioana Manea, *Politics and Scepticism in La Mothe Le Vayer. The Two-Faced Philosopher?*, Tübingen, Narr Francke Attempto Verlag, 2019. https://ojs.ehu.eus/index.php/Ariadna/article/view/21175/19021].
21. Sharon Bertsch McGrayne, *La teoría que nunca murió. De cómo la regla de Bayes permitió descifrar el código Enigma, perseguir los submarinos rusos y emerger triunfante de dos siglos de controversia*. Trad. Tomás Fernández Aúz y Beatriz Eguibar. Barcelona: Crítica, 2012.
22. Edward Clayton, «Cicerón», *Internet Encyclopedia of Philosophy*, iep. utm.edu/cicero-roman-philosopher

23. Damián Fernández-Beanato, «Demarcation of Science: A Report of Shared Criteria». *Studies in History and Philosophy of Science Part A*. doi:10.1016/j.shpsa.2020.04.002 (2020): 83.
24. Cicerón, *De los deberes*, II.II. 3, 145; III.IV.5, 219-20. Trad. Baldomero Estrada Morán. Universidad Nacional Autónoma de México, 1948. [*N. de la T.*: en otras traducciones de *De oficiis*, al español y al inglés, 2.7; 3.20].
25. Bruce Arroll, «Resfriado común», BM7 Clinical Evidence (2011): 1510.

10. Suspende el juicio con Pirrón

1. Diógenes Laercio, *Vidas y opiniones de filósofos ilustres*. Pirrón, 9.62,108. Esta fuente proporciona gran parte de la información biográfica de Pirrón que ha llegado hasta nosotros. En: Christopher I. Beckwith, *Greek Buddha: Pyrrho's Encounter with Early Buddhism in Central Asia* (Princeton University Press, 2015), 190-92, se comenta la narración que hace Plutarco del episodio del barco. Véanse también antecedentes en: Richard Bett, «Pyrrho», *Stanford Encyclopedia of Philosophy*, 15 de septiembre de 2022, plato.stanford.edu/entries/pyrrho. [*N. de la T.*: también, en castellano: «En búsqueda de los orígenes del escepticismo pirrónico. Comparación entre el pirronismo y el budismo mādhyamika»]. //https://repositorio.uniandes.edu.co/server/api/core/bitstreams/24412785-201b-45cc-aa2a-713fe883c610/content
2. *Vidas y opiniones de los filósofos ilustres*, 9.61, 486.
3. *Ibidem*, 9.58-60, 485-5.
4. Tim O'Keefe, «Anaxarchus», *Internet Encyclopedia of Philosophy*, iep.utm.edu/anaxarchus
5. Laercio, *Vidas y opiniones de los filósofos ilustres*, 9.61, y Beckwith, Greek Buddha, *op. cit.* Beckwith analiza en detalle a los primeros practicantes del budismo que Pirrón pudo haber encontrado en la India. [También, en castellano: «En búsqueda de los orígenes del escepticismo pirrónico», *op. cit.*]. //https://repositorio.uniandes.edu.co/server/api/core/bitstreams/24412785-201b-45cc-aa2a-713fe883c610/content
6. Beckwith, Greek Buddha, 28, y Laercio, *Vidas y opiniones de filósofos ilustres*, 9.63, 487. Según Beckwith, tolerar con impasibilidad el dolor pudo haber sido una forma temprana de yoga. Laercio y él citan la historia de Anaxarco. [También, en castellano: «En búsqueda de los orígenes del escepticismo pirrónico», *op. cit.*].
7. Laercio, *Vidas y opiniones de filósofos ilustres*, 9.62-108; 9.61, 486, y Beckwith, Greek Buddha, *op. cit.*

8. Laercio, *Vidas y opiniones de filósofos ilustres*, 9.66, 488.
9. *Ibidem*.
10. *Ibidem*.
11. *Ibidem*, 9.67, 488-9.
12. *Ibidem*, 9.62-64.
13. *Ibidem*, 9.69, 490.
14. *Ibidem*, 4.3. Laercio cita a Aristón, quien parodió un pasaje de la *Ilíada* sobre la quimera y lo convirtió en esta descripción de Arcesilao: «Es Platón delante, Pirrón detrás, Diodoro en medio». (Diodoro era un maestro dialéctico).
15. Vivió en el siglo II o III d.C., y su *Esbozos pirrónicos* son el relato antiguo más completo del escepticismo pirrónico. *Sexto Empírico. Esbozos pirrónicos*. Introducción, traducción y notas de Antonio Gallego Cao y Teresa Muñoz Diego. Madrid: Gredos, 1993. Véase Benjamin Morison, «Sexto Empírico», *Stanford Encyclopedia of Philosophy*, 12 de julio de 2019, plato.stanford.edu/entries/sextus-empiricus
16. Véase Beckwith, *Greek Buddha*, y Bett, «Pyrrho», *op. cit*.
17. Laercio, *Vidas y opiniones de los filósofos ilustres*, 9.62, 486.
18. *Ibidem*.
19. *Ibidem*, 9.64, 487.
20. *Ibidem*, 9.61, 486.
21. Sobre la conexión del pirronismo con el budismo, véase el fascinante (pero bastante especulativo) trabajo de Beckwith *Greek Buddha*, *op. cit*. [También, en castellano: «En búsqueda de los orígenes del escepticismo pirrónico», *op. cit*.].
22. Es Timón de Fliunte, el alumno de Pirrón, quien relata las preguntas, aunque las conocemos porque fueron registradas por Aristocles, un peripatético del siglo II, y más tarde relatadas por el comentarista cristiano Eusebio en *Preparación evangélica*, 14.18.1-5. La traducción que aquí se presenta es de Andrea Lozano y Jorge Ornelas, en «Escepticismo y anti-intelectualismo: una revisión del ideal socrático desde la perspectiva pirrónica». https://www.scielo.org.mx/scielo.php?script=sci_arttext&pid=S0188-66492014000100007
23. Laercio, *Vidas y opiniones de los filósofos ilustres*, 4.28, 243, y Cicerón, *Cuestiones Académicas* II, 45.
24. Sexto Empírico, *Esbozos pirrónicos*, 1.232, y Plutarco, *Contra Colotes*, 1120c.
25. Harald Thorsrud, «Ancient Greek Skepticism», *Internet Encyclopedia of Philosophy*, iep.utm.edu/ancient-greek-skepticism

26. Por ejemplo, Aulo Gelio en el siglo II, en sus *Noches áticas*, 1.5.6.
27. El principal recurso para la práctica epicúrea moderna que conocemos es la Sociedad de Amigos de Epicuro, societyofepicurus.com (en inglés) y https://sociedadepicuro.wordpress.com/ (en castellano).
28. Para más información sobre el pirronismo moderno, véase Modern Pyrrhonism Movement, pyrrhonism.org
29. E.M. Cioran, *Del inconveniente de haber nacido*. Trad. Esther Seligson. Madrid: Taurus, 2014.
30. W.B. Britton *et al.*, «Defining and Measuring Meditation-Related Adverse Effects in Mindfulness-Based Programs», *Clinical Psychological Science 9*, n.º 6 (2021): 1185-1204.
31. Douglas C. Bates, *Pyrrho's Way: The ancient Greek Version of Buddhism*. Sumeru Press, 2020, 260.
32. Bates, *Pyrrho's Way*, 74 y 262.
33. *Ibidem*, 94.
34. *Ibidem*, 98.

PARTE IV. AQUÍ HAY DRAGONES

1. Lo más probable es que el territorio denominado «Aquí hay dragones» no apareciera en muchos mapas o globos terráqueos antiguos, pero nos gusta el espíritu que entraña este mito popular, ¡así que vamos a usarlo! Encontrarás más información en «Aquí hay dragones», Wikipedia. https://es.wikipedia.org/wiki/Hic_sunt_dracones#:~:text=publicada%20en%202008.-,%E2%80%8B,frase%20%22Aqu%C3%AD%20hay%20dragones%22
2. Lloyd P. Gerson ed., «On the Life of Plotinus and the Order of His Books by Porphyry of Tyre», en Plotinus: The Enneads. trad. George Boys-Stones *et al*. Cambridge University Press, 2017, 10.1-12. [En castellano: Porfirio. *Vida de Plotino*. Enéadas. 10.1.12. Trad. Jesús Igal. Madrid: Gredos, 1982. Véase también: Jesús Igal, «Notaciones referentes a la cronología de los escritos de Plotino, Longino, Amelio y Porfirio», en *La cronología de la Vida de Plotino* de Porfirio. Bilbao: Publicaciones de la Universidad de Deusto, 1972, pp. 95-121].
3. Porfirio. *Vida de Plotino*, 10.14-31.
4. Véase Peter S. Adamson, *Classical Philosophy*. Oxford University Press, 2014, y *Philosophy in the Hellenistic and Roman Worlds*. Oxford University Press, 2015.

11. Pitágoras, el místico

1. Diógenes Laercio, *Vidas y opiniones de los filósofos ilustres*, 8.36, 431. Laercio cita la anécdota en un pasaje que habla de un poema de Jenófanes (c. 570-c. 478 a.C.), un filósofo-poeta griego contemporáneo de Pitágoras. (Tal vez la intención del poema fuera burlarse de Pitágoras, pero representa, no obstante, una de sus ideas principales).
2. Laercio, *Vidas y opiniones de filósofos ilustres*, 8.4-5, 419.
3. *Ibidem*, 8.3, 418.
4. *Ibidem*, 8.10, 421.
5. *Ibidem*, 8.34, 430.
6. *Ibidem*, 8.9, 420.
7. *Ibidem*, 8.10, 421.
8. Joscelyn Godwin, «Foreword», y David R. Fideler, «Introduction», en *The Pythagorean Sourcebook and Library*, ed., Kenneth Sylvan Guthrie. Kenneth Sylvan Guthrie. Phanes Press, 1987, 12-13 y 20.
9. Jámblico. *Vida pitagórica*. Protréptico. Trad. Miguel Periago Lorente. Madrid: Gredos: 2003.
10. Godwin y Fideler, *The Pythagorean Sourcebook*, 12-13 y 20. También: Jámblico, *Vida pitagórica*, 19, 36-7.
11. Jámblico, *Vida pitagórica*, 5-9, p. 29-31.
12. Laercio, *Vidas y opiniones de los filósofos ilustres*, 8.11, 421.
13. Godwin y Fideler, *The Pythagorean Sourcebook*, 20. También: Jámblico, *Vida pitagórica*, 5-9, 23-4.
14. Jámblico, *Vida pitagórica*, 5-9, 29-31; 33, 42.
15. Carl Huffman, «Pitágoras», *Stanford Encyclopedia of Philosophy*, 5 de febrero de 2024, plato.stanford.edu/entries/pythagoras
16. *Ibidem*.
17. *Ibidem*, y «Pythagoreanism», *Stanford Encyclopedia of Philosophy*, 5 de marzo de 2024, plato.stanford.edu/entries/pythagoreanism
18. Jeremy Bentham, *An Introduction to the Principles of Morals and Legislation* (1789). *[N. de la T.*: con traducción al español: *Los principios de la moral y la legislación*. Trad. Margarita Costa. Buenos Aires: Claridad, 2008].
19. «Glucose-6-phosphate dehydrogenase deficiency», *MedlinePlus*, 31 de marzo, 2024, medlineplus.gov/ency/article/000528.htm
20. Porfirio, *Vida de Pitágoras*, 19. Trad. Miguel Periago Lorente. Asesor: Carlos García Gual. Madrid: Gredos, 1987, 35.
21. Jámblico, *Vida pitagórica*, 31, 41. [*N. de la T.* También: Proyecto ITINERA (XLIV): Pitágoras: el hombre-divino 08 Oct 2020/Mario

Agudo Villanueva/ https://www.zendalibros.com/proyecto-itinera-xliv-pitagoras-el-hombre-divino/].

22. Aristóteles, «Fragmento 91», en *Protréptico. Una exhortación a la filosofía*. Trad. Carlos Megino Rodríguez. Madrid: Abada, 2006, 105; Aristóteles, *Fragmentos*, B 91. Trad. A. Vallejo Campos. Asesor Carlos García Gual: Madrid: Gredos, 2005. 192-3. [También: J.A. García-Junceda, J. (2022). «El pitagorismo antiguo. Valores científicos de una actitud mítica». *Estudios Filosóficos*, 17(46), 419-469. p. 432, nota 29. https://estudiosfilosoficos.dominicos.org/ojs/article/view/362].
23. Laercio, *Vidas y opiniones de los filósofos ilustres*, 8.69, 445.
24. Aristóteles, «Fragmento 91», *op. cit.*
25. *Ibidem*, 129.
26. Porfirio, *Vida de Pitágoras*, 7, 29.
27. Jámblico, *Vida pitagórica*, 85, 73.
28. 28. *Ibidem*, 233-34, 147-8.
29. Estobeo, *Anthology*, 1.10.13. [*N. de la T.* Véase también: «Téano de Crotona» Gutiérrez, M., Jufresa, M., Mier, C., & Pardo, F. 1996. *Enrahonar* 26].
30. Jámblico, *Vida pitagórica*, 189-94.
31. Polibio, *Historias*, 2.39. Trad. Manuel Balasch Recort. Madrid: Gredos, 1981, 231.
32. Robin Waterfield, *Platón de Atenas. Una vida en la filosofía*. Trad. Vicente Campos González. Barcelona: Rosamerón, 2023. Véase el capítulo 5, «La Academia», especialmente las secciones «Una Academia diversa» y «El programa de estudios».
33. Flora R. Levin, ed., *The Manual of Harmonics of Nicomachus the Pythagorean* (Phanes Press, 1994), 86-87.
34. Gregory quiere dar las gracias a Crockett Marr, que le puso en conocimiento de este episodio y le ayudó a reflexionar sobre sus implicaciones prácticas.
35. Levin, *The Manual of Harmonics of Nicomachus the Pythagorean*, capítulo 6.
36. Arístides Quintiliano, *Sobre la música*, 3.2. Trad. Luis Colomer y Begoña Gil. Asesor para la sección griega: Carlos García Gual. Madrid: Gredos, 1996.
37. Levin. *The Manual of Harmonics of Nicomachus the Pythagorean*, 93-94.
38. Irónicamente, comprobar las implicaciones de la historia tal y como la cuenta Nicómaco lleva a la conclusión de que es bastante errónea. Los

tonos que producen los martillos al golpear los yunques no dependen únicamente del peso de los martillos. Y colgar pesos de unas cuerdas utilizando las proporciones que describe Nicómaco no recrearía la cuarta, la quinta y la octava. Para más detalles, véase Levin, 92-93.

12. Estilpón de Mégara

1. Cicerón, *Sobre el destino*, 5. Trad. Ángel Escobar. Madrid: Gredos, 2016, 298-9.
2. Diógenes Laercio, *Vidas y opiniones de los filósofos ilustres*, 2.113-20, 138-9. También Catherine Hundleby, «Nicarete of Megara». *Women in World History: A Biographical Encyclopedia, Encyclopedia*.com, 14 de octubre de 2024, encyclopedia.com/women/encyclopedias-almanacs-transcripciones-y-mapas/nicarete-megara-f-300-bce
3. Laercio, *Vidas y opiniones de los filósofos ilustres*, 2.113-115, 138.
4. *Ibidem*.
5. Sugerido por Laercio en algunas traducciones de *Vidas y opiniones de los filósofos ilustres*.
6. *Ibidem*, 7.24, 340.
7. *Ibidem*, 2.119, 140.
8. *Ibidem*, 2.116, 139.
9. *Ibidem*, 2.120, 140.
10. Véase J. Allen, «Megara and Dialectic», en *Dialectic after Plato and Aristotle*, eds. T. Bénatouil y K. lerodiakonou (Cambridge University Press, 2018), 17-46. Véase también: Eduard Zeller, «Las escuelas megárica y élico-erétrica», en *Sócrates y los sofistas*. Buenos Aires: Nova, 1955, 188.
11. Laercio, *Vidas y opiniones de filósofos ilustres*, 2.115, 138.
12. James Ladyman y Don Ross, *Every Thing Must Go: Metaphysics Naturalized*. Clarendon Press, 2007.
13. Una vez más, no queremos excedernos en la idea de que los pensadores griegos se anticiparon a la ciencia moderna, pero es interesante señalar que la teoría general de la relatividad de Einstein implica que el tiempo es fundamentalmente diferente de cómo lo percibimos y que, de hecho, «no pasa». Esta idea se conoce como «universo de bloque», y a Parménides le habría gustado. Véase un análisis más extenso de la filosofía moderna del tiempo en: Nina Emery *et al.*, «Time», *Stanford Encyclopedia of Philosophy*, plato.stanford.edu/entries/time. Véase también Bradley Dowden, «Time», *Internet Encyclopedia of Philosophy*, iep.utm.edu/time

14. Susanne Bobzien, «Ancient Logic», *Stanford Encyclopedia of Philosophy*, 15 de abril de 2024, plato.stanford.edu/entries/logic-ancient
15. Epícteto, *Disertaciones por Arriano*, 2.19, 223-4.
16. Daniel Dennett, *La libertad de acción*. Trad. Gabriela Ventureira. Barcelona: Gedisa, 2000.
17. Laercio, *Vidas y opiniones de los filósofos ilustres*, 2.106, 134.

13. Hipatia la neoplatónica

1. Los antecedentes de este capítulo proceden de Edward J. Watts, *Hypatia: The Life and Legend of an Ancient Philosopher*. Oxford University Press, 2017. Véase también la entrevista con Watts: Josh Landy y Ray Briggs, «*Hypatia* of Alexandria», *Philosophy Talk*, 23 de julio de 2023, philosophytalk.org/shows/Hypatia-alexandria, y Philip Matyszak y Joanne Berry, *A History of Ancient Rome in 100 Lives* (Thames & Hudson, 2023), 240-42.
2. Watts, *Hypatia*, 159.
3. Para más información sobre las enseñanzas de Hipatia y su liderazgo, véase Watts, *Hypatia*, capítulos 3 y 6.
4. Watts, *Hypatia*, capítulo 2.
5. *Ibidem*, capítulo 1, especialmente página 14.
6. *Ibidem*, capítulo 6.
7. *Ibidem*, capítulo 5. Watts cita al filósofo neoplatónico Damascio, página 75. Damascio escribió *Vida de Isidoro* y fue el último escolarca de la escuela neoplatónica ateniense, 515-529 d.C.
8. Watts, *Hypatia*, capítulo 5, especialmente página 74.
9. *Ibidem*, capítulo 8. Algunos relatos dicen que fue atacada con fragmentos de cerámica o con conchas; todos coinciden en su brutal linchamiento.
10. *Ibidem*, capítulos 9 y 10. Entre las representaciones recientes de Hipatia están un cameo en la serie de televisión *The Good Place*, donde fue interpretada por Lisa Kudrow, y la figura protagonista de la película *Ágora*, de Alejandro Amenábar, donde fue retratada por Rachel Weisz.
11. Véase Edward Moore, «Neoplatonism», *Internet Encyclopedia of Philosophy*, iep.utm.edu/neoplato. Véase también: Christian Wildberg, «Neoplatonism», *Stanford Encyclopedia of Philosophy*, 11 de enero de 2016, plato.stanford.edu/entries/neoplatonism
12. Lloyd P. Gerson, ed., *The Plotinus Reader*. Hackett, 2020. También: Pierre Hadot, *Plotino o la simplicidad de la mirada*. Trad. Maite Solana. Barcelona: Alpha Decay, 2004.

13. Edward Moore, «Gnosticism», *Internet Encyclopedia of Philosophy*, iep.utm.edu/gnostic
14. Jonathan Barnes, ed. y trad. *Porphyry's Introduction*. Oxford University Press, 2006. Véase también: Porfirio, *Sobre la abstinencia*. Trad. Miguel Periago Lorente. Madrid: Gredos, 1984.
15. Jámblico. *Obras*. Madrid: Gredos, 2009.
16. Radek Chlup, *Proclus: An Introduction*. Cambridge University Press, 2016.
17. Pseudo-Dionisio *Areopagita: Obras completas*, Trad. Hipólito Cid Blanco. Madrid: Biblioteca de Autores Cristianos, 2007.
18. Porfirio. *Vida de Plotino. Enéadas*. Trad. Jesús Igal. Madrid: Gredos, 1982 10.1-12.
19. Paul Kalligas, «Plotino», *Stanford Encyclopedia of Philosophy*, 25 de septiembre de 2024, plato.stanford.edu/entries/plotinus
20. W. R. Inge, «The Permanent Influence of Neoplatonism upon Christianity», *American Journal of Theology* 4, n.º 2 (1900): 328-44.
21. K. Godelek, «The Neoplatonist roots of Sufi philosophy», *The Paideia Archive: Twentieth World Congress of Philosophy* 5 (1998): 57-60.
22. Raphael Jospe, «Chapter 3: Jewish Neoplatonism: Isaac Israeli and Solomon ibn Gabirol», en *Jewish Philosophy in the Middle Ages*. Academic Studies Press, 2009.
23. Moshe Idel, *Absorbing Perfections: Kabbalah and Interpretation*. Yale University Press, 2002, 245-46. Véase también: Moshe Idel, «Jewish Kabbalah and Platonism in the Middle Ages and Renaissance», en *Neoplatonism and Jewish Thought*, ed., Lenn Goodman. State University of New York Press, 1992, 319-52.
24. Adam Afterman, «From Philo to Plotinus: The Emergence of Mystical Union» en *And They Shall Be One Flesh: On the Language of Mystical Union in Judaism* (Brill, 2016).
25. Nicholas Goodrick-Clarke, «Helena Blavatsky and the Theosophical Society», en *The Western Esoteric Traditions: A Historical Introduction*. Oxford University Press, 2008.
26. Por ejemplo, Bruce MacLennan, «Twenty-first Century Theurgy», web.eecs.utk.edu/~bmaclenn/papers/MacLennan%20ISNS%20 2014% 20rev.pdf. Véanse también dos vídeos de YouTube sobre el tema: «Neoplatonism in Magic Esotericism Witchcraft Occult», 25 de octubre de 2020, youtube.com/watch?v=Jyplc67lcA0, y «Metamodern Spirituality | Updating Neoplatonic Spirituality (w/ John Vervaeke)», 26 de marzo de 2023, youtube.com/watch?v=Seg3Q5ndkmw

27. Sara Ahbel-Rappe, «Neoplatonic Contemplative Ethics: Mind Training», en *The Reception of Greek Ethics in Late Antiquity and Byzantium*, eds. S. Xenophontos y A. Marmodoro. Cambridge University Press, 2021, 52-68.
28. J.M. Chase, «Did Socrates Meditate? On Some Traces of Contemplative Practices in Early Greco-Latin Philosophy», *Religions* 13, n.º 6, 479.

Agradecimientos

Massimo quiere dar las gracias a todas las personas que le han enseñado sobre la filosofía práctica grecorromana, especialmente a Larry Becker, Rob Colter, Bill Irvine, Anthony Long, Donald Robertson y John Sellars.

Gregory quiere expresar su agradecimiento a los asistentes y simpatizantes de la asociación New York City Stoics que le han permitido mejorar su comprensión de las filosofías grecorromanas durante los últimos dos años, así como a los practicantes modernos de filosofías no estoicas, entre ellos Hiram Crespo y Douglas C. Bates, por sus conversaciones y por su trabajo para reavivar las filosofías de la Antigüedad.

Meredith quiere dar las gracias a su marido, Bob Kunz, y a sus hijas, Elizabeth y Shannon, por su amor y estímulo mientras trabajaba en este libro. Criar a sus hijas despertó su interés por la filosofía práctica y, en especial, por el estoicismo, y ha contado con el inestimable apoyo, la perspicacia y el humor de su familia mientras viajaba al pasado lejano para conocer a los pensadores que aún hoy nos inspiran a vivir más plenamente. Meredith quiere dar también las gracias a su madre, Susan Alexander, y a su difunto padre, Herb Alexander, por su amor y orientación. Su brillantez y curiosidad intelectual la motivaron a «atreverse a saber» y a vivir una vida intelectual.

Los tres queremos dar asimismo las gracias a nuestra editora, Batya Rosenblum, por su apoyo incondicional y sus cuidadosas correcciones del primer borrador de este libro.